Xu Feng

OUBLIEZ-MOI

récit

Traduit du chinois par Kevin Henry
Ouvrage original aux éditions Yilin Press

TITRE ORIGINAL
忘记我 – Forget me

M.E.O.

Publié avec le soutien de Yilin Press

ISBN
Livre : 978-2-8070-0392-7
PDF 978-2-8070-0393-4
ePub : 978-2-8070-0394-1
DL : D/2023/7385/10

http://www.meo-edition.eu
meo.edition@gmail.com

En couverture : photographie non attribuée de Qian Xiuling, publiée dans « La Sennette », du 21 septembre 1946 « à l'occasion de la réception officielle de madame Perlinghi ».
Logo des éditions M.E.O. : © Monique Thomassettie, *Rose des vents*

« Oubliez-moi »
Comment l'Histoire pourrait-elle oublier
Alors que cloches et tambours
Résonnent encore à notre oreille ?

Prologue
Un appel vers le passé

Automne 2002. Il est seize heures à Pékin, dix à Bruxelles.

Comme prévu, le téléphone sonne ; du combiné émerge la voix suave et mûre d'une vieille femme, avec l'accent singulier de Yixing.

– *Allô ! Qian Xiuling à l'appareil.*

– *Bonjour, Madame Qian ! Ici, M. X de la télévision locale. C'est moi qui, ces derniers jours, ai demandé à vos proches de nous aider à vous contacter. Si nous vous appelons, c'est parce que nous souhaitons vous entendre dire quelques mots à vos proches et vos amis restés au pays.*

– *Au pays ?...*

– *C'est bien cela, Madame Qian. Vous avez carte blanche. Simplement, vous nous manquez à tous, et nous aimerions juste entendre votre voix.*

– *Oh ! Depuis que je suis partie, je redoutais tellement ce moment. Je... Mais n'en parlons plus.*

– *Alors, que souhaiteriez-vous dire à tous ?*

– *Que j'ai le mal du pays, et que je voudrais rentrer. Mais je suis bien vieille, je ne peux plus marcher. Je vous souhaite le meilleur à tous.*

– *Parfait, Madame Qian. Merci à vous ! Lorsque nous en aurons l'occasion, nous viendrons vous voir en Belgique.*

– *C'est vrai ? Vous croyez que vous pourrez venir ?*

– *Absolument ! Nous ferons tout pour cela.*

– *Très bien. Je vous attendrai à Bruxelles.*

Puis retentit le rire franc de la vieille dame.

Hélas, le rendez-vous fixé n'a pas pu être honoré: la vieille dame est décédée.

Avec seize ans de retard, son vœu est enfin exaucé.

1
Jérôme et les voix qui le hantent

Une histoire peut commencer de bien des façons. J'aime souvent à dire, cependant, que l'occasion fait le larron.

En réalité, je n'osais caresser de trop grands espoirs quand, un jour d'automne, il y a deux ans, j'ai rencontré Jérôme. En effet, avant cette entrevue, j'avais reçu de nombreux avertissements, certes tous charitables : les réponses que je cherchais si désespérément étaient peut-être perdues dans les ténèbres du passé.

Un fossé : tel est le mot-clé à retenir de ces paroles. L'océan sépare tant les corps que les esprits, dit le dicton. Les voies du Ciel sont impénétrables.

Jérôme a pourtant apporté la clé du mystère. Même s'il ne me l'a pas donnée, il m'a au moins permis de faire un pas en avant. Allons voir vers quelle route il nous entraîne.

Quand j'y réfléchis, la connivence est affaire de destin. Par exemple, si je n'avais pas invité Jérôme, photographe internationalement renommé, à venir immortaliser le paysage d'une vieille ville au bord du fleuve Jaune, notre rencontre aurait assurément été repoussée *sine die*. Une idée ancrée au fond du cœur met du temps à germer. Mais Jérôme est quelqu'un d'indépendant : chaque fois qu'il passait par Shanghai, jamais il n'informait ses parents de sa venue, par WeChat ou même par texto. En fait, il n'utilise pas de téléphone portable et il envoie rarement des courriels. Il n'a cure de laisser une trace de son existence. « J'arrive, on se voit dès que possible. » Ces salutations hâtives sont-elles bien parvenues à leur destinataire, qui les attendait avec ferveur devant son ordinateur ? Peu lui importe. On pourrait parler de vaillance, à se laisser ainsi aller au fil des événements. Ou peut-être croit-il qu'il faut laisser opérer la magie du destin, qui seule peut faire ainsi s'asseoir autour d'une même table deux étrangers parmi la foule que rien n'avait jusqu'ici rapprochés.

Qui est Jérôme? Le petit-fils de Qian Xiuling. Mais qui est Qian Xiuling? Une rapide recherche sur Internet révèle quantité d'archives et de détails sur sa vie.

Le rendez-vous était fixé à l'hôtel Radisson, sur la rue de Nankin, dans le centre bouillonnant de Shanghai. Jérôme et son épouse nous y attendaient. Au départ, j'avais pensé que, comme Jérôme était le petit-fils de Qian Xiuling, il devait avoir au moins cinquante pour cent de sang chinois dans les veines. Mais le jeune homme qui se tenait devant moi ressemblait à un Européen pure souche. Rien dans son visage ne trahissait son ascendance. Au bout de la route, j'avais toutefois l'impression de voir, assise dans un coin, une vieille dame grisonnante: Qian Xiuling. Un matin, un siècle auparavant, celle-ci, alors qu'elle n'était encore qu'une ravissante jeune fille, quittait son bourg natal, Yixing dans le Jiangsu, pour gagner les quais bondés de Shanghai et embarquer sur le *Sphinx*, un paquebot en partance pour l'Europe. Elle allait mener là-bas une existence des plus ordinaires, si ce n'est qu'elle décrocherait deux doctorats en chimie et en physique à seulement vingt-deux ans. Rien ne la prédestinait à se faire connaître au-delà de son cercle d'intimes. Si bien que, près de soixante-dix ans plus tard, sa famille tomba presque des nues lorsqu'elle reçut une nouvelle incroyable: dans sa jeunesse, elle avait sauvé plus d'une centaine de personnes dans la lointaine Belgique, à tel point qu'elle y avait été honorée comme «héroïne de la Nation».

Un tel prestige ne pouvait manquer d'intimider sa famille au pays. Celle qu'ils appelaient affectueusement «Tante Qian», et qu'ils avaient perdue de vue depuis tant d'années, ils se l'étaient toujours rappelée comme une scientifique, une sorte de Marie Curie. Car, dans sa jeunesse, c'est ce qu'elle ne cessait de dire.

Mais selon Jérôme, sa grand-mère elle-même n'aurait pu imaginer quel serait son destin, même si, souvent, elle allait à contre-courant de ce qu'on attendait d'elle. C'est ainsi que, au moment où on avait eu besoin de son aide et que des obstacles s'étaient dressés devant elle, elle qui avait pour ambition de gagner le laboratoire de Marie Curie avait été détournée d'une brillante carrière de scientifique pour finir comme propriétaire de trois restaurants chinois.

Jérôme est venu en Chine à de très nombreuses reprises. Peut-être parce qu'il était le petit-fils préféré de sa grand-mère chinoise. Son premier appareil photo Leica était un cadeau de Qian Xiuling, qui espérait de la sorte qu'il puisse se rendre en Chine pour y saisir l'âme des lieux. Parfois, devant les clichés que lui rapportait son petit-fils, elle éclatait de rire, ou bien elle courait dans la cuisine pour y essuyer une larme en cachette. Son mari, Grégoire de Perlinghi, était un homme effacé, un « docteur d'opérette » selon ses propres mots; sans doute étaient-ce ses gènes russes et grecs qui ressortaient. L'ascendance forme un tout : elle transparaît dans de petites choses que rien ne peut changer, des habitudes, des aliments, ou même des tics de langage ou de simples tenues. Que ce soit à table, dans le salon ou même dans sa cuisine, presque nulle part Qian Xiuling ne pouvait exprimer son identité chinoise. Personne n'aimait goûter ses rouleaux de printemps ou sa soupe de raviolis. Gaufres, cookies, hamburgers, poisson pané, côtes de bœuf : seuls ces plats satisfaisaient les Belges. Nulle part non plus elle ne pouvait parler chinois. Elle maîtrisait certes très bien le français et le néerlandais, mais elle continuait à rêver en chinois, qui plus est avec le fort accent de son pays natal. Pour autant, dans son foyer, c'est elle qui portait la culotte. En matière d'éducation, elle restait résolument chinoise : si on devait résumer en un mot, on dirait qu'elle était « sévère ». Dans sa jeunesse, Jérôme aimait écouter les histoires chinoises que sa grand-mère lui racontait : comment la déesse Nüwa a réparé le ciel, ou comment Chang'e s'est envolée vers la lune. Elle lui expliquait aussi l'origine d'expressions savoureuses : « voler une cloche en se bouchant les oreilles » équivaut à se voiler la face ; il est stupide et vain de « faire une entaille sur un bateau pour retrouver une épée tombée à l'eau » ; ou encore celui qui « regarde le ciel assis au fond d'un puits » a en fait la vue courte. Porté par ces histoires comme par les ailes d'un oiseau, le petit Jérôme avait l'impression de traverser les océans pour gagner cette Chine mythique et ancestrale dont lui parlait sa grand-mère. On peut donc dire que, dès le plus jeune âge, il a été comme coulé dans le moule chinois, peut-être jusqu'à l'os. La première fois qu'il est arrivé à Shanghai, il a acheté une carte de la ville. Sa grand-mère, qui y avait fait ses études, aimait beaucoup son atmosphère mystérieuse. Pour que son petit-fils puisse ressentir la même impression, il devait impérativement marcher dans ses pas, sans prendre de véhicule. Chaque fois qu'il traversait une rue, Jérôme la barrait d'un trait rouge sur le plan. Trois mois plus tard, il rentrait en Belgique avec un millier de photos et sa carte toute froissée et maculée de rouge, pour les apporter à sa grand-mère.

Qian Xiuling n'a pu cacher une pointe de déception : *« Malheureusement, tu n'es pas allé là où je suis née, dans ce petit village au bord du lac Tai. Mais ce n'est pas grave. Peut-être qu'en regardant tes photos, j'en aurais perdu le sommeil… »*

Ces mots de sa grand-mère, aussi fragiles que la pellicule, sont restés gravés dans le cœur de Jérôme. Plus tard, il s'est rendu compte que le pays natal de sa grand-mère, en particulier ce petit village au bord du lac Tai où elle était née, faisait partie intégrante de son être. Une partie de l'identité de cette femme qu'il croyait connaître, surtout sa jeunesse, était perdue dans l'histoire. Maintenant qu'il était de retour en Chine, il mourait d'envie d'entendre ce qu'on pouvait lui apprendre d'elle. Tandis que nous expliquions notre projet, son regard concentré nous indiquait qu'il entendait presque le clapotis des vagues sur le lac Tai. Ce son puissant éveillait lentement en lui tout un chœur de voix disparates ; il percevait même les rires des enfants jouant sur la rive. Indéniablement, des voix que sa grand-mère avait dû entendre dans sa jeunesse.

Le pays natal : tel fut donc notre menu ce soir-là.

Qian Xiuling enfant

2
Les avatars d'un vieux pont

Vu de loin, le vieux pont dans la lumière du crépuscule ressemble au squelette d'un dinosaure. Certains disent au contraire qu'il épouse la bosse de la mère Wang. Rien à voir avec l'entremetteuse du roman *Fleur en fiole d'or*. La Chine ancienne comptait bon nombre de vieilles femmes sages comme elle qui, se dandinant avec peine sur leurs minuscules pieds bandés, s'affairaient dans leurs champs le long du fleuve ou dans leurs potagers. Leur histoire, fade et sans relief, se limitait à s'occuper de leur ménage, dans l'ombre de leur époux et de leurs fils. Parfois, cependant, par un concours de circonstances, elles faisaient vaciller sans le vouloir la société agraire de leur temps et en tiraient soudain une grande renommée, à l'heure où les communications étaient encore médiocres.

D'après la légende, la mère Wang, née Yang, était une femme vertueuse qui se montrait particulièrement talentueuse dans les travaux d'aiguille. Après la mort prématurée de son époux, elle dut naturellement élever son fils tout en portant le deuil. Le malheur continua cependant à s'abattre sur elle lorsque son enfant se noya en tombant dans le fleuve. Ce jour-là, elle pleura tant de larmes qu'elle en perdit presque la vue. C'est alors qu'elle décida de consacrer toute sa fortune à la construction d'un pont du côté de la ville haute. Peut-être parce que, comme elle se promenait souvent sur la grève, elle y voyait toujours des enfants traverser le fleuve en bac. Dans son délire, elle voyait apparemment son fils parmi ces enfants ; ou bien simplement craignait-elle qu'il leur arrive la même infortune. Quoi qu'il en soit, la traversée en bac en inquiétait plus d'un : une tempête, un malaise du batelier ou une fuite sur le navire, un accident était si vite arrivé. La longue attente à laquelle les enfants devaient s'astreindre pour prendre le bac constituait un autre sujet de préoccupation. Ainsi voyait-on régulièrement la mère Wang clopiner dans les champs sur ses petits pieds étrangement agiles et disparaître derrière la ligne d'horizon. Où allait-elle ? Personne ne le savait. Parfois, elle s'absentait pendant de longs moments avant de revenir en silence à la tombée du soir, cheminant sur la route obscure, un lourd sac sur le dos. D'aucuns rapportaient l'avoir vue dormir à la belle étoile et mendier sa nourriture, mais elle niait ces allégations. En fait, elle suivait des sentiers inconnus pour raconter à des étrangers la terrible histoire de son enfant avalé par les flots du fleuve. Comme de juste, au fil des monologues, l'histoire ne cessait de gonfler, jusqu'à ce que, à la fin, elle appelle à cor et à cri l'érection d'un pont et que, séchant ses larmes, elle annonce avec conviction que celui-ci serait bâti à ses frais.

Nul ne sait combien la mère Wang put économiser sur les maigres sommes qu'elle recevait lorsqu'elle mendiait. Toujours est-il que, quelques années plus tard, un pont en arc pavé de pierres éleva sa carcasse au-dessus du fleuve, sur un terrain parsemé de mûriers et de fleurs de colza. Les archives, fragmentaires, de cette période, ne fournissent pas de détails sur l'exacte contribution de la mère Wang dans la construction de cet ouvrage d'art, mais sa légende n'a jamais cessé de circuler dans cette vaste campagne. Depuis la nuit des temps, les villages solitaires coupés du monde ont besoin d'histoires édifiantes pour inspirer et réconforter les jeunes générations. Les années ont passé comme le vent, les dynasties se sont succédé, mais le souvenir de la mère Wang a survécu aux affres du temps. Son nom, gravé à la tête du pont, continue d'ailleurs à braver le vent et la pluie. Dans la Chine ancienne, le bouche-à-oreille jouissait d'une force incomparable. Comment pourrait-on interdire aux gens de parler ? La faim peut bien nous assaillir, rien ne peut nous empêcher de raconter des histoires. Le pont de la mère Wang est bien plus qu'une histoire : c'est l'âme de toute une région.

Certains membres du clan Yang, d'où la mère Wang était issue, se sont plus tard demandé par quel quiproquo la bonne action de leur ancêtre avait rejailli sur un autre lignage. Des philologues rappellent qu'au milieu du XIXe siècle, lors de la révolte des Taiping, le commandant en chef de l'armée rebelle, Yang Xiuqing, nommé *Dong Wang* « Roi de l'Est », fut massacré par ses pairs ; après cet assassinat, son patronyme fut banni, ce pour quoi la mère Yang fut dès lors connue sous le nom de Wang.

D'après la légende, la mère Wang n'assista pas à la naissance de son pont, car elle serait morte la veille de la réunion des deux moitiés du tablier. Son corps ne fut jamais retrouvé. Seule trace de sa disparition : une flaque de sang sombre devant le lit encore chaud, dans sa masure en ruine. Selon une théorie, elle aurait laissé ses vieilles chaussures usées sur la rive et plongé dans le fleuve pour y retrouver son fils.

Plus d'une centaine d'années plus tard, les pieds bandés de la vieille femme résonnaient toujours sur les pierres du pont. Mais les caprices du climat avaient plongé l'ouvrage d'art dans un état de délabrement avancé. Les guerres successives et les sécheresses à répétition avaient tant accablé la région du Yang Tsé que les habitants affamés ne croyaient plus en l'histoire fabuleuse de la mère Wang.

Dans le village où vécut cette figure mythique était encore installé le clan Qian. Son chef, Qian Shengxiang, qui avait été reçu au concours officiel à l'échelon préfectoral, aurait évoqué dans sa dissertation d'examen l'œuvre caritative qu'avait accomplie la mère Wang en finançant l'érection du pont qui porte son nom. Il y aurait également promis que, une fois qu'il aurait fondé une famille, il consacrerait une bonne partie de son pécule à la réparation de la construction, pour en assurer la stabilité et la sécurité. Lorsqu'il était étudiant, il traversait en effet tous les jours le fleuve pour entrer dans la ville. Le pont constituait donc pour lui un témoin de ses années de dur labeur. Étrangement, le jeune homme, contrairement à ses collègues diplômés, ne fut pas nommé à un poste dans l'administration. Il retourna dès lors à ses premières amours, l'agronomie et la lecture, car il avait hérité de ses ancêtres de vastes terres et une fortune coquette. Lui qui aimait la terre et l'atmosphère de la campagne comprenait aussi parfaitement les difficultés et les souffrances des paysans. L'agriculture est nécessaire pour nourrir les corps ; de même, la lecture permet de nourrir l'âme. Les innombrables livres anciens qu'il avait parcourus au cours de son *cursus honorum* l'avaient instruit des règles implicites de la politique, et il en avait tiré un profond dégoût de la chose publique et de ses dessous. L'anthologie des poèmes de Tao Yuanming était devenue son principal livre de chevet.

Le clan des Qian est une lignée des plus illustres. Dans le temple des ancêtres de la famille trônent un portrait et une tablette de Qian Liu, le patriarche. Pendant la période des Cinq Dynasties et des Dix Royaumes, au Xe siècle, celui-ci s'était établi dans le comté de Lin'an, dans l'actuelle ville de Hangzhou, où il avait fondé le royaume de Wuyue. Auparavant, au crépuscule de la dynastie Tang, il s'était joint, aux côtés de Dong Chang, à la milice locale pour défendre son village contre l'armée rebelle. Ses exploits lui valurent de monter en grade comme gouverneur de la province de Zhenhai. Lorsque Dong Chang, devenu entretemps puissant seigneur de guerre, se retourna contre la couronne impériale et revendiqua le trône, Qian Liu reçut l'ordre de le supprimer, consigne qu'il exécuta avec panache. Ce succès lui valut d'être nommé gouverneur de la province de Zhendong. Après avoir successivement conquis par les armes les treize préfectures des deux provinces qu'il devait administrer, il exerça son pouvoir dans son fief pendant quarante et un ans, enchaînant les liens de vassalité avec les différentes dynasties qui se succédèrent dans la Plaine centrale (Tang, Liang postérieurs, Tang postérieurs). Il endossa tour à tour les casquettes de roi de Yue, roi de Wu et roi de Wuyue sous le nom de Taizu [« Premier des ancêtres »], puis mourut en 932 et fut inhumé dans un mausolée sous le nom posthume de Wusu [« Martial et sévère »].

D'un grand arbre jaillissent de belles et fortes branches. L'arrivée du clan Qian dans la plaine du Yang Tsé et son installation dans la région de l'actuelle ville de Yixing est une histoire longue et sinueuse. Chaque génération apporte des modifications à la généalogie et aux archives familiales. Selon une règle implicite toujours suivie dans la maison, la gloire ancestrale des Qian a cependant toujours été soigneusement tue. Pas seulement par modestie, mais surtout pour éviter de susciter des jalousies potentiellement porteuses de désastres.

Au matin d'une belle journée ensoleillée, un moment faste soigneusement choisi pour l'occasion, Qian Shengxiang lança les travaux de rénovation du pont de la mère Wang à grand renfort de pétards. Dans ces campagnes, une coutume bien établie veut que toute personne accomplissant une bonne action voie son nom associé à jamais à ce geste charitable, qu'il convient de colporter aux quatre vents. D'aucuns proposèrent donc que le pont soit renommé en remerciement à Qian Shengxiang. Celui-ci y opposa toutefois un refus catégorique, rejetant même l'idée d'édifier une stèle commémorative. Non pas qu'il dédaignait que son nom passât à la postérité : mais un tel honneur personnel constituait pour lui un sacrilège envers la personne de la mère Wang, qu'il vénérait plus que tout.

Bien des points distinguaient Qian Shengxiang de ses semblables. Marié à une seule épouse, il ne s'entourait d'aucune concubine ; de même, il ne fumait pas d'opium et ne buvait guère. Hélas, cette hygiène de vie ne lui permit pas de connaître la retraite. Quarante-trois ans. L'âge de la maturité, où l'homme déploie normalement toute sa force et sa vigueur. Dans le cimetière familial des Qian, où il fut enterré sous un nouveau tertre réservé à lui seul, une stèle témoigne que le décès prématuré du « bachelier » Qian Shengxiang n'enlève rien à sa vertu et à ses mérites, que le destin n'a pas su récompenser à leur juste valeur.

Fils cadet de Qian Shengxiang, Qian Xixun était connu dans la famille pour son érudition, sa perspicacité et sa détermination inébranlable. Sachant également bien s'entourer, il se montrait diligent et économe dans la tenue de son foyer, à l'image de son père. Il se distinguait néanmoins de ce dernier sur un point : l'importance qu'il accordait à la culture dans l'éducation. De ses cinq enfants, trois garçons et deux filles, son préféré était Xiuling, sa cadette. Non contente d'être alerte et intelligente, elle était douée d'une excellente mémoire. À l'âge de trois ans, elle savait déjà réciter par cœur des poèmes des Tang et produire de ravissantes petites calligraphies. Au printemps et en été, lorsque les pêchers étaient en fleurs, Qian Xixun avait l'habitude de la prendre par la main pour l'emmener à travers champs jusqu'aux abords du pont de la mère Wang, où ils flânaient en regardant les rapides. Il espérait sans doute de la sorte imprimer ce remarquable paysage dans l'esprit de sa fille. Fascinée par ce spectacle, la petite Xiuling interrompait souvent son père en posant une multitude de questions sur l'histoire du pont. Pourquoi la mère Wang avait-elle quitté la ville pour quémander sa nourriture ? Pourquoi les villageois ne l'avaient-ils pas aidée ? La fillette allait jusqu'à refuser de manger parce qu'elle avait vu en rêve la silhouette de la vieille mendiante. Elle montrait les immenses réserves de riz dans la maison en disant : pourquoi ne pas donner tout ça à la mère Wang ?!

3
L'utopie des Qian

Pourquoi les réserves de riz n'ont-elles pas été distribuées entre la mère Wang et le reste des pauvres gens? Cette question est légitime.

Dans la Chine rurale, les rares hommes fortunés vivaient aux côtés d'une masse de miséreux. Ces derniers, constamment affamés, avaient souvent le visage hâve et les yeux lourds. Traditionnellement, les pauvres – les exploités – travaillaient pour les riches – les exploiteurs –, qui s'engraissaient sur leur dos. La relation entre ces deux classes s'avère toutefois plus complexe que ce résumé. Dans la région du Jiangnan, au sud du Yang Tsé, en particulier, un système proche de l'emphytéose qui a perduré de la dynastie Song (960-1279) jusqu'au tournant du XXe siècle octroyait aux métayers le droit d'exploiter «à perpétuité» les terres qu'ils louaient à leur propriétaire. Ce cadre juridique spécifique modelait les rapports qu'entretenaient les différents acteurs en milieu rural. En clair, tant que le métayer exploitait les terres du propriétaire, ce dernier ne pouvait le mettre dehors, quand bien même le loyer dû ne pouvait lui être réglé. En effet, dans un monde aussi codifié que la campagne chinoise, où les relations interpersonnelles jouent un rôle clé, les propriétaires étaient soumis à d'innombrables contraintes, d'autant plus lorsque les métayers étaient des aînés ou des parents: dans ce cas, à chaque fête, ils devaient se prosterner devant leur locataire ou lui offrir des cadeaux. Autrement dit, il n'y avait pas réellement de différence de statut social ou de lien de subordination entre riches et pauvres: les riches propriétaires ne vivaient pas dans le luxe, et l'existence des paysans n'était pas aussi démunie et indigne qu'on pourrait l'imaginer. La seule différence entre les deux « classes » était le degré d'alphabétisation et de culture.

Par rapport à son père auréolé du prestige d'avoir fait rénover le pont de la mère Wang, Qian Xixun paraissait bien fade. Il passait surtout bien plus de temps dans les livres que dans les champs. Ce rat de bibliothèque au tempérament cérébral dénotait dans cette campagne paisible. Ainsi participait-il à toutes sortes d'activités auxquelles les locaux ne comprenaient rien, et ses amis sortaient à l'envi des mots tout à fait inintelligibles. Si l'on se replace dans le contexte de l'époque, celle de la Chine des années 1920, c'est toutefois bien plus que quelques néologismes à la mode que Qian Xixun importa de la ville : tout l'esprit du mouvement du 4-Mai, empreint de modernité et de progressisme. On apercevait souvent dans les champs sa silhouette maigre, comme allongée par la lumière rasante du crépuscule. En automne, quand il rentrait en bateau à moteur, il aimait se tenir à la proue pour contempler le paysage désolé du fleuve disparaissant dans le vaste horizon. La barque débordait toujours de livres. Ces ouvrages avaient-ils trait à l'agronomie ? Ou l'aidaient-ils à tenir son foyer ? Nul ne le savait.

Qian Xixun s'était vu attribuer un autre titre : celui de président de la section locale de l'« Association des Amis des Lettres », une société savante qui visait à la préservation de tout texte écrit. Dans le domaine de la famille Qian, dans chaque maisonnée, il était ainsi d'usage de soigneusement conserver tous les documents écrits, du vieux journal aux simples pages de notes, jusqu'à ce que des employés du village spécifiquement affectés à cette tâche viennent les rassembler pour ensuite les brûler en offrande au Temple de la Terre.

Même les analphabètes peuvent comprendre et estimer la valeur des écrits. Cette sensibilité a, dans tous les cas, modelé pendant des siècles la vie des paysans dans les plaines tranquilles du Jiangnan.

Alors qu'il approchait de l'âge de la maturité, Qian Xixun affirma soudain sa détermination à fonder une école qui bien sûr se devait d'être gratuite. Il jura que, grâce à elle, tous les enfants du village, riches et pauvres, sauraient désormais lire et écrire. Cette idée, qui confinait à l'utopie, rencontra une forte opposition, non pas des membres de son clan, mais des villageois analphabètes. Beaucoup d'entre eux jugeaient le projet extravagant et inacceptable. Même si la famille Qian s'était toujours montrée vertueuse et charitable envers les paysans, l'étude leur paraissait inaccessible. Certains craignaient également de devenir la risée de leurs pairs s'ils peinaient à l'école, sans parler des travaux dans les champs qui s'en ressentiraient. Un jour, Qian Xixun demanda ainsi à un vieux métayer pourquoi son petit-fils de treize ans ne fréquentait pas l'école. Ce à quoi on lui répondit que le jeune garçon ne pouvait rester nourri et blanchi sans travailler en contrepartie ; de plus, un enfant dans les champs permettait d'économiser le prix d'un buffle. Furieux, Qian Xixun exigea de son locataire qu'il lui paie sur-le-champ tous ses arriérés, à moins qu'il n'envoie son petit-fils à l'école.

Celle-ci était installée dans le temple ancestral de la famille Qian, un lieu qui d'ordinaire restait clos, car le clan ne s'y réunissait que lors des cérémonies rituelles à l'occasion des fêtes ou d'événements importants. La salle exiguë, aux portes grandes ouvertes, accueillait désormais une vingtaine d'enfants issus des maisonnées sur la propriété familiale, sans distinction de richesse. Face à ce spectacle, le visage rouge de Qian Xixun trahissait un sentiment d'accomplissement plus intense encore que lors des années de bonne moisson, dans les champs de blé.

Pour assurer les cours, Qian Xixun avait engagé M. Gao, un professeur venu de la ville, qu'il rémunérait six boisseaux de riz par mois. De petite taille, M. Gao en imposait toutefois par la voix claire et tonnante avec laquelle il lisait ses notes, si forte qu'elle en traversait les murs épais de l'école pour retentir jusque dans les champs aux alentours. Qian Xixun appréciait fortement le précepteur, car celui-ci excellait à adapter le contenu de ses cours et ses méthodes pédagogiques aux niveaux hétérogènes de ses élèves, à leur âge ou à leurs capacités de réception. Sous l'avant-toit du temple, M. Gao, loin de noyer ses disciples comme on peut gaver des oies, se dévouait corps et âme à sa tâche d'enseignant. Presque jusqu'à l'excès, tant les exigences à satisfaire étaient élevées. En sous-main, Qian Xixun récompensait grassement ses efforts. L'ombre du maître des lieux planait constamment dans l'école.

Xiuling, la fille bien-aimée de Qian Xixun, toujours assise au premier rang, alternait entre calme en enthousiasme. Au début, M. Gao mésestimait la jeune fille, car elle lui paraissait manquer de l'impassibilité et de la réserve qui seyaient à des demoiselles de son rang, mais il fut rapidement impressionné par son intelligence exceptionnelle qui pouvait subitement la faire se lever pour répondre aux questions qu'il posait. Telle une perchiste qui saute au-dessus de la barre sans difficulté, Xiuling survolait tout bonnement ses condisciples qui peinaient à franchir les différentes étapes.

Si de telles facilités ne manquaient pas d'étonner le précepteur, celui-ci ne pouvait se douter que Qian Xiuling lisait en cachette – même s'il s'agissait d'un secret de Polichinelle dans la famille – les livres de chevet et les ouvrages de travail que son père rapportait de la ville, beaucoup plus profonds et complexes que tout ce que M. Gao lui faisait étudier. En effet, si Qian Xixun surveillait de très près les activités de ses enfants, il ne leur avait jamais imposé aucune limite quant à leurs lectures, sauf des romans classiques tels que *Fleur en fiole d'or*, *Au bord de l'eau* et *L'Histoire du pavillon d'Occident*, qu'il cachait hors de leur portée.

Essayons de décrire la jeunesse de Qian Xiuling pendant ces années d'école dans son pays natal. La jeune femme, tant athlétique que sensible, franche que joyeuse, était à la fois douée d'une intelligence supérieure et d'une envie d'aider son prochain. Le double enseignement qu'elle suivit dans le temple ancestral de sa famille détermina de manière décisive ses études ultérieures. Toutefois, la petite salle de classe se révéla bien vite trop exiguë pour son esprit avide de connaissances. Aussi Qian Xiuling se désintéressa-t-elle rapidement des leçons de M. Gao. Même si elle ne dormait pas au cours ou ne perturbait pas la classe, le précepteur se rendit vite compte que sa meilleure élève préférait lire des romans à la mode plutôt que l'écouter enseigner avec passion un nouveau texte. Un jour, alors que M. Gao avait demandé à Qian Xiuling de se lever pour réciter le *Premier Mémoire en faveur de l'entrée en guerre* de Zhuge Liang, la jeune femme, après l'avoir déclamé d'un seul souffle sans en omettre un mot, demanda timidement: «Monsieur, dois-je également réciter le *Deuxième Mémoire*?» Le précepteur, stupéfait, répondit: «Nous ne l'avons pas encore étudié, comment pourriez-vous le réciter?» Avant même que le professeur eût terminé sa phrase, Qian Xiuling prononça à haute voix:

Feu l'Empereur, comprenant que les Han et les usurpateurs ne pouvaient coexister et que notre royaume ne pourrait se contenter d'une paix précaire, chargea votre serviteur de réprimer les félons. Conscient de mes modestes capacités et de leurs limites, Sa Grâce savait pertinemment que je ne pourrais faire le poids devant un ennemi si puissant. Cependant, si nous n'intervenions pas, le royaume encourrait un péril encore plus grand. Devrions-nous attendre sagement la mort ou attaquer les premiers? Feu l'Empereur n'hésita pas à me confier les rênes. Au début de ma mission, je ne pouvais fermer l'œil et tout appétit m'avait quitté. Alors que je songeais à envahir le Nord, je sentis qu'il fallait d'abord pacifier le Sud. À la cinquième lune, je traversai le comté de Lu et m'enfonçai dans des terres stériles, ne m'alimentant qu'un jour sur deux. Non pas que je me dépréciais, mais rester au pays de Shu n'aurait en rien servi le royaume : c'est pourquoi je bravai les dangers pour exaucer le dernier vœu de feu notre Empereur, quand bien même d'aucuns doutaient de la pertinence de ce plan. Aujourd'hui, les traîtres s'épuisent à l'Ouest et sont occupés à l'Est. La meilleure stratégie ne serait-elle pas de profiter de leur fatigue pour lancer notre attaque ? Permettez-moi de m'expliquer davantage.

Tels le soleil et la lune réunis, l'Empereur Gao, fondateur de notre dynastie, brillait par sa clairvoyance ; de même, ses ministres s'illustraient par leur sagesse et leur lucidité. Pourtant, même lui dut naviguer entre bien des écueils et panser bien des plaies pour imposer la paix. Aujourd'hui, les conseillers de Votre Majesté sont loin d'égaler ceux de votre glorieux aïeul, Zhang Liang et Chen Ping, et pourtant vous entendez tabler sur la durée pour décrocher la victoire et pacifier le royaume. Telle est la première chose que je puis entendre…

En ce clair matin du milieu des années 1920, le visage effaré de M. Gao resta figé. Avec son ton solennel de précepteur, il conseilla à Qian Xixun, si celui-ci désirait voir sa fille embrasser un meilleur avenir, d'au plus vite la retirer de l'école familiale pour lui faire gagner la ville – non pas une aussi petite ville que Yixing, mais au moins Suzhou – pour qu'elle puisse y poursuivre son éducation et embrasser un avenir sans aucune contrainte.

C'est à ce moment qu'intervint Wu Zizheng, le meilleur ami de Qian Xixun. Issu d'une des familles les plus illustres de la ville, Wu Zizheng était un érudit typique de la fin de la dynastie Qing. Lui et Qian Xixun, qui partageaient les mêmes sensibilités, s'étaient liés d'une solide amitié depuis un ou deux ans. À l'époque, la famille Wu dirigeait plus de la moitié des magasins de l'avenue des Ginkgos à Yixing et possédait des milliers d'hectares de terres en dehors de la ville. Wu Zizheng appréciait beaucoup l'innocence campagnarde et la grande humilité de Qian Xixun.

Un soir de beuverie, les deux compères, découvrant que leurs enfants respectifs avaient des âges compatibles, s'accordèrent sur leurs épousailles : Qian Xiuling était ainsi destinée à épouser Wu Hongyi, le fils de Wu Zizheng. Pas une fois les deux intellectuels ne se demandèrent si leurs enfants, qui ne s'étaient jamais rencontrés, accepteraient cette union à l'âge adulte ; en fait, jamais le sujet ne fut même abordé. Autrefois, le mariage était exclusivement l'affaire des parents et des entremetteurs. Les extraordinaires capacités en lecture qui s'étaient révélées chez Qian Xiuling alimentèrent pendant un temps les conversations entre son père et Wu Zizheng. Selon ce dernier, la demoiselle, encore jeune, devait d'abord fréquenter une école de filles dans le comté avant de se rendre à Suzhou. Comme Qian Xixun l'avait déjà remarqué, Wu Zizheng se préoccupait égoïstement de savoir sa future bru près de son propre foyer. Quand bien même il lui paraissait sensé et profitable d'encourager une jeune fille à poursuivre ses études pour qu'elle gagne en grâce et en goût, il lui importait que Qian Xiuling restât proche de sa famille, pour éviter des complications incontrôlables. Qian Xixun, en toute honnêteté, ne souhaitait pas non plus que sa fille bien-aimée s'envolât trop loin. Même si son amitié envers Wu Zizheng ne reposait pas uniquement sur l'union de leur progéniture, il tenait à respecter ses engagements, et entendait donc mettre tout en œuvre pour s'épargner la moindre contrariété.

Wu Zizheng, en tant que directeur de l'école de filles du comté, disposait réglementairement du droit d'y recommander l'admission d'un nombre limité d'étudiantes, sans qu'il leur soit imposé de subir un examen. Cependant, Qian Xixun insista pour que Xiuling passât le concours d'entrée. Forte de sa première place, la jeune fille intégra sans problème l'établissement.

Nous ne disposons d'aucun document témoignant du parcours suivi par Qian Xiuling dans l'école de filles de Yixing. Les archives de la famille Qian, bien que partielles, nous fournissent toutefois quelques indications sur ceux qui ont pu l'influencer pendant cette période. Le plus important était son cousin Qian Zhuolun. De vingt-trois ans l'aîné de Xiuling, il apparaissait pour elle comme une figure fraternelle, voire paternelle, la solennité en moins ; et en tout lieu il entendait protéger celle qu'il considérait comme sa petite sœur préférée. À cette époque, la famille de Qian Zhuolun avait déjà quitté la résidence ancestrale du clan, aux abords du pont de la mère Wang, pour s'installer à la rue de l'Académie, près de la porte nord du comté. Qian Xiuling, alors placée en internat, avait l'habitude d'aller chez son cousin le week-end pour déjeuner et pour l'écouter lui raconter des anecdotes sur l'École militaire où il étudiait. À cette époque, l'idole de Qian n'était plus la légendaire mère Wang, mais une lointaine scientifique, Mme Curie ; de son côté, son cousin, qui avait nourri une admiration sans bornes pour Zhou Chu [1], était désormais obsédé par un général français appelé Napoléon. Les rigueurs de l'École militaire ne lui permettaient pas de rentrer chez lui très souvent, mais chaque fois que l'occasion se présentait, il essayait de passer du temps avec sa famille. À ces moments de réjouissances, Qian Xiuling ne manquait jamais à l'appel. Son cousin et elle jouaient souvent à tirer au sort des poèmes et à les réciter de mémoire ; le gagnant recevait le droit de manger le premier morceau d'igname fraîchement sorti du four ou une poignée d'amandes de ginkgo. Xiuling criait toujours fièrement qu'elle était repue. Son frère aîné Zhuoru, que tout le monde appelait le « cher petit malin »,

1 N.d.T. : Général des Jin occidentaux originaire de Yixing, Zhou Chu (236-297) mourut glorieusement au cours d'une bataille contre une tribu barbare. D'après une légende populaire, il aurait trouvé sa vocation de militaire fidèle et intègre après avoir tué un tigre et un dragon, deux des « Trois Fléaux » qui accablaient Yixing, et s'être rendu compte qu'il était le troisième « fléau » que craignaient les villageois.

étudiait aussi au lycée du comté. À chaque réunion de famille, il présentait des spectacles de sa propre composition, le plus souvent avec des rôles travestis, qui faisait rire toute l'assemblée à gorge déployée.

Une année, dans une librairie de la vieille ville de Nankin, Zhuolun acheta un portrait de Marie Curie et l'offrit à Xiuling pour son anniversaire. Il était loin de se douter que ce cadeau allait non seulement fasciner la jeune fille, mais aussi changer le cours de son existence. Un jour, elle confia soudain à Zhuolun, très sérieuse, son intention d'aller étudier à Suzhou.

Sise dans la ruelle du Nouveau Pont au cœur de la vieille ville, la légendaire École normale pour femmes de Suzhou, avec ses bâtiments anciens, reflétait parfaitement l'atmosphère de cette cité multicentenaire. Le climat y était doux, les uniformes y étaient magnifiques et les enseignants y figuraient parmi les meilleurs du pays. Zhuolun soutenait pleinement le souhait de sa cousine. Toutefois, il lui dit en fixant ses yeux candides: « On dit que les règles sont très strictes là-bas, et qu'il y a "dix interdits", un peu comme dans une école militaire. Tu penses pouvoir y arriver ? »

Xiuling répondit sans hésiter: « Je n'ai pas peur ! »

Zhuolun rit. Tel était le tempérament de la famille Qian. Le jeune homme se promit d'aller voir son oncle Xixun pour faire pression en faveur de Xiuling.

L'un de ses gestes favoris de Zhuolun consistait à pointer son doigt vers sa langue. Enfant, il avait contracté un abcès de la langue, qui, selon un médecin de campagne, nécessitait une ablation de l'organe. Certains se lamentaient déjà de ce que ce jeune homme si vif d'esprit verrait, avec sa langue réduite de trois pouces, son avenir radieux tout autant écourté. Cependant, le Seigneur se montra particulièrement clément en permettant au si éloquent Zhuolun de bénéficier de l'intervention salvatrice d'un médecin étranger au sein d'un hôpital chrétien de Shanghai. Après une période de convalescence, Zhuolun avait recouvré toute sa volubilité et son éloquence. Un jour qu'il accompagnait ses jeunes frères et sœurs, il plaisanta en disant que sa langue était la seule chose au monde de laquelle il ne pourrait se montrer indigne.

Nul ne sait comment Zhuolun réussit à persuader son oncle Xixun, mais celui-ci accepta. Xiuling s'étonna de cette soudaine ouverture d'esprit. Son père lui reprocha simplement de ne pas être venue lui parler directement. Apparemment, la verve de son neveu avait touché la corde sensible de l'érudit. Cependant, une autre raison, inconnue des enfants, expliquait ce revirement : le fils de la famille Wu était également parti étudier, et Qian Xixun ne voulait pas que sa fille fût inférieure aux autres.

Plus tard, Qian Xiuling vit sur le bureau de son père une paire de bannières parallèles que son cousin Zhuolun venait d'écrire :

Des mérites acquis lors des siècles écoulés,

L'étude restera le plus inégalé.

Qian Xixun était très impressionné par les progrès accomplis par son neveu. En effet, bien qu'il fût entré dans l'armée, celui-ci n'avait jamais cessé de s'exercer à la calligraphie, tel Zhang Zhi qui noircissait d'encre les eaux de l'étang auprès duquel il s'entraînait. Au fond de lui, il restait un érudit dans la plus pure tradition des mandarins. Sa calligraphie, semblable à celle du grand maître Wang Xizhi, impressionnait par son raffinement et sa technique, qualités peu communes pour un homme de son jeune âge, sans pour autant perdre de sa fraîcheur.

Cependant, l'accord de Qian Xixun était assorti d'une condition : que Xiuling l'accompagne à la résidence de la famille Wu, dans la rue des Ginkgos, pour une simple visite de courtoisie bien sûr. Pour dire les choses crûment, il voulait que Xiuling sache qu'elle était destinée à rejoindre cette famille. La jeune fille refusa toutefois catégoriquement. Puisque, selon les usages, un homme et une femme ne pouvaient pas entrer en contact directement avant d'être liés par des liens matrimoniaux, elle ne voyait aucune raison de se rendre chez les Wu, étant donné qu'elle n'était pas en âge de telles tractations.

Avant de se rendre à Suzhou, Qian Xiuling retourna dans son village ancestral. Après avoir franchi la porte est de la vieille ville et un petit pont de bois, elle traversa un hameau de pêcheurs au bord du lac, appelé Sanlidun ; puis, après le temple Wuli, elle continua vers l'est pour arriver au pont de la mère Ma. On ne peut deviner ses pensées tandis que, du pont branlant, elle regardait la rivière couler lentement vers l'est. Probablement s'interrogeait-elle sur son avenir. L'antique résidence des Qian lui paraissait sans doute un cadre trop paisible pour combler ses attentes. Pour l'heure, elle ne se voyait pourtant pas quitter cet endroit pour de bon : ce n'est que dans ses rêves qu'elle laissait libre cours à ses fantasmes. Son fol enthousiasme gardait, malgré elle, une pointe de mélancolie.

En allant voir M. Gao qui l'avait tant encouragée, elle éprouva une certaine tristesse. Le précepteur avait beaucoup maigri et sa toux persistante faisait flotter sur ses hautes pommettes une rougeur inquiétante. Pendant qu'il parlait, une légère sueur perlait sur son front. M. Gao avait toujours soutenu Qian Xixun lorsque celui-ci lui avait demandé de l'aider en donnant cours gratuitement à plusieurs classes en même temps dans la salle ancestrale des Qian.

Dans le silence inhabituel de son père, Xiuling sentit qu'à la réprobation provoquée par son refus, s'ajoutait une forme d'inquiétude. Qui pouvait dire ce qui adviendrait désormais ? Le mariage de Xiuling avec l'héritier du clan Wu avait été soigneusement arrangé des années auparavant, mais l'esprit indépendant de Xiuling commençait à s'affirmer. Sa mère, une femme douce et timide qui n'avait que rarement fait entendre sa voix dans cette grande famille, tel un ver à soie qui ne fait que sécréter son fil à l'infini, révéla en privé à sa fille que son père enchaînait les insomnies depuis plusieurs nuits. Son instinct lui disait en effet que rien ne pourrait arrêter Xiuling lorsque celle-ci souhaiterait voler de ses propres ailes.

« Ling, souhaites-tu vraiment partir ? » Elle entoura sa fille de ses bras, les larmes aux yeux.

« Oui, Maman, mais je reviendrai pour honorer mes devoirs envers Papa et toi. »

En se remémorant ce moment des décennies plus tard, Qian Xiuling explique :

Lorsque j'ai quitté le lycée de filles de Yixing, j'ai écrit dans ma dernière dissertation : Dans les hauteurs laissez-moi m'envoler, petit oiseau que je suis. J'espère qu'à mon retour le monde aura changé, tout comme moi.

Qian Xiuling durant ses études
à l'École normale pour femmes de Suzhou

4
Ô rivière Huangpu, toi seule connais mon cœur !

☙

Une photo jaunie surgit du documentaire de Tatiana, la sœur de Jérôme.

L'équipe féminine de basketball de l'Université Utopia de Shanghai, en juin de l'année 18 de la République (1929). Vêtues de tenues de sport à la mode, les jeunes filles sont alignées en rangs serrés. Plus d'un demi-siècle après la prise du cliché, leurs visages frais continuent d'afficher un sourire sans concession. La troisième en partant de la gauche, au visage rond, refuse de montrer ses dents. C'est Qian Xiuling.

Ne devait-elle pas se rendre à Suzhou ? Comment alors se retrouva-t-elle à Shanghai ?

En 1929, à l'âge de dix-sept ans, Qian Xiuling avait, en l'espace de deux ans seulement, achevé tout son cursus au lycée provincial de Suzhou. Sauter une classe n'avait rien de nouveau pour elle. À dire vrai, qualifier cette enfant d'étudiante parfaite relèverait de l'euphémisme et reviendrait à nier son assiduité exceptionnelle.

Le chemisier blanc à larges manches, la jupe bleu foncé, les cheveux courts coupés au carré, les chaussures de toile et l'emblème blanc sur la poitrine constituaient la norme vestimentaire pour les écolières après le 4-Mai. La jupe ajustée au corps avait beau enserrer sa taille élancée, elle ne freinait pas ses élans. Dans l'album que Qian Xiuling a laissé plus tard à sa petite-fille Tatiana, une seule photographie témoigne de son passage à Suzhou. Devant une haute cheminée et une usine en arrière-plan, témoins de l'incursion de la Révolution industrielle dans l'antique ville de

Suzhou, la jeune femme se tient au bord d'un plan d'eau claire. Pour une femme nouvelle imbue des idées du 4-Mai comme Qian Xiuling, cette haute cheminée (dont l'emplacement exact reste obscur), symbole de la puissance de la science et de la civilisation associées, traduisait l'esprit de son temps, plus encore que les autres sites iconiques de la ville tels que la pagode de la colline du Tigre, le jardin de l'Humble Administrateur ou encore le mont Tianping. Sur la photo, elle paraît détendue, avec sa frange longue permanentée à la mode à l'époque, sa veste en cuir noir ouverte, sa jupe en fin sergé et ses souliers à talons reluisants. La jeune adolescente provinciale et pataude qui apparaissait sur les photos prises dans le studio de sa petite ville au sud du Yang Tsé avait définitivement laissé la place à une jeune femme racée et sophistiquée, qui respirait l'élégance.

Cette photographie préfigurait l'avenir de Qian Xiuling. Élève remarquable qui enchaînait les résultats exceptionnels en mathématiques, en physique et en chimie, elle caracolait en tête du classement dans son lycée. Plus important encore était le fait qu'elle étudiait à Suzhou, si près de la grande ville de Shanghai. Ce Paris de l'Orient, un paradis où chaque jour voyait se dévoiler de nouvelles possibilités et de nouvelles occasions, attirait alors comme un aimant ceux qui étaient prêts à tout pour réaliser leurs idéaux.

À cette époque, le frère aîné de Qian Xiuling, Qian Zhuoru, étudiait déjà à l'Université Jiaotong de Shanghai, où il se spécialisait dans l'ingénierie et la métallurgie. Quelles que fussent ses propres qualités en études, Qian Xiuling avait toujours été marquée par le parcours de son aîné. Elle était également au courant du projet de celui-ci de postuler à l'Université catholique de Louvain, en Belgique, l'une des dix meilleures universités d'Europe.

La lointaine Europe. Une image se précisait dans l'esprit de Qian Xiuling. Celle de Marie Curie. Depuis que son cousin

Zhuolun lui avait offert ce journal illustré contant les exploits de la scientifique, elle suivait ses traces dans la presse, découpant aux ciseaux tous les reportages et toutes les nouvelles la concernant, qu'elle reliait dans un album. Elle pouvait même citer de mémoire les articles que Marie Curie avait publiés et tout ce qu'elle avait accompli au cours des années précédentes. Secrètement, elle espérait se rapprocher autant que possible de cette icône.

Devant subvenir aux besoins de deux de ses enfants à Shanghai, Qian Xixun connaissait d'importantes difficultés financières. À la fin des années 1920, l'affrontement entre les seigneurs de la guerre dans les provinces du Jiangsu et du Zhejiang et une succession de catastrophes naturelles et humaines avaient fortement nui aux récoltes plusieurs saisons de suite, et la région était en proie à une crise évidente. Toutefois, Qian Xixun restait déterminé à permettre à ses enfants prodiges de poursuivre leur éducation. Son ami proche et futur parent par alliance, Wu Zizheng, avait vu dans sa famille pas moins de trois jeunes gens partir à l'université, tous à l'étranger, une situation rare dans l'ancienne ville de Yixing. Il avait dû vendre de nombreux hectares de terrain à l'extérieur de la ville pour payer les études en France de son jeune frère, Wu Dayu, et de son neveu, Wu Chongren. Son fils Wu Hongyi, qui était promis à Xiu Qiuling depuis leur enfance, avait en outre été lui-même admis à l'Université catholique de Louvain.

Xiuling souhaitait accompagner son frère Zhuoru à cette même université. C'est le jeune homme qui évoqua le premier ce projet à leur père. En effet, bien que taquins et querelleurs l'un envers l'autre, le frère et la sœur s'entendaient naturellement dès qu'il fallait traiter d'une affaire importante.

Qian Xixun hésita un temps. Tout d'abord, les frais d'étude à l'Université catholique de Louvain, rien que pour les cours préparatoires, s'élevaient à mille yuans d'argent par an et par étudiant.

Une très grosse somme. À titre de comparaison, à Yixing, un policier ne gagnait que quelques yuans par mois, mais ce salaire lui suffisait pour entretenir sa famille. Voulant clairement suivre l'exemple de Wu Zizheng, Qian Xixun soutenait le projet de son fils Zhuoru, mais il émettait des réserves quant aux ambitions de Xiuling. À quoi bon partir si loin ? Ne valait-il pas mieux que sa fille, la prunelle de ses yeux, continue son parcours scolaire en Chine ? Qui plus est, Xiuling était vouée à rejoindre la famille Wu. Le cœur très lourd et profondément inquiet, Qian Xixun ne pouvait que rester coi et retarder l'échéance.

Qian Xiuling passa sans encombre l'examen d'entrée aux cours préparatoires de l'Université Utopia à Shanghai, un établissement privé dont le prestige n'avait d'égal que celui de l'Université Nankai à Tianjin. Souvent, pour passer le temps, plutôt que de s'attarder dans les boutiques à la mode, elle se tenait au bord de l'eau pour faire tranquillement le point, car seules les subtiles ondulations de la Huangpu pouvaient traduire ce qu'elle ressentait. Regardant au loin les paquebots empanachés de fumée accoster lentement au bord de la rivière, elle observait les passagers de toutes les couleurs sortir de leurs cabines. Tout à coup, elle vit une vieille femme descendre du pont. La taille fine, les cheveux argentés, le front large, le regard clair sous des sourcils pâles, des lèvres fines traduisant la détermination : Qian Xiuling crut voir apparaître Marie Curie. Celle-là même qu'elle avait portraiturée tant de fois dans son esprit.

Elle eut soudain l'impression de se rapprocher de son idole.

Marie Curie était à l'époque âgée de soixante-deux ans. À l'automne de cette année 1929, un étudiant chinois chanceux, un certain Shi Shiyuan, premier diplômé du département de physique de l'Université Tsinghua à Pékin, avait été accepté pour étudier les propriétés radiochimiques du polonium dans son laboratoire. Lorsque Qian Xiuling découvrit la nouvelle dans le journal, son cœur battit la chamade : ce M. Shi avait vraiment de la chance. Dans le même temps, elle savait gré à Shi Shiyuan de lui avoir tracé la voie pour rejoindre son idole.

Cette année-là, Marie Curie prit un autre scientifique chinois, Zheng Dazhang, sous sa direction. Sa fille Ève visita en outre la Chine. Dans ses notes, celle-ci décrivait en détail le déroulement de la guerre civile : comment avait éclaté le conflit armé dans le Guangxi ; comment le seigneur de guerre Zhang Xueliang avait pris par la force le contrôle de la ligne de chemin de fer de l'Est ; comment ensuite vingt-sept généraux de l'armée du Nord-Ouest de Feng Yuxiang, parmi lesquels Song Zheyuan et Sun Liangcheng, s'étaient rebellés contre Chiang Kai-shek ; et comment ces hostilités avaient déclenché la guerre des Plaines centrales entre les troupes du Généralissime et l'armée du Nord-Ouest. Ève Curie évoquait également dans son article les bouleversements de la société chinoise à la suite de la guerre. Elle concluait son reportage en mentionnait le respect et l'intérêt que sa mère éprouvait pour les étudiants chinois.

Qian Xiuling souligna ces quelques phrases au crayon rouge. Elle ne laissait passer aucune information sur Marie Curie. Quand le traducteur chinois Wang Weike, qui avait entendu les conférences de la scientifique à l'Université de Paris, rentra en Chine, il en fit le compte rendu suivant :

Sa voix, aussi douce qu'une rivière calme, a la musicalité d'un orgue résonnant au loin. Bien que rigoureuses et éclairées, ses présentations, en rien rigides, sont dénuées de tout formalisme. Cette sommité, loin d'imposer ses points de vue de manière péremptoire, est capable d'apporter dans les formules arides de la physique et de la chimie un peu de fantaisie, presque comme dans un conte de fées.

L'album que Qian Xiuling dédiait aux « trésors de Marie Curie » s'étoffait à mesure que grandissait son rêve de rencontrer la savante en Europe. Chaque jour, elle travaillait dur pour atteindre cet objectif.

Elle avait maintenant une personnalité chaleureuse et pleine d'entrain et aimait faire du sport, en premier lieu du basketball. Malgré sa petite taille, celle qui était surnommée « Sophia l'attaquante » filait comme une flèche et bondissait avec une force impressionnante. Elle participait avec enthousiasme à toutes les compétitions, où elle étonnait par son sang-froid ; ses notes exceptionnelles en mathématiques et en chimie, de même que sa maîtrise parfaite de l'anglais tant à l'écrit qu'à l'oral ne manquaient pas non plus d'impressionner ses professeurs comme ses condisciples.

Un jour, Qian Xiuling reçut une lettre de son père, qui lui enjoignait de rentrer à la maison le week-end. Lorsqu'elle la montra à Zhuoru, celui-ci fit la grimace : assurément, le temps était venu pour elle de rencontrer son futur époux. Après un temps de réflexion, la jeune fille, un peu embarrassée, remercia son frère. « Mais l'époque a changé : n'est-il donc pas possible de choisir sa propre destinée ? » Ces propos directs, prononcés sans réfléchir, firent sursauter Zhuoru.

Qian Xiuling ne retourna pas chez elle, près du pont de la mère Wang, comme son père le lui avait demandé, mais elle lui envoya une lettre pleine de tact dans laquelle elle déclarait simplement qu'elle avait beaucoup de travail à l'université en prévision des examens et qu'elle ne pouvait donc pas rentrer. En même temps, elle y expliquait pour la première fois que son rêve était de devenir une scientifique à l'image de Marie Curie et que, pour cette raison, elle voulait partir en Belgique avec son frère Zhuoru pour étudier à l'Université catholique de Louvain.

Pour Qian Xixun, ce fut la douche froide. En ce samedi on ne peut plus ordinaire, Wu Zizheng se rendit chez la famille Qian en compagnie de son fils Wu Hongyi pour une visite dont il attendait beaucoup. Le jeune homme était rentré de Belgique pour rendre visite à sa famille pendant les vacances d'hiver. Malgré un physique assez quelconque, il charmait par son exquise urbanité, son attitude courtoise et la finesse de son discernement. D'un caractère quelque peu introverti, pour ne pas dire taciturne, il était l'exemple type de ces jeunes gens entièrement investis dans leurs études.

Qian Xixun, qui n'avait rencontré le fils Wu que lorsque celui-ci était enfant, se montra pleinement satisfait de son futur gendre, si loyal, poli et minutieux, même s'il lui semblait manquer un peu de l'esprit de son père.

Il aborda le désir commun de Zhuoru et de Xiuling d'aller étudier à Louvain. Wu Zizheng ne tarit pas d'éloges sur le projet des deux jeunes gens et appuya particulièrement les ambitions de Xiuling : si elle parvenait à entrer à l'Université, son fils Hongyi pourrait tous les jours être à ses côtés et les deux promis pourraient prendre soin l'un de l'autre. Grisé par cette perspective, il proposa même de payer les frais d'études de Qian Xiuling : « La famille Wu compterait ainsi quatre enfants prodiges ! » Qian Xixun déclina cette offre.

La proposition de Wu Zizheng, qui trahissait naturellement sa puissance et son influence, était dénuée de toute mauvaise intention. Toutefois, Qian Xixun, en bon intellectuel de province fier de son indépendance, était peu enclin à accepter la moindre charité, fût-ce d'un ami. Xiuling, d'après leur accord, pouvait être la future bru de Wu Zizheng, elle n'en restait pas moins sa fille. Si le clan Wu, tout aisé qu'il fût, avait vendu des terres pour payer l'éducation de ses enfants, pourquoi lui, Qian Xixun, ne pourrait-il faire de même ?

Une chose était claire : le meilleur moyen de faciliter l'union entre Qian Xiuling et Wu Hongyi était d'accepter que Xiuling étudiât en Belgique.

Il fallait donc surmonter toute tension entre les deux familles. Tout ce qui empêcherait ce projet pourrait constituer un obstacle au mariage. Si, après avoir décliné l'offre de Wu Zizheng, Qian Xixun refusait aussi de délier sa bourse, son ami risquait de mettre en doute ses intentions. Il ne voulait pas que ses liens forts avec le clan Wu virent à l'inimitié.

Vendre le terrain ! Sa décision était prise.

Selon la tradition, il revenait aux enfants de conserver chaque pouce de terre laissé par leurs ancêtres, car telle était la preuve de leur vertu et de leur piété filiale. Une seule exception était permise : pour financer des études, il était admissible d'amputer son héritage en vendant ses terres. À aucune époque de tels expédients n'avaient été réprouvés ; au contraire, ils étaient encouragés et cités en exemple. Qian Xixun était convaincu que ses augustes ancêtres dans l'au-delà applaudiraient secrètement son geste.

À partir de là, son attitude fut claire : il ne se contenterait pas d'approuver le voyage de Xiuling, mais il l'encourageait à s'inscrire à l'Université catholique de Louvain. Dans sa lettre à sa fille, il mentionna incidemment que le fils de la famille Wu étudiait également dans cette institution. Ne tarissant pas non plus d'éloges sur l'intelligence du jeune homme, il priait donc Xiuling de se référer plus régulièrement à lui à l'avenir.

Après plusieurs lectures attentives, Qian Xiuling saisit le pourquoi de l'affaire. Ces dernières années, le nom de Wu Hongyi avait été mentionné souvent par son père, qui lui rappelait qu'il serait un jour son époux. Pour la jeune femme, formée dans le style moderne, cette histoire avait toujours paru un mythe et, au fil des années, elle était devenue de plus en plus vague. De quel genre d'homme s'agissait-il ? Était-il grand, était-il beau ? Elle ne s'en était jamais enquise. Quand bien même elle avait atteint cet âge où les femmes pensent à l'amour, son mari idéal devait absolument correspondre à ses propres conceptions esthétiques, et non se réduire à cette «âme réincarnée» qu'aurait choisie son père.

Elle n'avait bien sûr aucune idée de l'état d'ébriété dans lequel se trouvaient celui-ci et Wu Zizheng lorsque, avec du vin de riz fait maison, ils avaient trinqué à la réussite flamboyante de leur projet d'union: Qian Xiuling et Wu Hongyi, étudiant ensemble à l'Université catholique de Louvain, y apprendraient à se connaître, avant de convoler en justes noces et d'assurer la perpétuation de leur lignée.

Longtemps, sa vie simple à l'abri du besoin et le temps consacré à ses études avaient constitué des œillères qui l'empêchaient de comprendre les états d'âme de son père, certes vieillissant, mais toujours vif d'esprit. En fait, elle ignorait tout de ses pensées.

Le parcours scolaire de Xiuling à Shanghai fut de courte durée. Comme elle était déterminée à s'inscrire à l'Université catholique de Louvain, l'anglais et le français constituaient les matières auxquelles elle consacrait le plus d'énergie. Même lorsqu'elle jouait au basketball après les cours ou qu'elle répétait pour son petit rôle dans la pièce *La Nuit des rois* au club de théâtre de l'université, son esprit est toujours rempli de mots anglais et français.

Le cours des événements changea lorsque son cousin Zhuolun, venu à Shanghai pour affaires, prit le temps de les inviter, elle et Zhuoru, à un repas dans une humble taverne près du temple Chenghuang. Personne dans la famille Qian n'avait prédit l'ascension fulgurante de Zhuolun. Frais émoulu de l'École militaire, d'où il était sorti parmi les premiers de sa promotion, il avait commencé sa carrière comme chef de peloton puis, gagnant l'estime de ses supérieurs, avait rapidement gravi les échelons pour devenir commandant de compagnie et enfin capitaine de bataillon.

Pendant l'expédition du Nord [1], il avait part à de nombreuses batailles et y avait acquis de grands mérites, ce qui lui avait valu d'être nommé très jeune officier général adjoint dans l'état-major interarmées, avec le grade de général divisionnaire. On disait qu'il était très apprécié de son commandant en chef, dont il était l'un des bras droits. Particulièrement doué, il était qualifié de « dictionnaire vivant » par ses supérieurs.

Lorsque Qian Zhuolun se rendait à Shanghai pour affaires officielles, il était bien entendu reçu avec les plus grands égards par ses hôtes, comme le voulaient les règles du jeu : ainsi, en sa qualité de général divisionnaire, séjournait-il dans les hôtels les plus luxueux de la ville. Ce jour-là, cependant, renonçant à toute activité, il s'habilla en civil, prit un taxi et se rendit incognito dans une petite auberge d'une rue longeant le jardin Yu. On y servait du vin jaune parfumé de Shaoxing et, entre autres spécialités de la même région, du porc braisé aux légumes saumurés, du poisson frit et des petits raviolis dans du bouillon de poulet, les mets préférés de Xiuling et de Zhuoru. En regardant ses cousins dévorer avec appétit, Zhuolun souriait jusqu'aux oreilles. Il se sentait réellement délassé en leur compagnie, aimait les écouter discuter, mais ne disait pas grand-chose lui-même, de même que jamais il ne se vantait ni ne leur faisait la morale avec condescendance. Lorsqu'il était détendu, il aimait boire un peu d'alcool pour ressentir cette délicieuse euphorie. Des discussions animées qu'ils eurent au cours de cette merveilleuse soirée, les trois en perdirent tout souvenir, mais, lorsqu'il prit congé, Zhuolun leur offrit une

---

1 N.d.T. : L'expédition du Nord est une campagne militaire menée entre 1926 et 1928 par le Kuomintang, sous la direction du Généralissime Chiang Kai-shek. Son principal objectif était d'unifier la Chine sous son contrôle en mettant fin au pouvoir des seigneurs de la guerre locaux. Elle a conduit à la réunification chinoise de 1928 et au début de la « décennie de Nankin ».

photo de lui en uniforme, signée au pinceau, qu'ils conserveraient pour le restant de leur vie d'exil. Zhuolun, le sourire discret, y paraissait plus âgé qu'il n'était, et il se dégageait de sa posture un air à la fois placide et imposant. Au moment de se séparer, il tint à dire à Xiuling que chaque fois qu'elle rencontrerait des difficultés, elle devait toujours se rappeler que son cousin Zhuolun était là pour l'aider.

En novembre de cette année-là, par un jour brumeux d'automne, Qian Xiuling et son frère Zhuoru embarquèrent sur le *Sphinx* en direction de Marseille. En raison de sa proximité avec la Belgique, la France constituait en effet la meilleure escale.

Lorsque le bateau quitta le rivage, Qian Xiuling ne ressentait aucune tristesse, car elle savait qu'une page s'était tournée dans sa vie, que de nouvelles sensations l'attendaient. Une colonie de goélands effleurant la surface de l'eau s'envola en décrivant des arcs de cercle qui s'estompèrent dans le ciel nébuleux. Elle se mit à pleurer. Cette scène qu'elle venait de toucher du doigt resterait à jamais gravée dans sa mémoire.

La nuit précédant son départ, un inconnu avait rendu une visite impromptue au domicile familial. Son père n'avait pas eu l'air surpris, mais il s'était entretenu avec le visiteur non pas dans la chambre d'amis, comme c'était le cas habituellement, mais dans son petit bureau, où il ne laissait d'ordinaire entrer personne. La chambre de Xiuling se trouvant juste à côté, la jeune femme, intriguée, s'était rendue jusqu'à la porte du bureau, laissée entrouverte. Elle était restée là un moment, l'esprit engourdi dans la lueur frémissante de la lampe, puis tout était devenu clair. Son père avait vendu une centaine d'acres des terres les plus fertiles de la famille, immédiatement adjacente au lac Tai. La nuit, à la marée montante, de la vapeur s'y élève des eaux et arrose les champs ; le jour venu, la chaleur du soleil sèche le sol. Ce cycle naturel offrait les conditions parfaites pour toutes sortes de cultures : les radis étaient doux et croquants ; les oignons, tendres et juteux ; et les autres légumes verts, goûteux et brillants. Les merveilles de cette terre si chère à son cœur, Qian Xixun les avait constamment à la bouche.

Les mots de son père l'avaient frappée au cœur comme un lourd marteau : « Si ce n'était pas pour l'éducation de mes enfants, j'aurais préféré mourir plutôt que de vendre ce terrain. » Derrière leurs chuchotements, Qian Xixun et son hôte avaient semblé se disputer sur le prix. À la fin, le client avait conclu : « Je ne suis pas le véritable acheteur, je ne suis qu'un mandataire. Ce prix est ma dernière offre. Si vous la déclinez, je n'aurai d'autre choix que de partir. » Xiuling remarqua une légère contraction sur le visage de son père. Dans la pénombre, il lui apparaissait sombre et flou.

Les larmes coulèrent irrésistiblement des yeux de Xiuling. Cette nuit-là, elle ne trouva pas le sommeil. Ses parents bien-aimés avaient tant sacrifié pour la soutenir dans ses études.

Le lendemain, elle alla rendre hommage à son père dans son bureau : « Père, je me montrerai toujours reconnaissante envers vous. »

Qian Xixun sourit. Pardon, amour. Le soleil brillait à travers la fenêtre en bois sculpté encadrée de bronze, et la lumière chaude égayait ce sourire aussi brillant et doux que de la soie. À jamais elle s'en souviendrait.

Elle avait pensé que, à ce moment-là, son père mentionnerait le « fils de la famille Wu » et conditionnerait même ses études en Belgique à son union avec ce dernier. Mais, étonnamment, il n'évoqua pas le sujet. Elle n'en fut cependant pas entièrement soulagée, car elle savait qu'il accordait plus de valeur à la « réputation » qu'à la vie, et que ce mariage arrangé restait l'une de ses principales préoccupations.

De fait, Zhuoru lui confirmerait plus tard que, avant leur départ, leur père l'avait pressé de faire en sorte que Xiuling et son prétendant Wu Hongyi puissent se fréquenter le plus possible, en vue de leurs futures épousailles.

Le jour fatidique, Qian Xixun se rendit délibérément en ville pour affaires, sans émettre aucune recommandation. Peut-être savait-il trop bien que ses enfants comprenaient tous les enjeux et n'avaient donc pas besoin d'être harcelés par son verbiage. Mais, surtout, il ne voulait pas qu'ils perçoivent sa vulnérabilité intérieure, sa tendresse sous ses dehors de dureté. En effet, il ne pouvait garantir qu'il ne fondrait pas en larmes s'il devait regarder ses enfants partir vers des contrées lointaines.

La mère de Xiuling, quant à elle, pleurait comme une Madeleine et gémissait comme un rouet mal huilé : « Si tu veux vraiment te montrer reconnaissante envers nous, sois bonne avec Wu Hongyi. » Tel était son ultime vœu pour sa fille. Le choc fut incroyable, même pour Xiuling. Elle comprenait enfin dans quelle mesure la génération de ses parents plaçait la réputation et l'engagement au-dessus de leur propre vie.

Elle répondit qu'elle y réfléchirait une fois arrivée en Belgique. À quoi bon déjà parler de mariage alors qu'elle n'avait jamais rencontré son prétendant ? Elle assura également qu'elle ferait de son mieux, comme si elle devait aider quelqu'un d'autre à exécuter une tâche complexe. En elle, une petite voix disait aussi qu'elle ne pouvait en fait rien promettre, car on n'achète pas un chat dans un sac…

Le temps, telle la marée, engloutit tout sur son passage. Même les paysages les plus impressionnants finissent toujours par s'y évaporer.

La vapeur d'eau se dissipe. Le pont est noir de monde. Les passagers saluent encore le rivage lointain. Certains essuient des larmes, d'autres applaudissent. La tour de l'horloge du Bund s'éloigne et se fond progressivement dans l'horizon. Qian Xiuling est en route vers l'océan.

Qian Xiuling et son frère Qian Zhuoru
à l'époque de leurs études à Louvain

5
L'amnésie de Maurice et la providentielle intervention de l'infirmière Basta

ↄ3

Veuillez dire à M. Xu, dans le village natal de Grand-mère, que j'ai trouvé le seul survivant des otages qu'elle a sauvés. Il a maintenant cent trois ans. Qu'il vienne dès que possible, que Dieu le bénisse!

Tel est le courriel envoyé à leurs parents de Shanghai par Jérôme et son épouse au troisième jour de leur retour en Belgique.

C'est lors de notre dîner à l'hôtel Radisson que Jérôme m'a accordé pour la première fois sa confiance. Il était prévu que lui et sa femme retournent à Chicago, mais, Dieu merci, pendant qu'ils séjournaient à Shanghai, il a reçu un message d'un membre de sa famille maternelle. En tant que petit-fils de Qian Xiuling, son avis était requis d'urgence pour une affaire d'héritage, si bien qu'il devait immédiatement retourner en Belgique. Parfois, l'occasion la plus opportune survient alors qu'on s'y attend le moins. Quand cette bonne nouvelle me parvint, j'eus l'intuition que je me devais de la saisir de toutes mes forces. L'adjectif « extatique » ne suffirait pas pour décrire ce que j'ai ressenti à ce moment-là. Savoir que cet homme existait a provoqué en effet chez moi une angoisse tenace, car la nuit après avoir reçu l'information, j'ai rêvé que le centenaire était subitement décédé. À mon réveil, mon cœur battait encore la chamade et à mes oreilles résonnait encore la prière à l'église à la mémoire de Maurice Doclot.

Monsieur Maurice – si vous me permettez de vous appeler ainsi –, attendez-moi, attendez-moi! Oui, en cet instant, j'étais soudain confiant. J'entendais distinctement une voix éraillée formuler une promesse. Et auprès de moi, dans l'obscurité, j'ai senti la présence immobile d'une vieille femme. Elle avait dit à son petit-fils Jérôme de se dépêcher de trouver le dernier survivant, le vieux Maurice, il fallait que celui-ci l'attende patiemment. Elle savait qu'un de ses compatriotes viendrait en Belgique pour l'interviewer.

Le 11 octobre 2018, par une journée ensoleillée, un couple de Chinois arrive furtivement dans la petite ville d'Écaussinnes, à moins de soixante-dix kilomètres de Bruxelles. Ma femme et moi avons emporté deux caméras afin de garder une trace des précieuses informations que nous y recueillerions. Après avoir traversé les rues silencieuses, nous sommes arrivés à la gare, où nous avions convenu avec Jérôme de nous retrouver. À neuf heures, le train de Jérôme entre en gare. À côté de nous se tient un vieil homme de haute taille, aux cheveux argentés et au teint rose. Ses yeux sont fixés sur les passagers qui débarquent. Lorsque Jérôme, un lourd appareil photographique à la main, descend du wagon, l'homme s'avance vers lui avec un sourire charmant plein de joie et lui tend les bras pour l'embrasser.

Bon nombre de moments historiques se présentent sans avertissement. Le vieil homme à l'allure élégante, que Jérôme nous présente, s'appelle Raymond Maucq. Il nous salue d'un cordial signe de tête et nous conduit dans une maison de retraite à la périphérie de la ville. En chemin, Jérôme me dit que la fille de M. Maucq a été sa camarade de classe en secondaire et qu'ils sont restés en contact. Alors qu'ils discutaient en ligne, il lui a parlé de la manière dont sa grand-mère Qian Xiuling avait sauvé des prisonniers pendant la guerre. La jeune femme lui a alors expliqué que, d'après son père, l'un de ces prisonniers était toujours en vie, et qu'il résidait dans une maison de retraite à Écaussinnes. Au début, Jérôme n'y croyait pas. Après avoir consulté son père pour en avoir la confirmation, la jeune fille lui a immédiatement envoyé un courriel : « En effet, un ancien prisonnier est toujours en vie ; il a cent trois ans. Dieu semble l'avoir particulièrement comblé. »

On peut imaginer l'excitation de Jérôme. Il me dit qu'il a voulu se rendre à Écaussinnes le soir même pour photographier sans plus tarder ce vétéran.

Je suis curieux de savoir comment M. Maucq a appris que cet ancien prisonnier était encore en vie. Jérôme m'explique que, entrepreneur de pompes funèbres, celui-ci s'occupe de la plupart des funérailles dans la petite ville d'Écaussinnes, que ce soit pour la cérémonie religieuse, le choix du cimetière ou encore les préparatifs de l'enterrement. « Raymond est donc un familier des pensionnaires des maisons de retraite dans les environs. »

En prononçant ces paroles, Jérôme esquisse un sourire sincère, et soudain dans son regard brille une lueur familière. Ses yeux pleins d'aménité me rappellent tant ceux de sa grand-mère Qian Xiuling telle que je la voyais sur les photos.

En fait, M. Maucq a une identité autrement plus importante, mais Jérôme ne me l'a pas dit.

Lorsque j'entre dans la maison de retraite, mon cœur sursaute. C'est un endroit très paisible, tellement silencieux que l'air y paraît presque solide. Des pensionnaires sont assis ici et là sur des chaises ; on entend à peine leurs faibles discussions. De temps en temps passent des infirmières en blouse blanche : dans leurs chaussures à semelles souples qui ne font aucun bruit, elles semblent fouler des nuages. Certains pensionnaires, immobiles dans leur fauteuil roulant, ont l'air de statues, mais lorsque je m'approche d'eux, ils me font sursauter en levant soudain la main pour me saluer.

Au fond d'une chambre exiguë, mais proprette du premier étage, un vieil homme chauve au teint sain et aux yeux brillants est assis sur un simple canapé. Quand nous nous approchons, il nous regarde avec indifférence.

M. Maucq est clairement un visiteur régulier. Il se penche et salue le vieil homme d'un ton détendu. Jérôme s'empresse d'allumer son appareil photo. Une infirmière joufflue d'âge moyen, appelée Basta, entre et parle d'une voix sonore et rapide. Grâce à la traduction que notre interprète effectue de la conversation entre Raymond et cette infirmière, j'apprends que l'homme assis sur le canapé est Maurice Doclot, qui a été bourgmestre d'Écaussinnes pendant près de vingt ans. Pendant son mandat, il n'a jamais pris de voiture pour ses déplacements, tenant toujours à se déplacer à pied, même pour assister à des réunions à Bruxelles, ce qui était assez incroyable. C'est probablement l'une des raisons de sa longévité. Il n'était peut-être pas le plus remarquable des prisonniers qu'avait sauvés Qian Xiuling, mais il a miraculeusement survécu. Désormais, il est l'ultime survivant.

Laissez-moi décrire cet instant historique. Jérôme a déjà ouvert l'objectif de son appareil. Le débit rapide avec lequel s'exprime l'infirmière Basta, semblable à une mitraillette, me fait croire qu'elle est à la fois curieuse et excitée par cette visite de Chinois. Elle se penche ensuite vers M. Doclot pour lui murmurer à l'oreille le nom de Qian Xiuling, mais au lieu du regard de surprise ou de joie auquel nous nous attendions, le vieil homme se contente de nous sourire gentiment et d'accepter posément mon cadeau, une théière en argile violette de Yixing. Après avoir enfilé docilement son costume, il s'assoit devant le spot improvisé que Jérôme a mis en place. Cependant, lorsque je mentionne à mon tour le nom de Qian Xiuling, il ne montre pas vraiment de réaction. Du coin de la bouche, il semble marmonner quelque chose, mais seul un fin filet de voix émerge de ses lèvres. Un peu inquiète, Basta crie plusieurs fois dans son oreille. Maurice semble lutter de toutes ses forces pour se souvenir de quelque chose, comme s'il peinait pour rattraper un cerf-volant qui aurait volé trop haut. Manifestement, l'émotion de ce moment est trop forte, et son visage empli de regrets, presque traumatisé, s'assombrit encore dans le silence impatient. L'air semble se figer à mesure que les secondes passent. En s'excusant, Maurice secoue son énorme tête et la laisse retomber.

Avec une dextérité professionnelle, l'infirmière prend sa tension artérielle en le rassurant, puis nous dit qu'il n'est pas au meilleur de sa forme et qu'il a manifestement oublié toutes ces choses du passé. À son âge, ce type d'amnésie est fréquent, mais avec sa ténacité et sa force de caractère, il retrouvera peut-être la mémoire dès le lendemain.

Pendant ces quelques minutes, j'avais le front moite de sueur. Un rapide coup d'œil aurait suffi pour percevoir le torrent d'émotions contradictoires qui me submergeait. Je me trouve dans une impasse. Comme M. Doclot a l'air exténué, il m'apparaît clairement qu'il ne pourra répondre à aucune de mes questions sur Qian Xiuling pour le moment.

Peut-être ce nom qu'on a tant répété à ses oreilles lui rappelle-t-il une inconnue étrangement familière, qu'il lui semble connaître, mais dont il ne discerne pas le visage, comme s'il essayait de forcer une boîte dont la serrure est si rouillée qu'il est impossible de l'ouvrir. La vie est un trop long voyage, et il ne retrouve plus les relais de poste qui la jalonnent. Un vieil excavateur édenté creuse désespérément les ruines de sa mémoire, mais la poussière tourbillonnante lui dit que tous ses efforts sont vains. En ce moment, il a besoin de silence et de repos. Les fantômes et les cris assourdissants de sa mémoire le plongent dans un bourbier d'épuisement.

« Il est fatigué, laissez-le tranquille un moment. » Le sourire esquissé par Basta laisse entendre qu'il subsiste un espoir que Maurice, lorsqu'il ira mieux, pourra ouvrir les portes de sa mémoire recouvrer ses souvenirs trop longtemps enfouis. Mais nul ne sait quand ce miracle adviendra.

Un froid glacial monte le long de ma colonne vertébrale. La roue de la Fortune a tourné de façon si brutale et inattendue !

Malgré tout, Jérôme garde son sang-froid. Il dit avoir l'intuition que Maurice Doclot recouvrera bientôt la mémoire, et que, il en est convaincu, il trouvera la force de s'extraire des ténèbres de l'oubli et de parler.

M. Maucq me demande avec sollicitude s'il peut faire autre chose pour moi. Je m'empresse de sortir de ma poche une photographie et je lui demande comment je pourrais trouver l'homme sur le cliché, un certain Jean Dutrieux.

Il saisit la photo, pousse un soupir de regret, esquisse un geste devant sa poitrine, avant de tendre trois doigts : « Il est mort d'une crise cardiaque il y a trois ans. »

Je suis effondré. Jean Dutrieux était aussi un ancien bourgmestre d'Écaussinnes. Son père, l'un des prisonniers sauvés par Qian Xiuling, s'est rendu en 2001 dans le pays natal de celle-ci, à Yixing, où il s'est fait de nombreux amis. Les habitants de Yixing se souviennent de lui comme d'un bon vivant plein d'humour qui prenait toujours la vie du bon côté.

Chaque fois qu'on lui parlait de Qian Xiuling, il disait d'un air serein et dégagé : « Sans Maman Qian, je ne serais pas là aujourd'hui. »

C'était un homme d'une grande intelligence émotionnelle. Sur sa suggestion, Écaussinnes s'est jumelée avec Yixing. Pour fêter cet événement, la ville chinoise a envoyé une délégation officielle à Écaussinnes, où le bourgmestre et son épouse ont organisé un banquet en leur honneur. Avant ma venue en Belgique, mon ami M. Chu, qui à l'époque, en tant que secrétaire du gouvernement municipal de Yixing, avait fait partie de la délégation, m'a exhorté à trouver ce vieil homme si enthousiaste.

Cette première bataille est perdue. Un sentiment de confusion s'installe dans son sillage.

Ce soir-là, nous dînons avec Jérôme. Au cours du repas, celui-ci dit avec enthousiasme qu'il a été plus heureux d'avoir pu saisir sur la pellicule le dernier survivant des prisonniers sauvés par sa grand-mère que de remporter un prix international. Parfois, continue-t-il, l'inspiration a besoin de ce genre de coïncidences fortuites. L'apparition soudaine de ce couple de Chinois que nous étions a été pour lui comme une révélation. Une porte s'est ouverte et lui a offert bien plus que tout ce qu'il pouvait créer en une journée de travail. Il dit avec émotion que la plupart des gens n'ont d'yeux que pour l'avenir ; peu osent se retourner vers le passé. La beauté de la photographie consiste précisément à capturer ces moments fugaces, mais inoubliables de la vie. N'est-ce pas aussi le propre de l'écriture ?

Je ne peux qu'abonder dans son sens. Jérôme a toutes les raisons d'être fier. Dans ses photos, il est arrivé à capturer une image tout à fait intéressante. Les jeux de lumière et d'ombre qu'il a pu saisir créent une atmosphère particulière où l'on ressent le poids de l'histoire, et la grosse tête de Maurice, son visage buriné, ses yeux légèrement dans le vague évoquent à merveille l'état d'esprit de ce centenaire qui a vécu trop longtemps. L'imagination comble les vides. Pour parler d'expression littéraire, il faudrait que Maurice prenne la parole, qu'il utilise sa voix pour transmettre ses sentiments. Quand bien même il continuerait à bredouiller et à divaguer, ses mots vaudraient bien mieux que le silence. L'histoire veut qu'il soit l'un des prisonniers sauvés par Qian Xiuling, mais ce n'est qu'une de ses identités. Pour qu'il devienne une figure littéraire, il faudrait qu'il puisse nous faire revivre l'histoire avec ses mots.

Sous mon bavardage, Jérôme a senti avec acuité que j'essayais de dissimuler une immense frustration. Il me rassure en me disant que je dois faire confiance au pouvoir de Dieu, car celui-ci ne déçoit jamais ceux qui ont foi en lui.

En plein repas, il a reçu un coup de téléphone de Raymond. Après avoir raccroché, il a soupiré et dessiné une croix sur sa poitrine. Cet après-midi, un pensionnaire de quatre-vingt-quinze ans était décédé dans la maison de retraite. Cet appel m'a rempli d'inquiétude.

Jérôme nous conseille, au lieu de rester inutilement à Écaussinnes, de visiter d'abord d'autres lieux, comme l'Université catholique de Louvain, qui a occupé une place importante dans la vie de sa grand-mère.

Connaît-il quelqu'un là-bas ? Haussant les épaules, il sourit et secoue la tête. « Que Dieu vous vienne en aide », répond-il.

Pour ce repas, nous avions choisi un restaurant chinois. En gage de notre gratitude envers Jérôme, nous avons commandé une table de riz. Mais notre invité n'a pas mangé beaucoup et n'a cessé de nous resservir. Drôle de manière pour un étranger d'exprimer son amitié, avons-nous estimé. Lorsque, en plein milieu du souper, il s'est levé sans bruit pour faire un tour, nous avons pensé qu'il se rendait aux toilettes, alors qu'en fait il en profitait pour régler l'addition. Une manière très « chinoise » de procéder.

Une telle hospitalité est sans doute rare en Occident. Nous avions en effet convenu que c'était nous qui l'invitions. Ce n'était pas non plus une question d'argent. Manifestement, Jérôme tenait cette pratique très « chinoise » de sa grand-mère. Il ne s'en cachait pas ; il le revendiquait même. Il raconte qu'il a su utiliser des baguettes dès l'âge de cinq ans : en quatrième primaire, quand il a emmené des camarades de classe au restaurant de sa grand-mère, elle lui a aussi enseigné tous les rites et toutes les règles du savoir-vivre chinois.

À l'issue de ce repas, Jérôme nous a tracé une nouvelle voie pour que nous tentions notre chance à l'Université catholique de Louvain. À Écaussinnes, tous les espoirs que nous avions placés dans le témoignage de Jean Dutrieux étaient réduits à néant par son décès. Il devenait également irréaliste d'attendre passivement que parle le vieux Maurice Doclot. L'Université catholique de Louvain nous ouvrirait sans doute de nouvelles perspectives dans notre quête de Qian Xiuling. Pengfei, notre interprète, originaire de Shenyang [1], comprenait notre détresse. Visiblement familier des lieux, il m'a posé une question pratique : « L'Université catholique de Louvain, qui couvre toute la ville ancienne, compte plus de trente facultés réparties dans tous les quartiers de la cité. Comment allez-vous y retrouver les traces de Qian Xiuling sans le moindre indice ? »

Je me suis senti dérouté. Cette excursion téméraire dans la ville universitaire signerait-elle un nouvel échec dans notre périple belge ? Je crois pourtant fermement que chacun construit sa propre route et qu'on ne sait jamais ce qu'on trouvera quelque part tant qu'on ne s'y est pas rendu. Quand bien même nous ferions chou blanc, il fallait tout tenter.

Le temps était venu de dire au revoir à Jérôme. Il prévoyait de bientôt rentrer à Chicago. Il m'a dit que Raymond resterait en contact avec l'infirmière Basta, qui l'informerait immédiatement si Maurice émergeait des abysses de sa mémoire. Jérôme, qui pensait à tout, a ensuite demandé à l'interprète son numéro

1 N.d.T. : Chef-lieu de la province du Liaoning (nord-est de la Chine), Shenyang, connue aussi sous son nom mandchou de Mukden, fut l'une de villes qui souffrirent le plus de l'occupation japonaise pendant la Seconde Guerre mondiale. En septembre 1931, les Nippons prirent prétexte de l'« incident de Mukden » pour envahir le reste de la Mandchourie et créer l'État fantoche du Mandchoukouo, dont Mukden resterait l'une des principales cités jusqu'à la capitulation japonaise en 1945.

de téléphone pour qu'il le transfère par courriel à Raymond, car lui-même n'utilisait pas de portable. Si un jour le numéro de Raymond apparaissait sur le téléphone de Pengfei, cela signifierait qu'un miracle se serait produit.

L'admirable et scrupuleux Jérôme avait donc tout prévu. Lorsque nous avons pris congé, il m'a serré dans ses bras et m'a demandé ce qu'il pouvait faire d'autre pour moi.

En regardant sa silhouette s'éloigner, j'ai eu le sentiment de tomber dans une grande solitude.

6
L'Université catholique de Louvain, ou comment Qian Xiuling m'attendait dans une classe

Le son des cloches de la collégiale Saint-Pierre est si lourd et si long que les oreilles du visiteur résonnent d'une plénitude quasi philosophique. Les feuilles tombant des platanes le long de l'avenue se balancent silencieusement, comme en écho à ces vibrations harmoniques. Des calèches à l'ancienne avancent tranquillement dans les ruelles proprettes ; les sabots des chevaux martèlent avec rythme les pavés patinés par le temps. Cette scène crépusculaire semble tout droit sortie du Moyen-Âge. Une volée de pigeons dodus s'élance au-delà des toits de tuiles rouges et décrit dans le ciel chargé des arcs de cercle mélancoliques. Une après-midi typique de la fin de l'automne en Belgique. Sur de petites tables alignées en rangs d'oignon le long des rues, des clients dégustent à leur aise une tasse de thé ou de café fumant. L'éclat brillant de leur front s'accorde avec celui des pavés.

Même si je n'ai pas eu la chance de visiter toute la vieille ville, ses rues sinueuses m'ont permis d'en prendre le pouls et d'apprécier sa distinction. Cependant, à mesure que je me promenais dans les rues du vieux Louvain, la confiance que cette visite m'inspirait laissa petit à petit la place à un sentiment de perplexité face à l'inconnu. Chacune des hautes demeures, dans chaque rue, abrite des locaux de l'université. Des vieilles ruelles émergent soudain des nuées d'étudiants qui viennent de finir leur journée de cours. La fougue avec laquelle ils enfourchent leurs bicyclettes exprime leur enthousiasme : quelle chance ils ont d'étudier ici !

Un raz-de-marée de jeunes gens déferle bientôt sur les bâtiments anciens, laissant dans leur sillage un fort parfum d'hormones. En tournant dans une rue tranquille, je tombe par hasard sur un bâtiment imposant, d'un gris austère. Les murs, très hauts, sont dépourvus d'ornements; seuls frappent l'œil quatre chiffres arabes gravés distinctement sur la façade: 1425. Cette antique inscription, qui a dû être le fait d'un artisan il y a plus de six cents ans, respire la simplicité. L'Université de Louvain (aujourd'hui connue sous son nom néerlandais *Katholieke Universiteit Leuven*) fut fondée en effet le 9 décembre 1425 par une bulle du pape Martin V. Les premières années, la plupart des professeurs qui y officiaient venaient des universités de Paris, de Cologne et de Vienne. Érasme, le grand humaniste du XVIe siècle, y dispensa ses enseignements avant de créer en son sein, en 1517, le Collège des Trois Langues, où l'on pouvait étudier l'hébreu, le latin et le grec ancien. Cet institut éleva l'université comme le centre de l'humanisme dans l'Europe de la Renaissance.

Dans la pensée chinoise, l'aura s'avère de la première importance. Chaque fois que quelqu'un donne un cours quelque part et qu'il y bâtit sa doctrine, il y laisse son aura. Le pinceau qu'il a utilisé, le pupitre qu'il a touché, même le verre dans lequel il a bu de l'eau, tous les objets dégagent une atmosphère. La perpétuation d'une aura dépend bien sûr de ses héritiers. L'histoire de l'Université catholique de Louvain, écrite sur du parchemin à la plume d'oie, est naturellement empreinte du prestige de toutes les illustres figures qui s'y sont succédé au cours du temps. Scientifique avide de nouveauté, le médecin et mathématicien Adrien Romain (1561–1615) y fut professeur; le philosophe Juste Lipse (1547–1606) y enseigna pendant de nombreuses années. La tradition scientifique de l'Université de Louvain commença avec le mathématicien Gemma Frisius (1508–1555), qui y forma de nombreux savants, à l'instar du cartographe Gérard Mercator (1512–1594), qui allait mettre au point une projection cartographique encore utilisée de nos jours. Le botaniste Rembert Dodoens (1517–1585) et André Vésale (1514–1564), le père de l'anatomie moderne, passèrent également par ses murs. Les histoires de tous ces personnages sont aujourd'hui reléguées dans les limbes, et les idées et les formules qu'ils nous ont transmises ne paraissent plus d'actualité. Pour les rappeler au souvenir des vivants, les magiciens du temps dressent de froides statues avec leurs noms solennellement gravés à la base ; mais ces effigies ne rendent compte que superficiellement de la vie et des accomplissements de ces grands hommes. Ce n'est que dans les coins de leurs bouches et dans les plis de leurs fronts, érodés par les années, que nous pouvons entrevoir, en faisant preuve d'imagination, l'énigme cachée dans les profondeurs de l'histoire.

Dans quel bâtiment Qian Xiuling a-t-elle étudié ? Les archives indiquent seulement qu'elle a été admise au département de chimie. Mais où celui-ci se trouvait-il à l'époque ? En se promenant dans la grande ville de Louvain, un sentiment de confusion m'assaille petit à petit comme le mauvais temps. Nous ignorons vraiment où chercher les traces de Qian Xiuling. À maintes reprises, nous nous aventurons dans de mystérieux et silencieux bâtiments, où l'atmosphère est si limpide et tranquille que les étrangers ne s'y sentent pas les bienvenus. Notre interprète a alors l'idée de tenter sa chance au siège de l'université.

En fait, nous ne savons même pas où se trouve celui-ci. Le front moite de sueur, Pengfei interroge les passants, puis nous conduit à pied à travers quelques pâtés de maisons jusqu'à un vieux bâtiment qui n'a rien d'imposant.

« Il n'y a pas d'enceinte autour de l'université. Partout où il y a une porte, vous pouvez entrer sans être interrogé par personne. Ici, le concept de liberté est aussi réel que l'air qui nous entoure. Cependant, il est interdit de photographier ou de filmer. » À l'exposé de ces règles glaciales que nous formule tout sourire la jeune femme rondelette au bureau d'information, nous avons l'impression d'être pris en flagrant délit avec notre équipement photographique.

Le long couloir est bordé des deux côtés de portes soigneusement closes. De temps en temps, quelqu'un sort à pas feutrés, puis la porte se referme doucement derrière lui, dans le même silence. Au bout du couloir, un escalier tournant dans une splendide marqueterie en vieil or mène à un grand hall vide semblable à une salle des fêtes, où des sièges rouge foncé se déploient devant nos yeux comme autant de grenades que l'on aurait coupées en deux. Sur l'estrade, meublée avec pompe et solennité, devant une rangée de grandes chaises à dossier de cuir, se dresse avec ostentation une auguste table de conférence lustrée par le temps, dont les bords délicatement ajourés accentuent le raffinement et la magnificence.

Tout cela a-t-il quelque chose à voir avec Qian Xiuling ?

Tandis que je ferme les yeux pour entrer en pleine conscience, une scène historique se forme petit à petit dans mon esprit. Selon les archives, la cérémonie de rentrée académique à laquelle avait assisté la jeune Qian Xiuling aurait eu lieu dans cette salle. Ce jour-là, assise parmi ses camarades de classe, elle était vêtue d'une *qipao* bleue ornée de fleurs de magnolia blanches et d'un cardigan cramoisi, et tenait dans les mains un épais carnet de notes. Admise aux cours préparatoires de l'université, la jeune fille, qui maîtrisait parfaitement le français, avait passé sans encombre les examens préliminaires, tant à l'oral qu'à l'écrit. Ceux qui la connaissaient bien savaient que cette jeune Orientale, certes pas très loquace, mais peu prompte à se laisser abattre, avait une facilité innée pour les études. Dès que l'on se trouvait dans la même classe qu'elle, impossible d'ignorer sa présence. N'attendant jamais que ses professeurs l'interrogent, elle saisissait toutes les occasions pour leur poser elle-même des questions, non pour essayer sciemment de se démarquer, mais parce qu'elle réfléchissait rapidement et qu'elle suivait sans peine les explications des professeurs, si bien que parfois elle allait même plus loin qu'eux. Assise près de la fenêtre, elle avait constamment le visage rouge, et à la fin des cours, son nez perlait encore de gouttes de sueur, comme si elle venait de courir sur cinq mille mètres.

En observant de plus près son visage rond et jovial d'Orientale, on découvrait sur ses joues, au coin de ses lèvres, deux petites fossettes, qui paraissaient traduire un bonheur sans nuages. Pas un seul souci ne semblait l'accabler. Pourtant, après les cours, une peine secrète la gagnait, car c'est à ce moment que la rejoignait ce garçon chinois qu'elle n'aimait pas, son « aimé de toujours », Wu Hongyi. L'amour contraint est comme une pilule amère : même si elle est bénéfique, on ne peut l'ingérer, encore moins si on doit la prendre pour le reste de sa vie – autant alors mourir. Difficile de ne pas évoquer la première rencontre entre Qian Xiuling et Wu Hongyi. Le jour où Xiuling et son frère Zhuoru sont arrivés à Marseille, Wu Hongyi, qui, on ignore comment, savait sur quel paquebot ils avaient embarqué, se tenait sur le quai pour les accueillir. Leur navire avait été frappé par un typhon à mi-parcours, et il avait donc fallu deux jours de plus que prévu pour traverser un océan Pacifique déchaîné. Quand Xiuling descendit du pont, la foule manqua de la séparer de son frère. Mais elle vit très vite celui-ci se faire accoster par un homme grand et sombre qui tenait une petite pancarte de bois sur laquelle on pouvait lire en caractères chinois écrits à la va-vite : « Bienvenue à ma sœur Qian Xiuling et M. Qian Zhuoru ! » En lisant ce message, Xiuling avait ressenti une chaleur monter dans son cœur. L'émotion qui l'étreignait était beaucoup plus intense que celle ressentie lorsque l'on rencontre une simple connaissance dans un pays étranger. Cependant, quand son regard se posa sur le visage du jeune homme sombre qui tenait la pancarte, elle eut un léger, mais douloureux, pincement au cœur. Elle savait qui il était. Sans espoir, pas de déception, pensa-t-elle au début. Mais quand elle regarda l'homme pour la deuxième fois, un sentiment instinctif de rejet envahit tout son corps. C'est à cet instant qu'elle prit sa décision.

Le visage long et sombre, de grandes dents blanches, l'air un peu naïf, Wu Hongyi ne ressemblait pas tout à fait aux vifs garçons du Jiangnan. Bien qu'il fût assurément franc et sincère, ses lèvres épaisses ne cessaient de marmonner des sons inarticulés – peut-être parce qu'il était nerveux –, et ses yeux hagards n'osaient pas la regarder en face.

Prétextant le mal de mer, Qian Xiuling déclina l'hospitalité de Wu Hongyi. Elle savait qu'il avait passé deux jours et une nuit au terminal des ferries pour venir les chercher, elle et son frère : indubitablement, son honnêteté n'était pas feinte. Elle essaya de se convaincre d'aller manger avec lui, mais lorsque les mots lui sortirent de la bouche, ce fut pour refuser l'invitation. Dans le regard de son hôte perça une pointe de déception, comme on pouvait s'y attendre. Ne pouvant supporter cet affront, Zhuoru la prit à part et l'admonesta à voix basse : « Comment peux-tu faire cela ? Tu n'as pas été élevée comme cela ! À partir d'aujourd'hui, tu dois m'écouter ! »

À Louvain, elle les suivit à contrecœur jusqu'à un fiacre. La capote de la voiture, de style ancien, était recouverte d'un épais tissu doré à l'aspect velouté, et les accoudoirs étaient revêtus de laiton poli. Le bruit sonore des sabots sur les pavés lui rappelait un épisode des *Hauts de Hurlevent* d'Emily Brontë.

Au moment d'embarquer, Zhuoru traîna délibérément des pieds pour que Xiuling prît place avec Wu Hongyi, tandis que lui emprunterait une autre voiture et les suivrait. Par courtoisie, Qian Xiuling obéit. Lorsque Wu Hongyi s'assit maladroitement à côté d'elle, elle huma une légère odeur d'eau de toilette, qui l'a mise mal à l'aise. Son estomac se retourna et elle eut un haut-le-cœur.

Pris de court, Wu Hongyi avait l'air ahuri et impuissant, presque comique. C'était certes un homme bon, mais pas celui qui lui convenait. Cette conclusion définitive, Qian Xiuling la tira donc le jour où elle mit le pied en Belgique.

Tout en jouant de sa cravache, le cocher, un vieil homme à la barbe chenue et portant un haut-de-forme noir, multipliait les paroles prévenantes dans un français mâtiné de néerlandais. Qian Xiuling, qui peinait à comprendre, reporta son attention sur Wu Hongyi à côté d'elle. Après un long moment d'hébétude, celui-ci profita finalement de l'occasion pour lui montrer ses qualités d'interprète. Avec le cocher, il s'exprimait dans un français fluide et naturel, mais sa voix trahissait une certaine sécheresse, et quand il la regardait à la dérobée, il ne se départait jamais de son air gêné. Le fiacre les emmena à travers la grand-place, devant l'antique hôtel de ville, puis ils passèrent devant la cathédrale pour arriver dans une rue bordée de tavernes grouillantes de monde. Qian Xiuling sentait l'odeur du blé surfermenté. Elle lui rappelait ces champs sans fin le long du pont de la mère Wang, où l'odeur irrésistible du blé doré flottant dans le vent enivrait tous les fermiers. Elle pensait à l'inquiétude qui assaillait certainement ses parents de la savoir à des milliers de kilomètres de la maison, tout pleins qu'ils étaient de ces attentes qui leur paraissaient légitimes. Cependant, cependant… Elle ne voulait plus y penser. Elle pouvait désobéir à tout, sauf à son cœur et à ses sensations les plus viscérales.

Le dîner de réception manqua clairement d'éclat. Malgré la somptuosité du repas, et malgré les efforts de Wu Hongyi, aucun souvenir n'en reviendrait à Qian Xiuling lorsqu'elle essayerait de se le remémorer. Wu Hongyi, qui étudiait l'économie, était un jeune homme méritant qui travaillait dur, mais sa personnalité fade et taciturne ne facilitait en rien sa relation avec Qian Xiuling. En même temps, il était un enfant obéissant et il avait constamment une épée de Damoclès au-dessus de la tête. Mais il faut reconnaître qu'il est immédiatement tombé amoureux de sa promise, dont l'élégance et la douceur s'ajoutaient à la spontanéité et à la grâce propres aux jeunes femmes du Jiangnan, avec sa pointe de modernité juste comme il fallait et l'éclat de son visage à la fleur de sa jeunesse. Comment ne pas l'admirer ? Pourtant, telle la lune suspendue dans le ciel, elle restait froide et distante et ne parlait presque pas. Dans une lettre à son père, il fit part sans détour de ses sentiments. Son père lui rappela que Qian Xiuling lui était prédestinée, et qu'il était temps de la cueillir. Il devait balayer tout scrupule pour enfin se comporter en futur époux.

Mais il y avait loin de la coupe aux lèvres. Après ce premier dîner, Wu Hongyi n'eut plus l'occasion d'inviter Qian Xiuling à sortir. En plus de ne pas étudier dans la même faculté que lui, elle ne vivait pas dans le même quartier. Bien sûr, il savait qu'il ne s'agissait là que d'un prétexte. On la disait très occupée, et les rares fois où il la croisait, elle se contentait de hocher la tête comme si elle le connaissait à peine. Il avait l'impression qu'elle l'évitait. En dehors de la salle de classe et du dortoir, elle passait tout son temps à la bibliothèque. Wu Hongyi alla dès lors trouver Qian Zhuoru dans l'espoir que celui-ci pourrait faciliter le contact avec sa sœur. Il écrivit également un billet d'invitation pour que Zhuoru le lui transmette. Mais le jeune homme arriva seul au rendez-vous, excusant l'absence de Xiuling. Il aurait sans doute été préférable que Qian Zhuoru lui dise sans détour que sa sœur ne l'aimait pas. Mais il l'encouragea à persévérer en dépit des revers, ce qui ne manqua pas de plonger l'intéressé dans les tourments et la perplexité.

En ce moment, ce qui occupait jour et nuit Qian Xiuling, c'était plutôt de réussir tous ses examens préparatoires pour devenir officiellement étudiante à l'Université catholique de Louvain. Pourtant, elle ne pouvait éviter le problème très réel de sa relation avec son « amoureux prédestiné ». Dans une lettre, son père lui demanda sans ambages ce qu'elle voulait. Ce ton si sérieux devait probablement résulter du retour que Wu Hongyi avait donné de leur entrevue. Après réflexion, elle décida que les enjeux étaient trop importants pour qu'elle trompe son père, et lui avoua donc sa position : incompatible ; pas de sentiment. Elle espérait que son père romprait leurs fiançailles.

Après avoir envoyé cette lettre, elle craignait qu'il se mît en colère en la lisant. Mais mieux valait une courte peine qu'une longue douleur : repousser l'échéance n'était pas une option.

Elle n'en avait pas discuté avec son frère parce que Zhuoru s'interposait toujours entre elle et son père. Difficile de lui en vouloir. Elle devait régler elle-même ses propres affaires.

Ici, il me faut mentionner le coût des études de Qian Xiuling à Louvain. Dire simplement qu'il était très élevé ne donnerait qu'une idée imprécise. Une année préparatoire s'élevait à quatorze mille francs belges, soit mille yuans d'argent. Zhuoru, en tant qu'étudiant régulier, devait payer encore plus cher. À la fin de chaque mois, le frère et la sœur comptaient donc sur les mandats postaux pour survivre ; et quand le courrier avait du retard, ils devaient se serrer la ceinture. En fait, la plupart des étudiants chinois à l'étranger vivaient de la sorte. Une fois, alors que Xiuling et Zhuoru avaient dépensé tout leur argent pour les frais courants et que leur mandat n'était pas encore arrivé, Zhuoru alla emprunter cent francs à Wu Hongyi. En découvrant ce crédit, Xiuling s'emporta un peu. Mais quand son frère lui rétorqua que Wu Hongyi faisait partie de leur famille, elle laissa carrément éclater sa colère : « Si tu dis cela, je vais commencer une grève de la faim ! »

Avant que n'arrive le mandat, elle reçut une lettre de son père. En déchirant l'enveloppe de cette missive trop mince, elle eut un mauvais pressentiment. Ses lettres étaient en effet toujours très longues, car il ne cessait d'y répéter les mêmes conseils et les mêmes leçons de morale. Mais cette fois, il n'y avait qu'une seule page : chaque mot était empreint d'une déception et d'une indignation extrêmes. Xiuling imaginait clairement son père, furibond, mais terriblement seul, se retenir de pleurer en écrivant ces lignes.

Le dernier paragraphe disait ceci :

Par cette décision aussi absurde, tu te rends coupable d'une honteuse ingratitude. Ignorer ainsi les conseils de son père et n'en faire qu'à sa tête : à quoi te serviront tes études ? Si d'aventure tu reconnais encore être ma chair et mon sang et que tu te soucies de la réputation de notre famille, tu peux soit t'amender et réparer tes erreurs, soit arrêter tes études et rentrer immédiatement au pays. Sans quoi, je ne pourrai subvenir à toutes tes dépenses.

La main de son père devait trembler de colère en traçant ces mots, car les dernières lignes étaient toutes tordues. Xiuling pouvait presque voir les coins de sa bouche se contracter.

Immédiatement après, Zhuoru reçut un télégramme de leur ville natale :

Votre père a subi une attaque et est gravement malade.

Zhuoru et Xiuling eurent l'impression que le ciel leur tombait sur la tête.

Le frère et la sœur ne savaient que faire. Les jours suivants, Xiuling ne cessa de pleurer. Si sa décision devait coûter la vie de son père, mieux valait pour elle mourir. Mais se donner la mort était un acte trop facile et trop stupide, sa vie ne faisait que commencer. Le magnanime Zhuoru comprit enfin sa sœur et les affres qu'elle traversait. Ils partageaient les mêmes valeurs : pour eux, aller à l'encontre de son cœur était la chose la plus difficile et la plus impensable à laquelle ils pouvaient être confrontés. Rester fidèle à leurs sentiments était leur credo. En Europe, où la liberté en amour était la norme, l'idée même d'un tel mariage arrangé aurait suscité l'hilarité. Puisque Xiuling avait déjà fait ce pas, son frère n'avait aucune raison de ne pas la soutenir.

Finalement, ils décidèrent que Zhuoru prendrait congé pour rendre visite à leur père en Chine.

Au début, elle voulait partir avec lui, se disant que les choses seraient certainement différentes si elle pouvait s'expliquer de vive voix avec son père, Mais elle comprit que, si elle rentrait, la porte qui lui avait été ouverte lui serait refermée pour toujours. Le pire scénario était que son père lui coupe les vivres, comme il l'en avait menacée dans sa lettre. Le tempérament têtu de Xiuling refit surface. Cette obstination aveugle résultait en partie de cette perspective, lointaine, mais toujours présente, de rencontrer Marie Curie.

Un mois plus tard, Zhuoru revint. Les nouvelles qu'il rapportait de Chine étaient pires que ce qu'elle avait imaginé. Leur père était très malade, et la pression de la famille Wu n'arrangeait rien. Qian Xixun et Wu Zizheng avaient définitivement rompu leur indéfectible amitié lorsqu'il était devenu clair que leurs enfants ne se marieraient pas. Quand Qian Xixun avait montré la lettre de Xiuling à Wu Zizheng, celui-ci, abandonnant son équanimité habituelle, avait éclaté en imprécations, vociférant qu'avec une telle disgrâce il n'oserait plus jamais affronter ses parents, ses amis et même ses voisins. La pression qui pesait sur les épaules de Qian Xixun n'était en rien moindre à celle que subissait Wu Zizheng : non seulement on l'accusait de ne pas avoir bien éduqué sa fille, mais également d'avoir trahi ses engagements. Tout comme Wu Zizheng, il jouait un rôle social important dans la communauté locale, ce qui l'exposait grandement au regard des autres.

Il y avait néanmoins un détail que Zhuoru n'osa pas révéler à Xiuling. Leur père avait eu une attaque lors d'une visite en ville chez la famille Wu. Après une querelle avec Wu Zizheng, alors qu'il descendait les escaliers à l'entrée de sa résidence, il était tombé sur un lion de pierre et s'était évanoui.

L'autre facteur clé qui avait conduit à la rupture entre les deux familles était les cent *mu* de cette terre bien-aimée que Qian Xixun avait vendus.

En fait, le véritable acheteur s'était avéré être Wu Zizheng. Celui-ci avait initialement l'intention, lorsque son fils Hongyi épouserait Qian Xiuling, de céder à Qian Xixun, en guise de prix de la mariée, l'acte de propriété des cent *mu* de terre. Il espérait ainsi que ses hauts faits seraient racontés dans toute la communauté. Cependant, quand il se rendit compte que son projet se dégonflait comme une baudruche, aveuglé par la rage, il dépassa les bornes en ébruitant l'affaire et en déclarant à qui voulait l'entendre que le terrain ne valait rien et qu'il était prêt à le vendre à qui en voudrait, fût-ce à vil prix. Ce faisant, il se plaçait moralement dans une situation très difficile, car il sciait la branche sur laquelle il était assis. Qian Xixun, en tant que propriétaire initial du terrain, pourrait certes se retrouver sous le feu des critiques de sa communauté. Mais n'était-ce pas Wu Zizheng qui l'avait ainsi poussé dans l'abîme ? La vente soudaine d'un terrain si convoité à si bon marché avait déjà suscité des commentaires, si bien que le dénouement funeste de l'histoire fit rapidement le tour de la région, chacun y allant de sa version. Dieu seul sait que Wu Zizheng ne pouvait pas avaler un tel opprobre. Pour lui, la fille Qian avait annulé ses fiançailles avec l'approbation tacite de son père : après tout, n'avaient-ils pas multiplié les faux-fuyants pendant toutes ces années pour justifier le fait qu'elle ne souhaitait jamais rencontrer son fils ? Le cœur de Wu Zizheng était aussi noir que la nuit, mais il n'en avait pas conscience. Pour sa part, Qian Xixun s'inquiétait de ce que sa fille refuse d'épouser le fils de la famille Wu sans pour autant trouver un autre parti. Bien que Xiuling fût à mille lieues de la Chine, il était encore possible de remédier à ce fiasco en la persuadant de revenir à la raison. La révélation de l'identité de l'acheteur de ses cent *mu* de terre avait été le coup de trop. Il n'avait jamais imaginé que Wu Zizheng serait aussi calculateur et qu'il chercherait ainsi à s'attirer les faveurs des masses, quand bien même le mariage tomberait à l'eau. Rien que d'y penser, il en avait la chair de poule.

Au début, Qian Xiuling ressentit une immense culpabilité, l'impression qu'elle avait commis un crime de sang qu'elle ne pourrait jamais expier. Mais quand elle recouvra son calme, elle conclut qu'elle était incapable de faire ce que son père lui demandait. Même si elle courait à la mort, elle refusait de vivre avec quelqu'un qu'elle n'aimait pas. Ses camarades de classe remarquèrent à cette époque que ses yeux, d'ordinaire si rieurs, étaient désormais rouges et gonflés, et que son visage rond, jusqu'ici si blanc et allègre, s'était tout d'un coup assombri comme si des nuages noirs s'amoncelaient au-dessus de sa tête. Mais elle n'en disait rien, gardant pour elle toutes ses déchirures et ses convulsions.

Toutefois, elle se ressaisit vite. Non seulement elle ne succomba pas à la pression de la famille Wu et de son père, mais elle parvint à obtenir une bourse d'études des Boxeurs.

Ces bourses faisaient partie des indemnités de guerre que la Chine avait dû verser à l'issue de la révolte des Boxeurs en 1900, après que les forces alliées des « huit nations » (Autriche-Hongrie, France, Allemagne, Italie, Japon, Russie, Royaume-Uni et États-Unis) eurent réprimé les troubles dans le sang. Le gouvernement impérial de la dynastie Qing en déclin fut contraint l'année suivante de signer un protocole de paix qui prévoyait le paiement de réparations à hauteur de quatre cent cinquante millions de taels d'argent. Parmi les puissances victorieuses, la minuscule Belgique, bien qu'elle n'eût dépêché en Chine qu'une seule escouade – soit une douzaine de soldats – pour mater la rébellion, reçut une part considérable du butin, en tout 8 484 345 taels d'argent.

Pour se donner bonne conscience – puisque, en définitive, cet argent qu'ils empochaient était un peu sale –, plusieurs pays, parmi lesquels les États-Unis, la Russie, la France, le Royaume-Uni, l'Italie et la Belgique, décidèrent en 1925 de restituer à la Chine ces indemnités injustement perçues. Pour ce faire, certains d'entre eux, toujours pour faire bonne figure, recrutèrent des étudiants chinois, le but étant en outre d'influencer durablement la jeune génération de l'Empire du Milieu.

Le gouvernement belge prit également un engagement très honorable. Avec l'argent des « indemnités » chinoises, il fit construire à Anvers la gare la plus luxueuse du monde pour l'époque, puis il consacra le reste à la création d'une bourse d'études pour les étudiants chinois – dont l'obtention, bien entendu, était soumise à un concours rigoureux. Les lauréats seraient des étudiants de l'État, ne devraient payer aucuns frais d'inscription et se verraient même attribuer une allocation de subsistance. Qian Xiuling aurait-elle été poussée dans cette voie par les circonstances ? Fallait-il y voir un présage de son destin extraordinaire ? Dans tous les cas, elle avait toujours adoré les examens, depuis la salle ancestrale de sa famille jusqu'à Shanghai, en passant par l'école du comté et par Suzhou. Les examens étaient ses meilleurs amis : ses efforts pour les réussir n'avaient jamais été déçus.

Elle passa le concours avec succès. De toute sa promotion de la classe préparatoire, elle fut la seule à obtenir le précieux sésame. Plus tard, elle confierait que c'était l'examen le plus difficile qu'elle avait dû subir, mais aussi l'expérience la plus enivrante qu'elle eût jamais connue dans une telle épreuve. Elle savait qu'elle franchissait un cap dans sa vie tumultueuse. En sortant de la salle d'examen, elle ressentit un drôle de soulagement. Levant les yeux, elle entendit une voix familière et chevrotante qui semblait venir des cieux s'approcher d'elle avec insistance, et lui murmurer au creux de l'oreille : « Ma fille, tu peux être fière de toi ! » Les larmes lui montèrent aux yeux : c'était la voix de son cher père, qui, elle en est sûre, malgré leur « brouille », l'aimait autant qu'elle l'aimait. Rien ne pourrait jamais changer cela. Pourquoi, sinon, entendait-elle sa voix à un tel moment clé ? Elle ne pouvait croire que ce n'était qu'une hallucination.

Elle imaginait clairement que son père endurait l'un des pires tourments de sa vie. Cependant, simple comme elle l'était, elle ne pouvait comprendre comment Qian Xixun et Wu Zizheng, amis depuis des décennies, avaient pu en arriver, au nom d'un mariage arrangé, au point de rompre leur relation. Zhuoru lui expliqua combien l'honneur et la réputation de chaque clan étaient en jeu dans cette affaire. Les anciens de la famille Wu n'acceptaient pas que soit annulée l'union de leur fils avec la fille de la famille la plus respectable de Yixing. Toute la communauté soutenait Wu Zizheng dans ses récriminations à l'égard de la famille Qian. Quand Qian Xixun, acculé, avait fini par implorer le pardon de la famille Wu, celle-ci y avait vu la preuve de sa « forfaiture ». En cet instant critique, l'irascible Wu Zizheng avait jeté l'acte de propriété des cent *mu* de terre, non pour humilier Qian Xixun, mais pour lui montrer combien il avait sacrifié pour que ce mariage ait lieu. Ce geste, qui avait fait l'effet d'une bombe, avait blessé profondément Qian Xixun. Lui, d'ordinaire déjà sanguin, s'était effondré sous le choc. Son meilleur ami l'avait poignardé dans le dos. Selon la légende qui circulait dans la région, le corps de Qian était tellement brisé qu'il avait peiné à se relever et à marcher. Les jours suivants, le docteur Guo, le médecin le plus célèbre de la vieille ville, dut fréquemment embarquer dans son petit voilier et traverser le pont de la mère Wang pour rendre visite à la famille Qian. Bien qu'il ne laissât rien transparaître de ses consultations, on pouvait lire sur son visage renfrogné que la santé de Qian Xixun se détériorait. À l'arrivée de l'hiver, la classe aménagée dans la salle ancestrale des Qian fut temporairement fermée à la suite du décès de M. Gao. Chacun savait que Qian Xixun craignait pour la continuation de son école, car même s'il n'était pas encore condamné, sa maladie ne faisait aucun doute. Accompagnant les froides et brumeuses journées d'hiver, une angoisse permanente oppressait tout le village des Qian.

Plus nous nous promenons dans les couloirs de l'Université catholique de Louvain, plus nous avons l'impression de pénétrer dans un labyrinthe. Ma fidèle compagne et moi arrivons sans crier gare à la fin du corridor, puis tournons pour entrer dans une vaste cour intérieure, où nous nous reposons contre un arbre vénérable. Quand ma femme lève les yeux, elle a comme une sorte d'hallucination : à travers la vitre de la salle de classe voisine, elle a soudain entrevu sur le mur une photographie en noir et blanc qui lui semble familière. Hébétée, elle crie de surprise : « Wow, Qian Xiuling ! »

Oui, c'est bien la photo officielle de l'étudiante Qian Xiuling. Ses cheveux élégamment coiffés, légèrement bouclés, ses sourcils bien dessinés, son petit sourire et ses lèvres discrètement relevées trahissent son empathie, tout en mettant en valeur sa douceur et son intelligence d'Orientale. Sa veste bien ajustée, décorée de motifs floraux colorés, accentue encore le doux parfum chinois qu'elle dégage.

Elle nous salue depuis le mur, comme si elle nous disait : « Enfin vous voilà ! Je suis si heureuse que des compatriotes viennent me rendre visite ! »

À ses côtés se trouvent d'autres photographies, sans doute celles d'anciens étudiants qui se sont distingués à l'université. Sans plus attendre, nous appelons notre interprète et nous précipitons vers la salle de classe où est accrochée la photo. La porte est fermée, mais de faibles voix résonnent à l'intérieur. Je demande à Pengfei de frapper, mais il hésite, peut-être parce qu'il est en Belgique depuis longtemps et qu'il est très à cheval sur les « règles ». Sur notre insistance, il prend son courage à deux mains et finit par toquer. La porte s'entrouvre sur un homme d'âge moyen, aux cheveux bouclés, dont les lunettes cachent la moitié du visage. Il demande poliment à Pengfei ce qu'il veut. Quand l'interprète lui explique notre requête, l'homme secoue la tête. Pengfei continue à voix basse, et l'homme hausse finalement les épaules, nous indiquant que nous pouvons entrer.

L'interprète me confirme qu'on lui a opposé un refus dès qu'il a ouvert la bouche. Nous sommes arrivés en plein cours. Ce n'est qu'après avoir expliqué avec insistance que nous étions un couple de Chinois originaires de Yixing, la ville natale de Qian Xiuling, et que nous partirions dès que nous aurions vu sa photo qu'on nous a autorisés à entrer.

La classe, longue, étroite, compte trois bureaux ; les trois enseignants, un homme et deux femmes sont concentrés sur leur ordinateur. Les deux femmes ne lèvent même pas les yeux. Je sors mon téléphone portable, active la fonction appareil photo et me précipite pour prendre un cliché. L'homme d'âge moyen sourit malicieusement et grommelle quelques mots. Je demande à Pengfei ce qu'il dit. C'est apparemment de l'humour : prendre des photos n'est normalement pas autorisé ici, mais puisque Dieu semble nous en avoir donné la permission, pourquoi essayer de nous en empêcher ? En outre, comme Qian Xiuling s'était fait un tel nom à l'université, il n'y avait aucune raison de ne pas accueillir dignement ses compatriotes.

Ses dires confirment les règles qu'on nous a exposées au bureau d'information : interdiction aux personnes extérieures à l'université de prendre des photos de toute partie de celle-ci.

Cette pièce, me dit Pengfei, est maintenant le bureau des responsables de l'enseignement dans la faculté. L'homme qui nous a laissés entrer doit en faire partie. Je lui demande : « Veuillez pardonner l'audace de ma requête, mais je ne suis clairement pas ici seulement pour prendre une vidéo ou des photos. Voici ce que je souhaite confirmer : tout d'abord, s'agit-il de classe qu'a fréquentée Qian Xiuling ? Ensuite, y a-t-il à l'université un mémorial ou une quelconque salle commémorative en son honneur ? »

À la première question, le responsable répond qu'il n'en est pas tout à fait sûr. Mais son expression confiante nous dit que c'est très probable. Sa manière de soupeser chacun de ses mots lui donne un peu l'air du porte-parole d'une institution prestigieuse qui craindrait constamment d'être mal interprété par des journalistes avides de scoops et de buzz. Il explique que cette salle doit être la plus ancienne de l'université et qu'elle a toujours fait partie du département de chimie. À l'époque où Qian Xiuling était étudiante, le département comptait peu d'effectifs, dont seulement quatre Asiatiques, et Qian Xiuling était la seule femme. Sans nul doute, ce bureau a vu passer les plus grands scientifiques du monde, et les photos sur les murs sont celles des meilleurs étudiants que le département de chimie ait accueillis. « Bien sûr, Qian Xiuling était exceptionnelle. C'était un génie, elle l'a toujours été, presque personne ne rivalisait avec elle dans la faculté. Malheureusement, elle n'a pas embrassé une carrière scientifique. »

À la deuxième question, le responsable hausse les épaules, et murmure quelque chose à Pengfei en étendant ses longs doigts maigres.

L'interprète nous livre ses paroles : « En Belgique, on ne compte aucun mémorial individuel, que ce soit pour les rois ou pour les particuliers qui se sont distingués d'une manière ou d'une autre. Ce pays abhorre le culte de la personnalité. Les talents d'exception qui se sont succédé sur les bancs de l'Université catholique de Louvain sont innombrables, mais la meilleure reconnaissance qu'ils puissent recevoir est d'avoir une photo sur le mur de la classe qu'ils ont fréquentée. » Les propos du responsable confirment que cette pièce est très probablement la classe où Qian Xiuling a étudié.

L'excitation, indicible, est si intense que je pourrais voler.

Les carreaux sous nos pieds, le vieux lustre en cristal suspendu dans la coupole du couloir, les rampes d'escalier rutilantes : soudain, tous ces objets sont nimbés de l'aura de Qian Xiuling.

Le son de ses pas résonne tout à coup dans le sombre couloir. Vêtue de chaussures à talons en daim bordeaux et d'un cardigan en fine flanelle d'un blanc lunaire qui encadre sa plantureuse poitrine, elle porte en bandoulière l'un de ces cartables imprimés en toile qui avaient la faveur des Orientaux. Son sourire radieux illumine son visage poupin d'un blanc opalin et ses yeux noirs et brillants. Quatre-vingt-dix ans plus tôt, elle était assise dans cette classe, au premier rang, le regard calme et appliqué. Entre ses fins doigts dont les ongles éclatants, laissés au naturel, ressemblaient à de petits coquillages, on voyait son stylo virevolter sans cesse. La démarche gracieuse, elle aimait rire et parler avec la douceur des filles du Jiangnan. Ceux qui avaient la chance de l'entendre chanter en ressortaient ensorcelés – non par sa voix, mais par sa force de concentration.

L'implacable machine du temps a réduit à quelques lignes le séjour que Qian Xiuling effectua à l'Université catholique de Louvain entre 1929 et 1934. Si riches soient-elles, les informations que nous avons pu récolter, exposées avec concision et circonspection, manquent de couleur et d'âme. Par exemple, nous pouvons affirmer que Qian Xiuling a obtenu à l'âge de vingt-deux ans son doctorat en chimie, qui fut peu après suivi d'un doctorat en physique. Bien que précieuses, ces indications n'apportent aucune révélation, car elles ne font que confirmer son extraordinaire talent pour les études ; de même, il serait redondant de revenir avec force rhétorique sur l'intelligence de la jeunesse et sur le travail acharné qu'elle a dû accomplir pour atteindre un tel niveau d'excellence. Cependant, une anecdote cachée dans les profondeurs de l'automne 1931 montre l'entêtement, pour ne dire pas dire l'obsession, dont elle a fait preuve durant toutes ces années.

Un jour, dans le laboratoire, son superviseur, M. Wilson, évoqua le séjour qu'il avait récemment fait à l'Institut du radium de Paris, où plus de vingt chercheurs travaillaient joyeusement sous la direction de Marie Curie. Quelles conversations agréables et stimulantes avait-il dû avoir avec elle ! Prenant son courage à deux mains, Qian Xiuling demanda à son professeur s'il pouvait la présenter à la scientifique pour qu'elle puisse la rencontrer, fût-ce de loin. Le professeur Wilson répondit que Mme Curie était très occupée et que, maintenant dans la soixantaine, elle n'était plus en très bonne santé ; dès lors, si cette requête visait simplement à satisfaire une simple curiosité, mieux valait abandonner l'idée. Qian Xiuling rétorqua : « Je l'admire depuis que je suis enfant, et si je pouvais la rencontrer, ne serait-ce qu'une minute, je m'en souviendrais pour le reste de ma vie. » Le professeur Wilson appréciait cette étudiante chinoise à l'entêtement si oriental. Ne voyant pas pourquoi il refuserait une si belle demande, et vu que Qian Xiuling était l'élève la plus brillante qu'il ait jamais eue, il lui rédigea une lettre de recommandation. Ainsi, un beau dimanche, elle et une camarade de classe du nom de Houguemont embarquèrent dans un train pour Paris. Les archives ne révèlent rien sur l'identité de cette mystérieuse « Houguemont », mais ce qui est certain, c'est qu'elle et Qian Xiuling étaient très proches. Lorsqu'elles arrivèrent à Paris, elles se rendirent directement à l'adresse du bureau de Marie Curie. Hélas, à leur grand désarroi, un employé à la voix douce leur annonça que celle-ci était partie à Varsovie, où elle devait inaugurer un nouvel Institut du radium. Quant à la date de son retour, il ne pouvait pas donner de jour précis, car l'itinéraire de Mme Curie était un secret connu d'elle seule.

Après avoir lu la lettre de recommandation rédigée par le professeur Wilson, l'employé les autorisa à visiter le bureau de Marie Curie, mais le laboratoire ne pouvait être ouvert – Madame Curie, s'excusa-t-il auprès des visiteuses, avait emporté la clé. Elles furent finalement autorisées à se faire immortaliser devant le bureau. Bien des années plus tard, cette photographie jaunie témoigne encore de cette triste histoire que Qian Xiuling a racontée à ses enfants et ses petits-enfants.

Lorsqu'elle s'en alla, Qian Xiuling ignorait qu'elle ne croiserait jamais son idole. Elle savait seulement qu'elle reviendrait. Dans le train qui la ramenait en Belgique, le vacarme des roues sur les rails, sous le coup des regrets et des pensées accumulées, dut lui paraître lourd et morne.

7
Vite, appelez un fiacre !

Peu à peu, la détresse émotionnelle de Qian Xiuling, impossible à cacher, se dévoila au grand jour.

Des garçons la courtisaient, c'était bien naturel. À l'Université catholique de Louvain, l'air vibrait toujours des hormones des nombreux jeunes gens qui la fréquentaient. Les biographies de Qian Xiuling relatent que c'est à ce moment-là qu'un étudiant en médecine nommé Grégoire de Perlinghi devint son compagnon. Certains prétendent qu'elle dut choisir entre deux garçons qui la poursuivaient de leurs assiduités, mais ces affirmations ne sont guère étayées. Dans une jolie scène du documentaire *Ma grand-mère, une héroïne ?* réalisé par Tatiana, la petite-fille de Qian Xiuling, l'actrice Xu Qing, qui joue son rôle dans la série télévisée *Chinese Woman Facing Gestapo's Gun*, discute avec la vieille dame aux cheveux gris dans son salon. Soudain, elle serre contre elle Qian Xiuling et lui demande avec candeur : « Madame Qian, est-ce vous ou votre mari qui a séduit l'autre en premier ? » Le visage souriant de Qian Xiuling révèle alors une pointe d'autosatisfaction timide, tandis qu'elle hausse les épaules.

« Ah, c'était vous, hein ? » Qian Xiuling balance fièrement ses cheveux coupés au carré et fait la moue : « Mmmh mmmh… »

C'est la seule occasion où nous voyons Qian Xiuling si désinvolte et romantique. La scène se déroule en 1932 à Louvain. Depuis longtemps déjà, la réputation de la jeune fille avait dépassé les limites de sa modeste salle de classe et du sombre couloir du département de chimie, et souvent on la voyait naviguer entre les rayons de l'auguste et grandiose bibliothèque de l'université. Sa silhouette inspirait immédiatement la sympathie, et ses prétendants courageux, systématiquement éconduits avec tact, buvaient ses paroles et savouraient le moindre de ses gestes. Qian Xiuling avait ceci de particulier qu'elle ne se souciait pas de ce que les autres pensaient d'une personne ou d'un événement : elle préférait se concentrer sur ses propres sensations. En amour, elle pouvait, à sa manière, tout à fait se rapprocher de quelqu'un pourvu qu'il la touchât à l'intérieur. Loin de l'habitude des Orientales traditionnelles, elle n'attendait pas que le Prince charmant vînt la chercher.

D'après les nombreuses photographies qui nous sont parvenues, Grégoire de Perlinghi, à l'époque étudiant, était un beau jeune homme au port altier et à l'allure fière. L'ascendance gréco-russe de ce gentleman au sang bleu l'avait gratifié de doux yeux bleus mélancoliques, ainsi que de la pondération et du calme requis pour la discipline qu'il avait choisie, la médecine clinique. Ses gestes, précis et posés, lui donnaient une gravité que l'on voyait rarement chez les jeunes de son âge. Qian Xiuling a fait la connaissance de ce jeune interne lors d'une fête interdépartementale, où elle lui a accordé une danse. Une valse. Le morceau terminé, ils se sont vite éclipsés. Une photographie en noir et blanc, où ils fixent l'horizon blottis l'un contre l'autre dans une pinède, a été ajoutée quelques décennies plus tard, après restauration, dans l'album de leur petite-fille Tatiana. Quand elle évoquait cette histoire d'amour à ses enfants et ses petits-enfants, Qian Xiuling ne pouvait cacher combien cette période avait été douce et heureuse pour elle. Grégoire l'attendait toujours à la porte de son laboratoire, avec un bouquet de roses pourpres teintées de rouge et avec une gaufre fumante, la friandise préférée de Qian Xiuling.

Les autres ignoraient qu'ils s'étaient déjà rencontrés une fois auparavant. Une de ces rencontres fortuites que seul Dieu peut aménager. Un dimanche après-midi, Qian Xiuling faisait des emplettes dans une petite rue près de son école. À la brasserie du coin, une foule de badauds attira son attention. S'approchant, elle vit un vieil homme tombé au sol et la silhouette d'un jeune inconnu qui tentait de le réanimer en pratiquant une respiration artificielle. Le vieil homme était pâle et ses lèvres étaient bleues. Un témoin expliqua qu'il s'agissait d'un sans-abri qui mangeait souvent les restes des restaurants aux environs. Le jeune homme transpirait abondamment. Un condisciple qui le reconnut confirma qu'il était étudiant en médecine clinique à l'université. Son nom était Grégoire de Perlinghi. La première impression qu'il donna à Qian Xiuling était qu'il ne paniquait pas et qu'il exécutait ses gestes avec sûreté. Elle resta sur place, non par curiosité, mais pour voir s'il parviendrait à ressusciter ce pauvre hère qui semblait condamné. Après un long moment, la main droite du vieil homme remua, ses yeux s'ouvrirent et un grognement s'échappa de sa bouche. Quelqu'un dans la foule s'exclama : « Il est vivant ! »

À cet instant, Grégoire, peut-être inspiré par le Seigneur, essuya la sueur de son front et, levant la tête, aperçut la jeune fille qui l'observait, nerveuse. Il lui lança sans ménagement : « Vite, appelez un fiacre ! »

Qian Xiuling frémit. Elle ne sait comment, elle réussit à se faufiler à travers la foule pour arrêter un fiacre. Elle se sentait honorée d'avoir été interpellée par cet homme qui venait de sauver une vie. Ensuite, elle pensa qu'elle pourrait accompagner le fiacre jusqu'à l'hôpital et prêter assistance à ce jeune homme. Mais le fiacre ne pouvait pas emporter trois personnes. Quand l'étudiant, le vieil homme dans les bras, plongea son regard dans le sien, Xiuling se dit qu'il avait des yeux si profonds, et son cœur se mit à battre la chamade. Alors que le fiacre passait devant elle à toute vitesse, un sentiment étrange l'envahit. Comment ce jeune homme avait-il pu garder son sang-froid en de telles circonstances ? Son regard présentait un savant mélange de froideur et de chaleur, et ses bras musclés laissaient transparaître une puissance virile. C'était la première fois qu'elle regardait un homme aussi intensément. Elle ne connaissait pas son nom, mais elle était certaine de le revoir un jour.

Le lendemain, sa photo fut placardée sur le tableau d'affichage de l'école. Sous le cliché, on pouvait lire la légende suivante : un étudiant en troisième année de médecine a sauvé la vie d'un vieil homme qui s'était évanoui dans la rue. En Occident, les médecins sont souvent considérés comme des anges envoyés par Dieu. Qian Xiuling se souviendrait du nom de celui-là : Grégoire de Perlinghi.

Par la suite, les deux tourtereaux se croisèrent souvent sur le chemin de la bibliothèque. Elle tenait à le saluer et à lui exprimer ce qu'elle avait ressenti le jour du sauvetage. Franche et sans affectation, elle ne cachait pas ses sentiments à son égard. Elle appréciait l'attention avec laquelle il l'écoutait, sa légère timidité, sa voix douce, et la manière dont il pesait ses mots. Quand ils marchaient côte à côte, elle le trouvait si grand, avec son mètre quatre-vingt-cinq ! Elle devait lever la tête pour lui parler les yeux dans les yeux. Même si elle n'avait pas du tout honte de sa petite taille d'Orientale, à partir de ce moment-là, elle choisit toujours d'enfiler des chaussures à talons. Elle se moquait souvent d'elle-même, mais sans remettre en question sa manière de faire. Quand elle restait tard à la bibliothèque, elle avait souvent la chance, à l'heure de la fermeture, d'y rencontrer Grégoire, les bras chargés de livres. Elle le repérait aisément dans la foule à sa silhouette élancée. Ils parlaient à voix basse, en se cachant des autres. Une fois, alors qu'ils prenaient congé, Grégoire lui chuchota : « Tu es si charmante quand tu lèves ainsi la tête pour regarder les gens, mais c'est ton sourire qui est le plus difficile à oublier. »

De tels compliments n'avaient rien de très original. Mais dans la bouche de Grégoire, ils paraissaient brûlants d'amour, bien que sa voix fût si douce.

La première fois qu'ils allèrent se promener ensemble, c'était à l'initiative de Qian Xiuling, dans un petit bois de pins derrière la faculté. Lors de leur premier baiser, doux et passionné, les arbres à leurs côtés, comme enivrés, tressaillirent dans la brise qui traversa les bosquets.

À propos de Grégoire, Qian Xiuling disait à son frère qu'elle ne le voyait pas du tout comme un étranger, car elle n'éprouvait avec lui aucun problème de communication émotionnelle. En filigrane, elle voulait dire que, quand deux cœurs se rencontrent, peu importe leur nationalité : seules comptent leur alchimie et la manière dont ils se font écho.

C'est comme cela qu'ils se mirent ensemble. Pas l'ombre d'un rebondissement : ces rumeurs sur l'existence d'un autre courageux prétendant et sur le choix cornélien auquel Qian Xiuling aurait été confrontée sont tout à fait infondées. Zhuoru tenait Grégoire en estime, mais il le jugeait compassé et taciturne. Xiuling n'était pas de cet avis : quand ils étaient seuls, il parlait beaucoup. Puis vint la question fatidique : devaient-ils révéler cette idylle à leurs parents, à des milliers de kilomètres de là ?

En fait, la famille savait déjà. Wu Zizheng avait vendu la mèche. Lorsque Wu Hongyi mentionna dans une lettre que Qian Xiuling avait trouvé un étranger comme partenaire, son père entra dans une telle fureur qu'il cracha presque du sang. Il se précipita vers la résidence des Qian pour demander des comptes, mais lorsqu'il vit l'état grabataire de Qian Xixun, il retint ses commentaires fielleux. S'extirpant péniblement de sa couche, Qian Xixun murmura trois mots qu'il n'avait jamais prononcés de sa vie : « Je suis désolé. »

Ces trois mots trahissaient sa blessure et son affliction. Toute sa vie, c'est à lui qu'on avait demandé pardon. Devant Wu Zizheng, ses yeux n'avaient plus de larmes pour pleurer. Celui qui avait été son confident et un ami de la famille était devenu un ennemi irréductible. Ce sentiment d'échec l'avait profondément meurtri et le tenailla jusqu'à son dernier jour.

Dans son documentaire *Ma grand-mère, une héroïne?* Tatiana montre Qian Xiuling se remémorant sa rencontre avec Grégoire de Perlinghi et l'amour qu'elle avait éprouvé pour lui.

Sa relation avec Grégoire n'empêcha nullement Qian Xiuling de décrocher ses deux doctorats en physique et en chimie. Elle ne se laissait en rien distraire par les tourments de l'amour, Grégoire l'attendait.

Entre-temps, la jeune chercheuse s'était rendue une nouvelle fois au laboratoire de Marie Curie, mais la savante était toujours absente. « Si vous étiez seulement venue hier ! lui expliqua l'employé. Tôt ce matin, Madame est partie pour les États-Unis. » Pour Qian Xiuling, le sentiment de regret fut encore plus intense que lors de sa première visite. Inexorablement, elle semblait s'éloigner toujours plus de son idole. Les Chinois aiment blâmer les caprices du destin lorsque les choses auxquelles ils aspirent leur paraissent hors de portée. La famille Qian rapporte une autre version des faits : quand Xiuling est revenue dans ces locaux qui hantaient ses songes, Marie Curie les avait déjà désertés pour s'installer aux États-Unis.

Le 4 juillet 1934, Marie Curie mourut en France à l'âge de soixante-sept ans. Quand elle apprit la nouvelle, Qian Xiuling fondit en larmes. Le corps de la savante fut enterré à Sceaux, dans le caveau familial des Curie. Dès lors, cette obscure petite bourgade devint un lieu sacré qui attirait les pèlerins du monde entier. Xiuling et ses camarades de classe se rendirent prestement dans cette petite cité entourée de fleurs. Quand ils trouvèrent la tombe de Marie Curie, ils y déposèrent un bouquet d'arums d'un blanc immaculé, symboles de leur ferveur et de leur tristesse. Pendant un long moment, Xiuling refusa de quitter les lieux. Elle voulait prier pour cette âme extraordinaire, mais surtout rompre ce nœud qui étranglait son cœur depuis tant d'années.

Tous ses projets volaient en éclats. Debout devant la tombe de Marie Curie, Qian Xiuling vit soudain d'un autre œil ce qui faisait la gloire ou le succès d'une carrière. La vie est faite de combats, mais dans ce vaste monde nul ne peut garantir qu'il ne se fourvoiera jamais ni ne prendra le mauvais chemin. Jamais il ne pourrait y avoir une autre Marie Curie : nous pouvons seulement, à son image, chérir notre travail et nous y consacrer corps et âme.

Mariage de Qian Xiuling
et de
Grégoire de Perlinghi

8
Mais quand reverrai-je mon doux pays ?

Qian Xiuling n'imaginait pas à quel point le décès de Marie Curie affecterait son avenir. Peu à peu, une question émergea dans son esprit : devait-elle rester en Belgique ou retourner au pays ? Comme son idole n'était plus de ce monde, l'un de ses projets les plus concrets était parti en fumée. Elle avait toujours voulu s'approcher de Marie Curie, mais son laboratoire n'existait plus. Seule restait dans son cœur une infinie nostalgie. Elle, qui avait toujours fait preuve d'équanimité, se sentait tiraillée de toutes parts : elle voulait retourner dans sa patrie, auprès de ses parents. Grégoire, en homme bon, écoutait en silence : le pont de la mère Wang, les bateaux qui voguent sur la rivière vers le siège du comté... En fait, comme il aimait Xiuling, tout ce qu'elle lui racontait le fascinait. Aussi, lorsqu'elle lui proposa, après leur mariage, d'aller s'établir en Chine et d'y travailler, il n'hésita pas une seconde. D'origine grecque et russe, il était chrétien orthodoxe, alors que la grande majorité des Chinois étaient bouddhistes. Mais cela n'avait pas d'importance. Lui et Xiuling croyaient tous deux que l'amour transcendait toutes les barrières, les croyances, les idées, les coutumes. Aucune religion ne rejette un amour véritable.

Il nous faut préciser un détail important. La raison principale qui incitait Qian Xiuling à retourner en Chine, outre le fait que son frère Zhuoru était rentré au pays après ses études, était l'aide que pourrait lui apporter Zhuolun. En effet, pendant toute cette période, elle et son cousin avaient entretenu une correspondance régulière. Très favorable au retour de Xiuling en Chine, Zhuolun avait usé de ses relations pour lui trouver un poste à l'Institut de cancérologie de Shanghai, qui dépendant directement du gouvernement national. Grégoire et elle étaient enthousiasmés par ce nouveau défi ; en outre, la jeune femme aimait viscéralement Shanghai, qu'elle voyait comme le lieu où coexistaient le mieux le charme de l'Orient et la modernité de l'Occident. La description pittoresque, séduisante et dynamique qu'elle donnait de cette ville attirait grandement Grégoire, qui n'avait jamais mis les pieds hors d'Europe.

Leurs épousailles, selon le rite orthodoxe, se déroulèrent naturellement dans une église, où le père du jeune homme avait travaillé pendant plusieurs décennies. D'après les photos conservées par Qian Xiuling, tout fut parfait et sans nuage. Au moment d'échanger les alliances, son cœur fondit d'allégresse. Elle aimait les cérémonies simples et dignes, mais au moment où Grégoire l'embrassa pour lui passer la bague au doigt, le visage angoissé de son père apparut dans son esprit, suivi de l'image de sa mère fondant en sanglots. Pendant une seconde, son expression se figea, puis elle se détendit à nouveau lorsque les yeux ardents de Grégoire se posèrent sur elle.

Après le mariage, Xiuling, recommandée par son superviseur de thèse, rejoignit le département de chimie de l'Université catholique de Louvain comme technicienne de laboratoire. Six mois plus tard, on lui proposa un poste d'assistante. Elle s'entendait très bien avec ses collègues et passait l'essentiel de son temps sur place, tandis que Grégoire travaillait comme interne dans un hôpital du centre de Bruxelles. Malgré son emploi du temps chargé, il appelait son épouse tous les jours et de temps en temps prenait une voiture pour lui rendre visite. Le week-end, ils retournaient chez les parents de Grégoire. Sa mère, une Russe opulente au caractère bien trempé, leur préparait des pommes de terre en chemise et des chaussons au bœuf. Quant au père, un organiste grec amateur de boisson, il était parti en Russie dans sa jeunesse pour y travailler dans l'orchestre d'une cathédrale, où il cuvait son vin lors de chaque célébration. Tombé amoureux d'une belle Russe élancée, il était retourné avec elle en Grèce avant de s'installer finalement en Belgique.

Les églises restaient ses lieux de prédilection. Organiste joyeux au tempérament enjoué, il continuait cependant de boire plus que de raison, si bien qu'il en gardait une certaine gaucherie et un nez rougi. Il avait aussi pris pas mal d'embonpoint, qui s'accordait parfaitement avec un museau proéminent.

Son travail d'organiste ne rapportant pas beaucoup, M. de Perlinghi faisait aussi un peu de négoce, même s'il y perdait plus qu'il n'y gagnait. Le frère aîné de Grégoire, qui était professeur dans une école catholique, avait dû payer une grande partie de ses études. La nouvelle famille de Qian Xiuling ne manquait ni de chaleur ni de bienveillance, mais la jeune femme voyait bien qu'elle n'était guère riche. Grégoire et elle devaient subvenir à leurs propres besoins, bien sûr, voire participer aux frais domestiques. Grégoire louait un minuscule appartement dans la banlieue. Leur « nouveau foyer » ne mesurait que sept mètres carrés en plus des commodités, juste de quoi abriter un lit en fer et deux chaises ; un balcon orienté plein sud et un jardin en bas complétaient ce nid d'amour. Le week-end, au crépuscule, Grégoire et elle se blottissaient sur le balcon, où ils humaient les senteurs de lavande et de rose qui montaient du jardin. Ils étaient le couple le plus heureux du monde.

Un jour, Xiuling se sentit mal. Elle avait l'estomac dérangé et souffrait de haut-le-cœur inexplicables. Elle crut qu'elle avait attrapé froid, mais Grégoire, en médecin avisé qu'il était, lui annonça qu'elle était enceinte. Ils se rendirent à l'hôpital où il travaillait pour effectuer des tests, qui confirmèrent le diagnostic. Fou de joie, Grégoire embrassa fougueusement sa femme et la remercia pour le merveilleux ange dont elle les gratifierait. Xiuling se sentait un peu bizarre et elle avait un peu peur, car elle ne se sentait pas prête. Bien qu'elle ne fût qu'au début de sa grossesse, ce bébé lui donnait conscience qu'une page de sa vie se tournait pour de bon. Le mal du pays qui l'assaillit sans crier gare l'assomma plus encore que ses nausées matinales. Dès qu'elle eut appris la nouvelle, les mots « retour au pays » ne cessèrent de tourner dans sa tête. Cherchant un soutien, elle écrivit à Zhuolun pour lui dire comment elle se sentait. Mais celui-ci ne répondit pas à ses sollicitations.

Après deux ou trois mois d'attente, ils reçurent enfin une lettre. Zhuolun, bien sûr, la félicitait, mais Xiuling percevait derrière les mots une étrange pointe d'abattement. Toujours optimiste, son cousin avait poursuivi sa carrière fulgurante, et bien qu'il fût resté humble, il en imposait, car il tutoyait les plus hautes sphères du pouvoir. Toutefois, dans cette courte missive, il lui apprenait, non sans tristesse, qu'il avait été muté et qu'il n'était plus au cœur du jeu politique. Où il travaillait désormais, il n'en faisait pas mention. Il demandait simplement à Xiuling de ne plus lui écrire pour le moment et d'attendre de ses nouvelles. Il reprendrait contact lorsqu'il se serait installé dans ses nouvelles fonctions.

Qian Xiuling eut l'intuition que quelque chose était arrivé à son cousin.

Les trois lettres qu'elle lui envoya par la suite ne reçurent aucune réponse. Xiuling savait qu'il avait changé d'affectation, mais elle persistait à envoyer son courrier à l'ancienne adresse, espérant que ses collègues le lui transmettraient.

Elle découvrirait plus tard que Qian Zhuolun avait été impliqué dans un désastre qui avait failli lui coûter la vie.

9
Remercie le Ciel d'être en vie !

Tout avait commencé lorsque Qian Zhuolun avait assisté à une réunion top secrète. Grâce aux informations récoltées par les services de renseignement, l'armée du Kuomintang avait mis en place une stratégie très élaborée pour encercler et exterminer les principales forces communistes. À moins d'une intervention divine contre les nationalistes, ce coup de force signerait la fin définitive des rebelles rouges. À cette réunion, qui rassemblait un cercle restreint de hauts gradés, Zhuolun, qui faisait office de secrétaire et bras droit de Chiang Kai-shek, était chargé de prendre des notes. Il rentra ensuite chez lui. Deux camarades d'école, qu'il n'avait pas vus depuis des années, l'y attendaient. L'un d'eux, Song Guozhong, lui avait sauvé la vie dans leur jeunesse : un jour qu'ils jouaient dans la rivière, Zhuolun, atteint d'une crampe, avait failli se noyer, mais Guozhong, qui était bon nageur, l'avait ramené sur la terre ferme. L'autre visiteur, Liu Shizhao, avait été aussi très proche de lui ; il se souvenait même de son surnom lorsqu'ils étaient gosses : « Liu-le-grand-caleçon ». Zhuolun était ravi de ces retrouvailles inattendues, et les compères passèrent la soirée à boire joyeusement, à se remémorer leur passé et à parler de leurs parcours respectifs à la lueur des bougies. Zhuolun avait tendance, lorsqu'il buvait, à s'épancher un peu trop et à parler plus que de raison. Quand les deux bouteilles d'alcool de sorgho qu'il avait sorties furent vidées, il demanda qu'on leur en apportât une autre. C'est son fils cadet, Kexian, qui fit le service. Comme sa mère, il rechignait d'ordinaire à laisser son père boire, mais cette fois, bizarrement, il apporta une caisse de vin, avant de refermer la porte derrière lui. Les trois amis, disposant désormais de tout l'alcool qu'ils pouvaient désirer, portèrent toast sur toast et devisèrent gaiement jusqu'à sombrer dans les brumes du sommeil.

La conversation dévia sur la guerre féroce qui opposait le Kuomintang aux communistes et sur le chaos qu'elle provoquait en Chine. Zhuolun, qui n'avait pas bu tant d'alcool depuis des années, perdit progressivement le contrôle de ses paroles. Sans y réfléchir, il exposa crânement à ses amis la grande stratégie des nationalistes, qui devait se terminer par l'effondrement du Parti communiste. Au début, les deux étudiants semblaient ne s'intéresser que peu à ces affaires d'État : tous deux actifs dans le monde des affaires, ils étaient par nature plus attentifs aux fluctuations des marchés, et leurs opinions politiques restaient quelque peu confuses et superficielles. Cependant, le discours exalté et convaincant de Zhuolun leur fit l'effet d'une révélation. Comme en transe, ils ne cessaient de lui poser des questions sur la situation du conflit. Zhuolun, pensant qu'ils étaient simplement curieux, n'y prêta pas attention. C'était comme si les deux autres le tiraient par les bras pour l'engouffrer au fond d'une grotte dont il ne pouvait voir le fond. Puis, il ne se souvint de rien.

Le lendemain matin, il fut brutalement réveillé par un coup de téléphone urgent. Lorsqu'il arriva en catastrophe au quartier général de l'état-major, on entendait du couloir le Généralissime, furieux, multiplier les imprécations. Un collègue prit Zhuolun à part et lui murmura quelques mots. Il devint blanc comme un linge.

Quelqu'un avait éventé le secret. Le projet de siège, qui avait jusqu'ici été si bien gardé, avait été déjoué.

Il pensa aux deux étudiants qui lui avaient rendu visite la veille au soir. Au matin, lorsqu'il les avait cherchés, on lui avait répondu qu'ils étaient partis pendant la nuit.

Il eut l'impression de recevoir un coup de poing en plein visage. Il se dirigea en titubant dans le large couloir du QG. Il se remémorait leur beuverie et leurs questions répétées sur des détails militaires sensibles. Ce n'est qu'à ce moment qu'il reprit pleinement ses esprits. Les mots qu'il avait oublié avoir prononcés lui revinrent en mémoire comme une torpille.

Zhuolun ressentit alors un sentiment d'inexpiable culpabilité. Le corps glacé, il avait des sueurs froides. Tout à coup, il vit les monstres qui se cachaient derrière les visages de ses deux amis qu'il n'avait pas vus depuis si longtemps. En fait, ils accomplissaient une mission spéciale. Les tracas qu'ils pouvaient lui causer, ils ne s'en souciaient pas plus que de leur propre vie. Seule comptait la cause de leur Parti.

Il se sentit sombrer dans un trou glacial où des démons viendraient toujours le tourmenter.

Il tint à s'expliquer et à présenter des excuses au Généralissime en lui faisant un récit détaillé de ce qui s'était passé. Chiang Kai-shek, qui avait entre-temps recouvré son calme, l'interrogea sur les deux étudiants, puis lui ordonna d'accompagner la police pour fouiller toute la ville.

Au début, il avait pensé que, dans le feu de la colère, Chiang Kai-shek le condamnerait immédiatement à la peine capitale, ou au moins l'enverrait croupir dans une cellule en attendant d'être fusillé. Mais le chef de l'État lui avait dit : « Ne soyez pas nerveux, Qipei. Rien n'est joué tant que vos deux camarades ne sont pas arrêtés et interrogés. Je suis satisfait de votre attitude. »

Qipei était son prénom social. Le Généralissime appelait toujours ses subordonnés par leur prénom social plutôt que par leur nom de naissance, pour afficher une sorte de proximité, comme s'ils faisaient tous partie de la même famille. Par exemple, il appelait toujours Dai Li, le chef de la police secrète, Yunong, et

Chen Cheng, le commandant de la 18e armée chargé des attaques contre les communistes, Cixiu.

Apparemment, l'affaire ne s'était pas ébruitée comme il le craignait. Beaucoup dans son entourage en étaient tout à fait ignorants. Il espéra secrètement pouvoir attraper ses deux anciens camarades à temps, de façon à se racheter. Mais, telle une brève étincelle, cette pensée s'éteignit aussi vite qu'elle avait germé dans son esprit. Il était un homme mort, définitivement. Les deux ne viendraient pas à sa rencontre, car ils auraient ainsi mis leur propre vie en jeu.

Le problème était que, après s'être remis de sa panique, il n'avait pas vraiment envie d'attraper ses deux camarades pour se soulager de sa culpabilité. Même s'ils étaient communistes, ils restaient des amis proches, sans compter que Song Guozhong lui avait sauvé la vie.

Dans l'existence, la loyauté passe avant tout. Il était reconnaissant à Chiang Kai-shek de le tenir en haute estime et de lui avoir octroyé un grade aussi élevé. Mais il avait ses propres limites et savait quel était son devoir.

Il pensait que, cette calamité qui le frappait, c'était le destin qui le rappelait à l'ordre. Après tant de belles années, il était temps pour lui d'être mis à l'épreuve. Connaissant Chiang Kai-shek, il savait qu'il finirait par y perdre la vie, et il devait se préparer au pire. Son fils aîné, Keshun, s'était aussi engagé dans l'armée et servait comme sous-officier dans une unité des forces nationalistes ; le cadet, Kexian, poursuivait ses études avec grand fruit ; ses deux filles, Suna et Yina, étaient la joie et l'affection incarnées. Ses seules craintes allaient vers ses deux plus jeunes fils, Xianhuang et Xiancong, qui étaient encore petits. Mais la vie est ainsi faite. On ne peut courir deux lièvres à la fois : à force d'être insatiable, on perd ce qu'on possède. Quand le moment viendrait de remplir son devoir, il ne regarderait pas en arrière.

Il pria pour que ses deux camarades fussent déjà hors de danger. Il se souvenait comment Song Guozhong, si espiègle, avait un jour mis un serpent d'eau dans le pot à pinceaux de leur précepteur, et comment « Liu-le-grand-caleçon », tellement doué pour escalader les murs, s'amusait à boucher la cheminée de ceux qui lui cherchaient noise. Zhuolun retarda délibérément l'ordre de procéder à des fouilles secrètes dans toute la ville et attendit jusqu'au soir pour appeler la direction de la police. Le commissaire principal, qui lui répondit au téléphone, lui expliqua qu'une opération d'envergure avait été lancée pendant la matinée, mais qu'il attendait encore des nouvelles. Selon lui, toutefois, les fugitifs étaient déjà probablement passés à travers les mailles du filet. Ne connaissant apparemment pas tous les détails de l'histoire, il lui avait raconté tout cela sans se départir d'une courtoisie respectueuse.

Zhuolun frissonna : c'était bien le style de Chiang Kai-shek. Il s'était fait avoir comme un débutant, et était plus en danger encore qu'au matin. Il retourna à son bureau, mais les serrures avaient été changées. Horreur. Dans l'imprimerie voisine, il trouva une feuille de papier volante et écrivit à la hâte une lettre de repentance, qu'il demanda à un collègue sur place de transmettre au Généralissime. Il demanda ensuite à être mis à l'isolement dans l'attente de sa condamnation.

Il fut écroué à la prison de l'armée de terre, où il passa la nuit dans une cellule individuelle raisonnablement propre. Durant trois jours, personne ne l'approcha. Il savait que c'était la règle. Normalement, lorsqu'un gradé était convaincu de traîtrise, preuve à l'appui, il était exécuté sur-le-champ, sans que personne ne puisse y objecter. Les « suspects » pour lesquels on ne disposait pas de preuve de culpabilité étaient enfermés trois mois, privés de tout contact, entièrement coupés du monde ; on attendait qu'ils craquent nerveusement pour les interroger.

Il ne connut toutefois pas cette épreuve. Après quatre jours d'enfermement, les gardes entrèrent dans sa cellule et lui dirent de se laver pour recevoir des invités.

Il se souvint que c'était le jour où il donnait sa leçon mensuelle de calligraphie à Soong May-ling, la Première Dame. En fait, c'était Chiang Kai-shek qui avait enseigné cet art à sa femme. Au début, Mme Chiang avait appris la calligraphie en bonne épouse, c'est-à-dire en imitant son mari. Elle progressait rapidement, mais le Généralissime, occupé qu'il était par les affaires de l'État, n'avait que peu de temps à consacrer aux exercices de calligraphie. Or, il admirait le style raffiné de Zhuolun, puissant et vigoureux sans être agressif, dans la lignée du grand maître Liu Gongquan (778-865). C'est pourquoi un jour, il lui dit : « Qipei, je te confie mon épouse pour que tu lui enseignes la calligraphie. » Chez Zhuolun, le respect l'emporta sur la vanité. Soong May-ling était spirituelle, incroyablement clairvoyante, et sa noblesse d'âme et d'esprit surpassait encore sa maîtrise du pinceau. Il lui apprit à recopier des classiques de la calligraphie : le traité taoïste du *Lingfeijing* et la *Préface à la Sainte Doctrine* de l'empereur Taizong. Au moindre progrès qu'il percevait chez son élève, il la félicitait sincèrement, mais il ne manquait pas non plus de lui indiquer patiemment tout ce qu'elle devait corriger. Impressionnée et satisfaite de ses méthodes d'enseignement, Soong May-ling ne manqua pas de couvrir Zhuolun d'éloges devant son mari. Plus tard, elle confia même que Chiang Kai-shek avait écrit dans son journal : « Je suis ravi que mon épouse progresse tant en calligraphie. »

Initialement, Zhuolun avait pensé que, pour Soong May-ling, la calligraphie n'était qu'un moyen de passer le temps. Qui eût cru qu'elle aurait pris cette activité si au sérieux ? Chaque fois qu'il lui proposait un devoir, elle lui rendait le double de ce qu'il avait demandé. Les rares fois où elle avait un empêchement, elle faisait en sorte qu'on le prévienne et qu'elle rattrape les cours manqués.

Il alla donc voir la Première Dame. Les politesses d'usage qu'ils s'échangèrent trahissaient leur humeur maussade. Après s'être assis, ils restèrent silencieux pendant un moment. Il était clair que Mme Chiang savait tout. Elle le protégeait. Elle dit que son époux était vraiment bouleversé et qu'il se demandait à qui il pourrait faire confiance désormais s'il ne pouvait même plus compter sur quelqu'un de si proche que Qian Zhuolun.

À ces mots, des larmes coulèrent sur le visage du jeune homme : « Je suis désolé pour le Général et pour vous. Je mérite d'être sanctionné. »

Soong May-ling se leva : « Ne dites pas cela pour le moment, mon mari ne vous fera rien. Je lui ai assuré que vous n'étiez pas une taupe. S'il vous tuait alors que vous avez été honnête, qui oserait lui dire la vérité en face et suivre ses ordres sans broncher ? Bien sûr, je lui ai aussi dit : s'il se débarrassait de vous, qui m'apprendrait la calligraphie ? »

Le ton semblait chaleureux, mais sa voix était glaciale, et elle détourna le visage vers la fenêtre. Ainsi de profil, il ne voyait d'elle que ses pommettes légèrement relevées, toutes froides.

À ce moment-là, il sentit monter les larmes et la sueur perler dans son cou. Acculé, il était prêt à tenter le tout pour le tout.

Mme Chiang continua en lui disant que, la veille, son mari s'était souvenu de certains événements pendant l'expédition du Nord : « Tous les deux, vous avez bravé la mort. Vous avez travaillé sans compter, jour et nuit, pour planifier vos opérations. Vous avez affronté des troupes ennemies de plus de 200 000 hommes sur les lignes Longhai et Pinghan [1]. La ligne de front était si vaste qu'il a fallu des mois de combats acharnés pour pacifier cette zone. Mon époux n'a pas oublié. »

Qian Zhuolun baissa la tête et resta sans voix un long moment. Une larme coula dans la pierre à encre : « Votre serviteur lui en reste éternellement redevable. Cette année-là, lorsque le Généralissime est parti en campagne, j'ai voulu l'accompagner à Xikou, mais il ne m'a pas laissé faire, disant que je devais rester à ma maison pour la protéger des chiens errants. Avant de partir, il m'a offert une photo, où il avait écrit à la main : "Souvenir pour le camarade Qipei". J'ai toujours gardé cette photo avec moi. »

À ces mots, elle essuya des larmes au coin de ses yeux avec son mouchoir de soie.

Se retournant, il prit sur la table un pinceau aux poils de belette et traça ces deux lignes sur un morceau de papier de riz :

Qui connaît l'onde, les cours d'eau ne fascinent plus ;
Fors celle du Mont Wu, nulle ne peut être nommée nue. [2]

Soong May-ling ne put s'empêcher de laisser échapper : « Qipei, c'est le meilleur texte que je vous ai jamais vu dessiner, je le garde dans ma collection. »

---

1 N.d.T.: La ligne Longhai est une voie de chemin de fer reliant Lianyungang (province du Jiangsu) à Lanzhou (province du Gansu), traversant la Chine d'est en ouest. La ligne Pinghan, quant à elle, est un axe ferroviaire qui reliait Beiping (ancien nom de Pékin) à Hankou (dans l'actuelle ville de Wuhan) ; elle a aujourd'hui été intégrée dans la ligne Pékin-Canton. Le contrôle de ces deux lignes stratégiques a fait l'objet de toutes les convoitises dans tous les conflits qui ont bouleversé la Chine au début du XXe siècle.

2 N.d.T.: Ces vers sont extraits de la quatrième des *Cinq élégies pour nos adieux* du poète Yuan Zhen (dynastie Tang, 779–831), qui les composa vers 809 pour son épouse décédée dont il portait le deuil. Traduction de Loïc Aloisio (https://journals.openedition.org/ideo/664).

Sachant qu'il venait d'échapper au pire, il ne put que s'incliner profondément devant Mme Chiang. Puisqu'il ne pouvait plus travailler aux côtés du Généralissime, il suggéra que, en guise de rétrogradation, il fût envoyé comme instructeur dans une école militaire. Il pourrait de la sorte méditer sur ses erreurs tout en mettant ses années d'expérience sur le terrain et ses maigres talents au service de la formation des nouvelles recrues.

Soong May-ling le regarda : « Mon mari sait quoi faire de toi. »

Trois mois plus tard, sa peine d'emprisonnement fut officiellement levée, sans que ses nouvelles fonctions soient précisées. Il se vit temporairement confier la tâche d'accompagner un groupe de conseillers militaires allemands lors d'une revue des troupes.

C'est en allant à la rencontre de ces Teutons arrogants qu'il fit la connaissance du général von Falkenhausen. Délégué de l'Allemagne dans le cadre de la coopération militaire sino-germanique, laquelle visait à réorganiser, à former et à moderniser l'armée chinoise, ce grand connaisseur de la Chine était, dans les faits, le conseiller militaire de Chiang Kai-shek. En 1900, alors qu'il n'avait que 22 ans, le lieutenant von Falkenhausen avait participé à la répression de la révolte des Boxeurs. C'est avec le grade de général trois étoiles qu'il était revenu en Chine trente ans plus tard. Ce haut gradé pensait connaître la Chine aussi bien que ses homologues locaux. En effet, selon lui, même si les Chinois avaient abandonné leur tresse, leur esprit restait coincé à l'époque féodale. Comment l'armée de Chiang Kai-shek, si archaïque, indisciplinée, corrompue et mal équipée, pourrait-elle prétendre faire la guerre ?

Von Falkenhausen était un homme franc et direct. Chiang Kai-shek appréciait grandement son expérience et son esprit vif. Cependant, il ne cautionnait pas entièrement son ambitieux plan de réforme. Abattre une maison centenaire était une chose, mais la reconstruire en était une autre : l'appareil militaire chinois était trop lourd pour subir de telles transformations. Mieux valait procéder par petits pas. Von Falkenhausen comprenait certes les besoins de l'armée, mais il n'avait pas intégré un élément pourtant essentiel : la plus grande contrariété qui occupait l'esprit de Chiang Kai-shek n'était pas les prétendus ennemis extérieurs, mais bien un ennemi intérieur omniprésent, le Parti communiste.

Von Falkenhausen aimait l'alcool et la chasse et jouait fort bien aux échecs. Il occupait une belle villa confortable dans la vieille ville de Nankin. Sans doute est-ce le destin qui le fit rencontrer Qian Zhuolun. Tous deux avaient rapidement gravi les échelons de l'armée et partageaient un même goût pour la dive bouteille. Après l'incident qui lui avait coûté sa place, Zhuolun avait fait devant Dieu le serment de rester sobre. Mais, avec le général allemand, il buvait tous les jours. Lorsqu'ils rendaient visite aux troupes, ils consommaient beaucoup d'alcool : tous leurs soucis et leurs frustrations, ils les noyaient dans un verre. Un jour, alors qu'il était ivre, Von Falkenhausen confia à Qian Zhuolun qu'il avait découvert que Chiang Kai-shek envoyait des espions le surveiller. Il lui enjoignit de faire constamment attention à tout ce qu'il disait ou faisait.

Qian Zhuolun n'était pas surpris. Il connaissait le Généralissime par cœur. Jamais plus celui-ci ne lui accorderait sa confiance. Il pouvait remercier le Ciel d'être resté en vie. Il fut néanmoins touché par la loyauté de von Falkenhausen.

Un jour, dans le Shanxi, le seigneur de guerre Yan Xishan dépêcha son adjoint pour les accompagner au mont Wutai. Von Falkenhausen rit quand il vit le pieux Qian Zhuolun brûler de l'encens pour vénérer le Bouddha. Dieu et les bodhisattvas se rejoignent en ce sens qu'ils sont tous des esprits créés par le cœur humain. La paix et les bénédictions que l'on nous promet dans le monde invisible de l'au-delà ne sont qu'illusion. Lorsqu'ils descendirent du mont Wutai, Qian Zhuolun reçut un télégramme : « Retournez tout de suite à Nankin pour prendre votre poste de directeur adjoint au Bureau du personnel de la Commission des affaires militaires. »

Il hésita un moment devant cette honnête proposition. Puis un sentiment de délivrance l'envahit. Le Bureau du personnel de la Commission des affaires militaires était responsable de l'évaluation et de la gestion du personnel de tous les bataillons. À la vingt-quatrième année de la République de Chine, soit en 1935, lorsque l'armée nationaliste avait révisé tout son système de grades, une distinction stricte avait été opérée entre grades officiels et fonctionnels, chacun ayant ses propres échelons. Les grades officiels étaient délivrés par le gouvernement après que le Bureau du personnel avait procédé à un examen complet du dossier du candidat : ancienneté, formation, états de service. À moins d'en être destitués pour circonstances exceptionnelles, les détenteurs d'un de ces grades le conservaient même s'ils changeaient d'affectation.

Cette nomination comme directeur adjoint, plus qu'honorable, montrait que Chiang Kai-shek savait confier des postes importants à ceux qui l'entouraient. Mais en homme clairvoyant, Qian Zhuolun savait que la gestion du personnel revenait *in fine* au Généralissime. Le Bureau n'était pas le cœur de l'appareil militaire, mais une simple façade, une entité administrative qui se contentait d'avaliser les décisions prises en haut lieu.

En lui donnant ce poste, Chiang Kai-shek avait gardé la face. Qian Zhuolun avait servi d'exemple. Tous ceux qui étaient au courant de l'affaire ouvraient grands leurs yeux. S'ils avaient été à sa place, auraient-ils été aussi indulgents après une telle trahison ?

Qian Zhuolun savait qu'en se montrant indulgent, Chiang Kai-shek pouvait aussi parfois punir. Il ne fallait pas croire que l'incident était clos. En fait, à partir de cette nuit d'ivresse, sa vie avait pris un chemin différent, plus sombre. Cet épisode avait été pour lui à la fois une malédiction et une bénédiction. À quelque chose, malheur est bon.

Ce jour-là, von Falkenhausen ouvrit une bouteille de son précieux brandy pour le féliciter, non sans le gratifier d'un proverbe allemand des plus édifiants : « Même si ton ombre à jamais t'accompagne, jamais elle ne devra te freiner dans ta marche. »

Le général Qian Zhuolun, cousin de Qian Xiuling
et ami du général allemand von Falkenhausen

10
Quand planent les nuages, comment rester paisible ?

ɞ

Alors qu'elle attendait désespérément une lettre de son cousin, Qian Xiuling reçut un télégramme qui lui fit l'effet d'une bombe : son père était mort.

Ce jour-là, elle avait eu un mauvais pressentiment. Contrairement à ce qu'on dit souvent, sa paupière droite n'avait pas palpité, mais elle avait éprouvé un étrange sentiment de panique. Elle avait voulu nettoyer sa chambre après s'être levée, mais elle avait cassé le vase en cristal de Bohème qu'une camarade de classe lui avait offert pour son mariage. Cet événement ne cessait de lui trotter en tête, si bien qu'elle exhorta Grégoire à se montrer prudent lorsqu'il quitterait la maison. Lorsque le facteur lui demanda de signer pour la réception du télégramme, elle constata que celui-ci venait de Chine. Elle y vit aussitôt un funeste présage. Quand les mots « Père mort de maladie » lui sautèrent aux yeux, elle entendit une énorme déflagration dans sa tête. Le souffle coupé, elle avait l'impression que quelque chose bloquait sa poitrine. Pas une larme ne lui venait. Se précipitant dehors, elle traversa les rues jusqu'à un terrain vague, où elle se laissa hurler son désespoir vers le ciel lourd de nuages.

Une douleur lancinante, comme jamais elle n'en avait connu, lui serra le cœur et la transperça jusqu'à la moelle. Tout son corps souffrait, pas moyen de lui échapper.

Puis, aussi subitement qu'un orage, elle se mit à pleurer pour laisser sortir tout ce chagrin qui la consumait de l'intérieur. Le cri qu'elle poussa fut le plus long et le plus déchirant qu'elle lancerait de toute sa vie.

Les événements qui s'étaient produits depuis son départ de la Chine lui avaient laissé des sentiments mitigés envers son père : un mélange de culpabilité et de ressentiment, auquel s'ajoutait une inconsolable nostalgie. En y réfléchissant, elle se rendit compte que c'est son insoumission qui avait directement provoqué l'effondrement mental et physique de son père. C'était au prix de la vie de son père qu'elle avait acquis l'indépendance et la liberté dont elle jouissait désormais. Elle avait fait preuve d'une telle ingratitude envers ses parents, qui l'avaient pourtant comblée d'amour. Elle avait tant manqué à ses devoirs : son père n'en avait pu supporter davantage.

Elle haïssait aussi la famille Wu. Cette vieille baderne de Wu Zizheng, derrière ses airs de grand intellectuel, n'avait pas montré la moindre once de compassion ni de souplesse dans l'affaire du mariage arrangé. À quoi avait-il dû penser devant le cadavre de son vieil ami ?

Au milieu de la nuit, elle n'avait pas encore trouvé le sommeil. Une voix disait au fond d'elle : en arrangeant ainsi le mariage entre des enfants encore au berceau, sans aucune affinité, personne ne se soucie du bonheur des principaux intéressés. Tant que les deux familles y gagnent crédit, respect et renommée, tout est parfait. Mais pour elle, cet avenir brillant qu'on leur avait fait miroiter ressemblait davantage à un précipice vertigineux : en suivant ce destin, ne risquait-elle pas de foncer tête baissée dans un abîme sans fond ?

Trois jours de jeûne et trois mois de deuil. Telle était la règle immuable dans les villages du Jiangnan au décès d'un parent proche. Pendant une semaine, tous les matins et tous les soirs, elle brûla de l'encens et pria pour son père. Bien sûr, il était difficile pour elle d'observer tout le cérémonial d'usage, faute de trouver les fournitures nécessaires pour les offrandes. Grégoire lui dénicha une paire de bougies puis trouva, dans le carnet de son épouse, une photo de la famille Qian. Après avoir demandé à un photographe professionnel de « découper » et d'encadrer la tête du père de Xiuling, il fit installer ce magnifique portrait sur son autel improvisé. Quoi que fît Xiuling ces jours-là, Grégoire resta toujours à ses côtés, lui rappelant même d'envoyer un peu d'argent à sa famille. Pendant ses nuits blanches, elle écrivit à son frère une lettre de condoléances déchirante, où elle exprimait son sentiment de culpabilité. Elle demanda à Zhuoru de brûler cette lettre sur la tombe.

Lorsqu'elle reçut enfin une lettre de son cousin, son fils aîné, Dimitri, avait déjà un mois. Ces nouvelles la rassérénèrent.

Zhuolun ne s'épanchait pas sur sa situation : il expliquait simplement qu'il était passé par le chas de l'aiguille et qu'il avait quitté les hautes sphères pour travailler au Bureau du personnel de la Commission des affaires militaires, où sa tâche principale était officiellement de gérer les effectifs de l'armée et d'évaluer les officiers. Il mentionnait également que, pour l'instant, il avait pour principale responsabilité de collaborer avec les conseillers allemands dans le but de réformer et moderniser l'armée chinoise. Il envoyait enfin à Xiuling une photo de lui dans son uniforme militaire, avec le grade de lieutenant général. Sur le cliché, il avait toujours beaucoup d'allure, mais son regard avait perdu de sa flamme, ses yeux étaient empreints de tristesse et d'ennui. Xiuling eut un pincement au cœur, tout en éprouvant un certain soulagement. Les tourments intérieurs qui agitaient Zhuolun transparaissaient entre les lignes. Xiuling pouvait ressentir cette douleur qu'il avait tant de mal à exprimer.

Dans le coin inférieur droit de la photographie, Zhuolun avait écrit de son écriture claire et profonde :

Pour Xiuling, ma très chère cousine, et son époux Grégoire. Affectueusement, Qipei.

L'autre photo montrait Zhuolun en compagnie du général von Falkenhausen devant le temple du mont Wutai. Elle ne savait pas pourquoi son cousin lui avait envoyé une telle photo. Dans sa lettre, il lui expliquait avec humour que le Bodhisattva du mont Wutai était très efficace, car il avait reçu le télégramme de son affectation alors même qu'il venait de rendre hommage à Bouddha. Il confirma également à Xiuling que ce général allemand était un militaire professionnel droit et intègre.

À la fin de la lettre, Zhuolun exhortait Xiuling à faire ses valises et à rentrer en Chine dès que possible pour se présenter à l'Institut de cancérologie de Shanghai.

À la réception de cette lettre, elle envisagea de rentrer le plus tôt possible au pays. Hélas, le père de Grégoire subit alors une crise cardiaque et manqua d'y perdre la vie. Bien que Grégoire eût trois frères et sœurs, en tant que médecin comme en tant que fils, il ne pouvait pas quitter sa famille pour un pays aussi lointain que la Chine alors que son père était si gravement malade.

Grégoire et Xiuling restèrent donc au chevet du vieil homme. Un jour, celui-ci leur dit : « J'ai rêvé la nuit dernière que le bateau sur lequel Grégoire et toi vous rendiez en Chine avait fait naufrage dans le Pacifique. Dieu du ciel, je crois que c'est un message du Seigneur. Vous ne devriez pas y aller ! »

Les deux époux se regardèrent. La décision de partir était pour eux presque irrévocable. Depuis un certain temps, Xiuling brûlait de rentrer dans son pays natal, et Grégoire ne pouvait revenir sur sa décision d'accompagner sa femme. Le cauchemar du père de Grégoire ne jeta pas d'ombre sur leur projet. Quand Xiuling était jeune, son père lui avait dit que les rêves sont contradictoires. Le vieil homme refusait simplement de la laisser partir pour la Chine avec son fils et son petit-fils.

Elle dit à son mari que ce rêve de naufrage constituait en fait un bon présage, ou du moins un signe qu'ils auraient un voyage sans encombre.

Grégoire prit le visage rond de sa femme entre ses mains et lui dit, en articulant clairement chaque mot : « Ma chérie, pourquoi êtes-vous si confiante dès que vous parlez de la Chine ? »

Qian Xiuling lui répondit : « Je crois en la volonté du Ciel. C'est la confiance que me donne mon pays. Vous savez que c'est une force omniprésente, comme ce Dieu en lequel vous-même vous croyez. »

Ils entreprirent alors de réserver leurs billets. La date de départ fut modifiée à plusieurs reprises, car Grégoire devait encore régler certaines questions. Le *Sphinx* était-il encore en service ? Xiuling souhaitait rentrer chez elle à bord de ce navire. Grégoire savait qu'il avait une signification symbolique pour elle. Ils se comprenaient immédiatement, sans jamais devoir rien expliquer. Finalement, ils décidèrent de partir de Marseille et de passer par l'Italie.

Le *Sphinx*, mis hors service, avait été remplacé par le *Viscount*, un navire luxueux, dont les cabines de troisième classe respiraient le confort. Qian Xiuling insistait pour embarquer en quatrième afin d'économiser de l'argent, mais Grégoire refusa : pas question de changer de classe ; pour l'argent, ils verraient plus tard.

À cette période, des reportages faisaient constamment état d'attaques japonaises sur la Chine. Les nouvelles qu'ils lisaient dans les journaux européens n'étaient guère réjouissantes. On sentait que de grands événements allaient se produire. La confiance de Qian Xiuling avait perdu en force de conviction. Grégoire se murait dans le silence et devenait irritable. Le matin du 14 août, il fut choqué d'entendre à la radio que l'armée japonaise avait lancé la veille une offensive contre Shanghai. La guerre avait commencé.

Les nouvelles s'enchaînèrent sur la résistance héroïque qu'opposaient aux Nippons l'armée et le peuple chinois. Le monde apprit ainsi comment le général Cai Tingkai, le lieutenant-colonel Xie Jinyuan et leurs huit cents hommes défendirent l'entrepôt de Sihang, et comment une jeune fille de quinze ans, Yang Huimin, brava le feu des canons pour remettre le drapeau national à ces soldats héroïques. Après avoir bombardé l'entrepôt, les Japonais continuèrent la bataille dans les rues de Shanghai. Le sang coulait à flots, des cadavres flottaient sur la rivière Suzhou. La ville était devenue un brasier.

Xiuling reçut des nouvelles de sa famille. Son frère Zhuoru était parti à Taïwan, où il travaillait comme ingénieur dans une usine de machines pour l'extraction du charbon. Sa mère avait fui avec ses proches dans les montagnes de Zhangzhu, au sud de Yixing. Son cousin Zhuolun, en cette période de crise, avait été nommé chef d'état-major en charge de la logistique pour la défense de Nankin. Lorsque l'armée abandonna ses positions à Shanghai et sur la rivière Song, mettant la capitale à la merci de l'ennemi, plus de cent mille personnes s'étaient rassemblées au bord du Yang Tsé à hauteur du port de Xiaguan. Tous les bateaux ayant été réquisitionnés par l'armée, ces réfugiés se trouvaient coincés, sans possibilité de traverser le fleuve. En tant que chef en charge de la logistique, Zhuolun ne pouvait rester de marbre face à cette tragédie. Deux navires du China Merchants' Group, le *Jianghan* et le *Jiangyu*, placés sous son contrôle, devaient servir pour la retraite des troupes en cas de perte de la capitale. Sans attendre l'assentiment de ses supérieurs, Zhuolun ordonna en urgence que les deux bâtiments fussent immédiatement utilisés pour convoyer les réfugiés vers l'autre rive du fleuve. Jour et nuit, les bateaux servirent de bac (le voyage durait vingt minutes environ). Après bien des péripéties, les cent mille exilés arrivèrent finalement tous de l'autre côté du Yang Tsé.

On reprocha à Zhuolun d'avoir agi sans l'approbation des supérieurs, un acte passible de la cour martiale. Au lieu de plaider sa cause, le jeune homme envoya une lettre de démission où il manifestait son désir de rentrer dans la vie civile pour retrouver sa femme et son fils. Au moment où il pliait bagage, les instances supérieures de l'armée lui annoncèrent cependant qu'il était félicité pour sa conduite héroïque et qu'il recevait la médaille de l'Ordre du Nuage et de la Bannière, quatrième classe.

Xiuling se faisait du mauvais sang pour son cousin Zhuolun. Cet homme si compatissant, si bon envers son épouse, avait fait preuve de tant d'audace en un moment si critique, et pourtant il n'en tirait aucune gloire. Les membres de la famille Qian, dans toutes leurs entreprises, avaient toujours été sincères et volontaires. Elle ne faisait pas exception. Quand bien même, loin de son pays, au-delà des mers, elle était contrainte à ravaler ses inquiétudes et à se ronger les sangs en secret, elle était convaincue que, s'ils avaient été à Shanghai en ce moment, elle n'aurait pas fait l'autruche, mais aurait convaincu le docteur de Perlinghi de se rendre à l'hôpital de guerre pour soigner les soldats blessés au front, tandis qu'elle-même se serait débrouillée comme infirmière.

Quand Zhuoru était arrivé à Taïwan, lui aussi avait reçu une lettre pleine d'émotion. Un autre de ses cousins qui travaillait à Shanghai, Zhuochai, lui avait raconté que les Japonais avaient approché le père de Zhuolun, leur oncle, pour lui demander de devenir gouverneur sous leur direction. Zhuolun avait alors déclaré que son père devait absolument refuser ce poste de marionnette, sinon il le dénoncerait dans la presse et couperait les ponts avec lui. L'oncle fit semblant d'être malade, puis, avec l'aide d'un ami envoyé par Zhuolun, il s'échappa dans les montagnes.

Tout cela ne surprenait pas Qian Xiuling, car, dans la famille Qian, on était éduqué pour agir de la sorte.

Son fils Dimitri avait presque quatre mois. Comme elle avait toujours voulu retourner en Chine, elle avait aussi donné à l'enfant un nom chinois, Hanchen. Et elle avait convenu avec Grégoire qu'en Chine, non seulement l'enfant porterait ce prénom, mais qu'il adopterait bien sûr le patronyme Qian. À Grégoire, elle attribua aussi un nom chinois, inspiré de son prénom français : Ge Lixia. Grégoire n'y voyait aucun inconvénient, car pour lui les noms n'étaient que de simples mots : l'essentiel était que Xiuling et lui s'aimaient, et que c'était pour l'éternité.

Qian Xiuling lui rétorqua : « Bien, dans ce cas, même si on ne peut pas aller en Chine, à partir d'aujourd'hui, je t'appellerai Ge Lixia. » Puis elle se pencha vers lui et lui chuchota à l'oreille : « Quand tu seras vieux, je t'appellerai Vieux Ge. »

Grégoire n'était pas le moins du monde inquiet à l'idée d'aller dans la lointaine Chine. Il ne savait pas s'il y avait des églises pour les chrétiens orthodoxes dans ce vaste pays, ni s'il ne serait pas incommodé par le fait d'être un étranger en s'installant dans une ville comme Shanghai. Pour cet homme de la vieille école, c'était à lui qu'il revenait de subvenir aux besoins de sa famille. La réponse de sa femme bien-aimée l'avait rasséréné. Quand on vit avec quelqu'un qu'on aime, on peut se sentir chez soi n'importe où. Il n'était peut-être pas le mari le plus sensé ni le plus raisonnable, mais sa spontanéité et sa tolérance innées avaient toujours donné à Qian Xiuling l'impression d'être la femme la plus heureuse du monde.

Bientôt, ce que Xiuling craignait se produisit : tous les bateaux à destination de Shanghai étaient supprimés à partir de novembre. Leurs billets pour le 18 ne valaient plus rien.

« C'est la volonté de Dieu. » Le père de Grégoire se leva d'un bond de son lit d'hôpital. Il n'était pas du tout déçu que le projet de son fils et de sa belle-fille tombât ainsi à l'eau. Que du contraire, cette nouvelle le mit en joie. Malgré les conseils du médecin, il prenait plaisir, lorsqu'il était particulièrement content, à humer une bouteille de vin vide, car l'odeur de l'alcool le ravissait. La mère russe de Grégoire, en vraie mère poule, savourait le bonheur de s'occuper de son petit-fils. Ses langes et ses couches, c'était elle qui les préparait, et en lavant et empesant les anciens vêtements de Grégoire pour les mettre sur son petit-fils, elle avait l'impression de remonter le temps. La naissance de Dimitri avait revigoré les Perlinghi. Ils ne mentionnaient que rarement l'annulation du bateau à la table familiale. Pour les parents, la guerre était une malédiction, et ils ne souhaitaient pas que leur fils, leur bru, et surtout leur petit-fils nouveau-né se rendent dans un pays lointain plongé dans les affres de la guerre, quand bien même c'était le pays d'origine de leur belle-fille. Beaucoup d'innocents n'y mouraient-ils pas chaque jour ?

En outre, la mystérieuse Chine, pour la famille de Perlinghi, restait un pays digne du Moyen-Âge, où les hommes portaient de longues tresses et où les femmes se bandaient les pieds (malgré les démentis de leur belle-fille, qui répétait que c'était là des pratiques du siècle précédent). Le mépris et le dédain affiché par les grands médias européens, qui qualifiaient l'Empire du Milieu d'« homme malade de l'Asie orientale », exerçaient naturellement une influence. Même si chacun appréciait la douceur et la gentillesse de Qian Xiuling et l'admirait pour sa réussite académique, il était normal que son pays, alors en guerre, fût qualifié d'« inhabitable ».

Qian Xiuling fut submergée par une vague de désespoir et de découragement. Tantôt discrète et tantôt violente, cette tempête d'émotions déferlait sur elle sans discontinuer. À la table des Perlinghi, la Chine n'occupait que la portion congrue. Depuis que Xiuling avait appris qu'elle ne pourrait y retourner, elle avait perdu son appétit. La soupe claire aux tripes et aux poumons, la sauce de soja épaisse aux œufs de crevette, la carpe grillée aux oignons nouveaux, les rouleaux de printemps farcis à la pâte de haricots mungos, la soupe de raviolis à la bourse-de-pasteur et les menus succulents qu'on déguste au Nouvel An chinois restaient enfouis aux tréfonds de son estomac, et les souvenirs de la cuisine du Jiangnan venaient encore titiller ses papilles. Du temps où elle était célibataire, elle pouvait se préparer à manger et se faire plaisir avec de bons petits plats quand elle en avait envie. Mais dans la cuisine de la famille de Grégoire, les seules odeurs qui flottaient étaient celles du bortsch, des frites ou du pain. Elle aurait pu s'y habituer, mais à cette période son estomac chinois lui rappelait régulièrement de cuisiner quelque chose de bon, pour ne pas s'encroûter.

Elle ne pouvait pas non plus enseigner le chinois à son fils nouveau-né, car à part elle personne ne parlait cette langue autour de lui. Sa solide belle-mère russe voulait que son petit-fils adopte l'orthodoxie, et Grégoire ne s'y opposait pas. Elle, gardait le silence. Comme le dit le proverbe : marié à un coq, on suit le coq. Simplement, elle se disait en soupirant que son fils Dimitri ne répondrait jamais au nom chinois de « Hanchen ».

Ce n'était pas tant de la nostalgie. Plutôt de la frustration, le genre de sentiment qu'on ne peut dissiper ni arrêter, mais qui obsède : un long et douloureux désespoir.

La guerre avait éclaté, mais son issue restait incertaine. Sa joie de vivre s'était éparpillée comme des perles tombées sur le sol qu'elle ne pouvait pas ramasser. Elle ignorait ce qu'il était advenu de son cousin Zhuolun. Et sa frêle mère, qui venait d'être frappée par le deuil, se terrait dans un petit ravin à la frontière des provinces du Jiangsu, du Zhejiang et de l'Anhui, où elle vivotait avec sa famille à la lueur d'une lampe à huile. Elle aurait tant voulu pouvoir la rejoindre, ne fût-ce que pour lui apporter un verre d'eau et la saluer, en guise de réconfort. Quand elle pensait à tout cela, son cœur saignait d'une blessure qui semblait ne jamais pouvoir cicatriser.

Pour la première fois, Grégoire perçut les tourments qui agitaient sa douce Xiuling qui, semblant un jour voguer paisiblement sur un joli et frais ruisseau, paraissait le lendemain balayée par le cyclone le plus violent des Caraïbes. L'air désespéré et impuissant, elle maintenait toutefois le cap avec une obstination qu'il n'avait jamais vue auparavant. Que n'était-il anxieux les jours où elle ne s'alimentait pas !

Finalement, cette vie ordinaire et monotone apaisa peu à peu Xiuling.

Son tempérament, l'essence même de son caractère, avait toujours été de voir le verre à moitié plein et de savoir repartir d'une page blanche, comme une pièce de soie lisse. En fait, elle devait savoir depuis longtemps qu'aller au bout du monde était sa destinée. L'ambition de sa jeunesse n'avait jamais faibli, et même si son modèle, Marie Curie, n'était plus de ce monde, elle avait toujours Grégoire. Elle finirait sa vie là où se trouvaient ceux qu'elle aimait.

Surtout, elle devait penser à son fils. Elle n'avait pas le droit d'emmener un bébé de quatre mois dans une zone de guerre, et de lui faire passer son enfance dans un abri anti-bombe ou constamment en fuite. C'était la seule chose qu'elle avait retenue des délires du père de Grégoire.

Un jour, un vieil homme ventripotent vint les voir. C'était un prêtre, ami de M. de Perlinghi, le père Stéphane, originaire du village reculé d'Herbeumont, non loin de la frontière française. Avec force éloquence, il les abreuva de l'histoire de ce bourg simple et paisible, à plus de deux cents kilomètres de Bruxelles, qui ne s'offrait à la vue du visiteur qu'au prix d'un laborieux voyage sur une route poussiéreuse. La spécialité locale était le vin. Caves et tavernes y pullulaient, si bien qu'on sentait l'odeur claire du breuvage dès l'entrée du village. Malgré ses plus de mille âmes, le lieu – c'était tout bonnement incroyable – était privé de cabinet médical. Il y avait bien eu un médecin, un dénommé Janssen, mais un jour qu'il nageait, il avait eu une crampe au mollet et avait disparu sous l'eau sans jamais plus en ressortir. Peut-être était-ce Dieu qui l'avait rappelé à lui. Préoccupé par cette situation, le prêtre suggéra modestement à Grégoire d'ouvrir un cabinet à Herbeumont. Le couple divin qu'il formait avec Qian Xiuling, tels des anges descendus des cieux, égaierait ce village désolé perdu aux confins du pays. En outre, les habitants n'avaient jamais traité injustement ceux qui leur voulaient du bien. Tandis que, s'il continuait à travailler dans son hôpital de Bruxelles, Grégoire resterait sur la touche encore plusieurs années, et les règles d'ancienneté en sa défaveur finiraient par entamer sa motivation.

« Si vous allez à Herbeumont, vous y serez une célébrité. Vous serez accueilli comme le Messie. Bien sûr, votre charmante épouse sera aussi la bienvenue. Même si toutes les femmes du village seront sans doute jalouses de sa beauté, croyez bien qu'aucun homme ne lui fera jamais de mal. »

La verve du père Stéphane était convaincante, mais Grégoire lui posa une question inattendue. Il avait entendu dire que tous les habitants d'Herbeumont étaient catholiques. Or, lui-même était orthodoxe. Cette différence de religion ne risquait-elle pas de lui occasionner des tracas ?

Le père Stéphane, se traçant une croix sur la poitrine, l'assura que toute religion était pleinement respectée à Herbeumont. Aucune malveillance n'y était à craindre, que du contraire : tout le monde était amical et sympathique.

Ainsi le village d'Herbeumont se profila-t-il comme une nouvelle étape dans le parcours de Qian Xiuling et de Grégoire de Perlinghi.

« Pourquoi es-tu si réticent envers les catholiques ? » demanda Xiuling à son époux.

« Ma chère, au tout début, les catholiques, les protestants et les orthodoxes ne formaient qu'une seule Église, car tous ont foi dans le Christ. Mais plus tard, quand des différends pourtant mineurs sont apparus entre eux en matière de doctrine ou d'organisation administrative, ils sont devenus des ennemis irréductibles. »

Grégoire lui raconta l'histoire des croisades, une suite de guerres qui avait duré deux cents ans. Lors d'un concile tenu à Clermont, le pape Urbain II avait appelé tous les hommes à prendre les armes pour aller reprendre aux infidèles le « tombeau du Christ ». Il avait promis que tous ceux qui participeraient à cette expédition verraient leurs péchés pardonnés et que les âmes de ceux qui mourraient sur le champ de bataille gagneraient aussitôt le paradis. Les croisades furent menées principalement contre les musulmans, mais aussi, dans une moindre mesure, contre différentes obédiences du christianisme. L'orthodoxie en faisait partie.

« En Chine, nous avons le bouddhisme et le taoïsme, mais ils ont toujours fait bon ménage. Lorsque j'étais au lycée, mes professeurs nous disaient que nous devions nous inspirer du bouddhisme pour diriger nos cœurs, du taoïsme pour diriger nos corps et du confucianisme pour diriger le monde. Très jeune, j'ai lu un roman extraordinaire, *Le Rêve dans le pavillon rouge*, et je me souviens qu'il y était question d'un bonze et d'un moine taoïste qui étaient toujours ensemble sans qu'il y ait jamais le moindre différend.

– Oh, *Le Rêve dans le pavillon rouge*, quel beau nom ! Était-ce l'un de tes livres de chevet ?

– Oui, quand je ne dormais pas bien, je le prenais et je lisais trois ou quatre pages. En quelque sorte, les personnages me tenaient compagnie. »

Xiuling lui expliqua ensuite que la philosophie chinoise accordait plus d'importance aux parallèles qu'aux contradictions entre les différentes pensées. Ainsi, sur une montagne, des temples bouddhistes pouvaient très bien cohabiter avec des temples taoïstes.

Xiuling et Grégoire aspiraient à partir au plus tôt. Herbeumont ne leur paraissait plus ni si lointain ni si isolé. Les couples qui s'aiment ont toujours la certitude que, où qu'ils se rendent ensemble, ils trouveront toujours un paysage à leur goût et leur vie sera aussi douce et sucrée que du miel fraîchement récolté. Depuis quelque temps, Qian Xiuling sentait croître une vocation d'infirmière. Titulaire d'un double doctorat en chimie et en physique, elle n'aurait aucun problème à se familiariser avec les termes médicaux, et elle se sentait tout à fait habilitée à travailler dans le cabinet de son mari. Quelle belle harmonie régnait entre eux deux ! Xiuling et Grégoire partageaient les mêmes valeurs : tant qu'on est avec celui qu'on aime et qu'on peut subvenir aux besoins de sa famille, peu importe l'endroit où l'on vit et ce qu'on y fait.

11
Les anges envoyés par Dieu

Le portable de notre interprète sonne. Nous sommes en un matin clair, trois jours après avoir quitté Écaussinnes. C'est un appel de M. Raymond. Le visage de Pengfei s'illumine et s'ouvre comme une marguerite qui éclot : « Monsieur Maurice a recouvré la mémoire et ne cesse de parler de Qian Xiuling. »

La nouvelle, inattendue, nous réjouit. Sur le chemin d'Écaussinnes, je lève sans y penser la tête vers une éclaircie dans le ciel : entre les nuages, un visage souriant ressemblant à celui de Qian Xiuling nous embrasse d'un regard tendre et chaleureux.

« Vous venez du pays natal de Qian Xiuling ? C'est incroyable. Je n'arrive pas à y croire. Après tout ce temps, vous vous souvenez encore d'elle. Oui, je veux dire, nous sommes tous partis, y compris Mme Qian. Tant de bonnes personnes ont quitté ce monde absurde ; il ne reste que moi. »

Les premières paroles de Maurice sont quelque peu décousues, mais son air calme et décontracté me convainc qu'il a trouvé la clé de la porte vers la « renaissance ».

Mon Dieu, que pensez-vous trouver en venant ici depuis l'autre bout du monde ? L'infirmière Basta m'a demandé à plusieurs reprises comment madame Qian nous avait sauvés à l'époque. En fait, au début, nous ne savions pas vraiment qu'elle existait, et ce n'est que lorsque nous avons été libérés qu'on m'a dit qu'une déesse nous avait aidés – oui, j'étais l'un des quatre-vingt-seize prisonniers qui figurent sur cette célèbre photo de groupe. Vous voyez, le cinquième de la quatrième rangée, à côté du grand Michel, c'est moi. Pour être précis, quatre-vingt-onze prisonniers s'en sont sortis vivants, mais cinq autres sont morts dans le camp. C'est madame Qian qui nous a sauvés, elle connaissait le commandant de la Gestapo, ce qui était incroyable. Malheureusement, je n'étais pas membre de la Résistance, même si je n'étais pas un lâche : vous savez, il n'était pas facile d'être un citoyen honnête à cette époque. Pourquoi quatre-vingt-seize d'entre nous avaient-ils été arrêtés ? Parce que quatre SS avaient trouvé un émetteur radio de la Résistance dans une maison. Ils ont interrogé toute la nuit tous ceux qu'ils avaient arrêtés. La Résistance a alors encerclé la maison et ça a été une fusillade terrifiante : trois des SS ont été tués, mais le quatrième a réussi à s'échapper. Des soldats ont été dépêchés en nombre de Bruxelles pour encercler Écaussinnes. En cette folle nuit, les Allemands ont fait une vraie razzia, tuant d'abord quatre personnes, puis arrêtant quatre-vingt-seize hommes. Les médias ne mentionnent souvent que les quatre-vingt-seize prisonniers, mais jamais les quatre innocents qui sont morts. Vous devriez en parler dans votre livre. Tôt ce matin-là, devant la place communale, ils ont annoncé que si on ne leur livrait pas les membres de la Résistance, ils tueraient cinq personnes toutes les six heures à partir du lendemain. Je me souviens du ton courtois d'un officier SS sur la place, qui disait qu'il espérait que la Résistance les combattrait de manière régulière, en uniforme, chars contre chars, artillerie contre artillerie ; et non en jouant à cache-cache et en les attaquant furtivement au milieu de la nuit. « Vous pensez qu'on ne pourra pas vous attraper si vous vous fondez dans la population ? Bien, très bien ! Dans ce cas, tous ceux-là sont nos ennemis. Peut-être allons-nous trop loin en disant cela, mais nous ne serons pas tendres quand nous vous exécuterons. Soyez-en convaincus. Bien sûr, si vous êtes prêts à livrer les résistants, il y a encore une chance que nous devenions amis. On sait qu'Écaussinnes est une ville respirant l'amour, où il fait bon vivre, où le ciel est bleu, où les filles sont particulièrement romantiques, et où bien sûr il y a du genièvre qu'on dit fantastique. »

Comme vous le savez, les résistants avaient battu en retraite depuis longtemps. Mais ils ne sont pas allés loin, car le sort des quatre-vingt-seize prisonniers restait dans leur tête. Le Dieu miséricordieux insistait pour qu'ils aillent voir madame Qian, qui, seule, avait le pouvoir de les sauver.

Est-ce que vous le saviez? Madame Qian avait déjà sauvé des vies auparavant, comme nous l'avons appris plus tard. Elle vivait avec son mari dans le petit village d'Herbeumont, à cent soixante kilomètres d'Écaussinnes. Dieu sait comment elle s'est retrouvée dans ce trou perdu, à un jet de pierre de la France. Oh, je me souviens, son mari avait un cabinet là-bas.

Les souvenirs de Maurice sont tantôt clairs, tantôt flous. Sa langue, aussi rapide que l'éclair, parfois se grippe, et le vieil homme bégaie, revient sur ses mots et se répète, pareil à un vieux bateau naviguant seul sur l'océan par une nuit brumeuse, qui menace à tout moment de se perdre ou même de chavirer.

L'infirmière Basta vient prendre sa tension et lui donne un calmant. Le vieil homme obtempère comme un enfant et nous adresse un sourire embarrassé. Basta nous dit que sa pression artérielle est un peu élevée, probablement à cause de l'excitation. Pouvons-nous lui accorder une pause?

L'atmosphère est soudain un peu tendue. Je peux entendre mon cœur battre dans ma poitrine. L'infirmière nous rassure: il va se calmer dans quelques minutes.

Pendant que Maurice se repose, je déambule dans le couloir et, arrivé à la fenêtre, je fais le point. Certaines questions, tels des sentiers broussailleux qui se croisent et s'étirent vers des directions inconnues, requièrent beaucoup de chance et de patience pour qu'on puisse les aborder de manière pertinente. Le tunnel sombre de l'histoire se trouve devant nous. Même si tout le monde connaît déjà son récit, à ce stade, je préfère écouter la version de cet homme de cent et trois ans, qui, au-delà de son radotage, a vécu ces événements dans sa chair.

Commençons par Herbeumont, où, s'il n'avait pas eu le premier sauvetage, les habitants d'Écaussinnes n'auraient pas été aussi chanceux…

Maurice a retrouvé sa sérénité. Il n'est plus agité, et son regard est fixe et déterminé : les flots déchaînés du passé sont désormais derrière lui, et ce n'est plus en surfeur téméraire qu'il se présente à nous, mais en conducteur de char pondéré et maître de lui. Dans sa voix légèrement éteinte, le village d'Herbeumont émerge à nouveau de son voile de poussière.

Aucun mot ne peut dépeindre précisément Herbeumont tel qu'il était il y a quatre-vingts ans, à moins qu'on soit du coin. Mais l'histoire, même si elle ne peut être travestie, est éminemment tolérante : tant que l'on respecte un fond de vérité, on peut laisser libre cours à son imagination. Sur une vieille photographie tachée, nous voyons une modeste maison à deux étages qui, dit-on, n'a jamais fait parler d'elle depuis le jour où elle s'est dressée dans le village.

Ce cadre simple et accueillant devait beaucoup au couple qui s'y installa en 1937, ou plutôt à la famille heureuse de trois personnes. L'air aux alentours était constamment empli de l'odeur des potions et de l'alcool et la maison dégageait une douce chaleur. Le stéthoscope constamment sur la poitrine assorti à sa nouvelle moustache, le docteur de Perlinghi, malgré sa jeunesse, rassurait ses patients par son air docte et expérimenté. Quant à sa belle et jeune épouse d'infirmière, elle administrait ses piqûres sans jamais faire mal ; au-delà de ce compliment technique, quand elle se penchait pour planter l'aiguille dans le bras des patients, sa respiration douce et sa voix tendre agissaient comme le meilleur des médicaments. Avec sa force de caractère et sa grâce exquise typique des Orientales, elle vous regardait toujours d'un œil sincère, comme pour dire : « Que puis-je faire de plus pour vous ? » Son sourire était si naturel et si charmant que ses patients, curieux, ne pouvaient s'empêcher de lui demander pourquoi elle souriait toujours de la sorte.

« Je ne fais pas exprès, c'est une habitude chez moi. Je n'ai jamais eu conscience que je souriais autant. Mais après tout, cela ne me coûte rien, alors pourquoi je ne sourirais pas ? »

Sourire Xiuling. Le docteur de Perlinghi se réjouissait de ce que les villageois appellent ainsi son épouse qui, avec son double doctorat en chimie et en physique, avait pu sans difficultés se muer en infirmière. Toujours de bonne humeur, elle avait un don pour comprendre immédiatement tout ce qui l'entourait, notamment pour cerner les gens. Mais elle en parlait peu. Les commérages l'assommaient, si bien que, lorsqu'elle passait devant un groupe de ménagères bavardes, elle les saluait, mais ne s'arrêtait pas. Sa silhouette énigmatique ne manquait pas de charme. Cette beauté cachée, qui pouvait facilement passer inaperçue, Grégoire l'avait pourtant saisie. Il avait juré d'avoir cinq enfants avec cette femme dans ce village si proche du paradis.

Ne dites surtout pas qu'Herbeumont n'a rien à offrir. Le documentaire de Tatiana nous en fournit des images rares. Avec ses rondes collines et ses petits ruisseaux qui serpentent, le paysage fait penser au village de la mère Wang, dans le pays natal de Xiuling. Les arbres, les bosquets, les prairies, les vignobles s'étendent à perte de vue ; une harmonie parfaite se dégage du lieu. Devant la caméra de Tatiana, la lavande et l'iris balancent doucement leurs corolles.

Dimitri avait deux ans quand naquit son frère Gauthier. C'est son père qui procéda à l'accouchement. Lorsque les pleurs du nouveau-né envahirent la petite maison, de nombreux habitants du village vinrent féliciter les heureux parents. Mme Abbott, une Hollandaise bien en chair, mais au grand cœur, qui vivait à côté, offrit à Xiuling une couverture neuve en laine de Nouvelle-Zélande. Elle était asthmatique et, quand elle avait une crise, Xiuling venait chez elle chaque jour lui faire des injections. Sa famille était influente dans le village, car son mari était le chef de gare local, mais leur fils, le maigrichon Roger, un petit garçon espiègle, aimait la bagarre. La nuit après l'accouchement, Mme Abbott veilla la parturiente. À un moment, celle-ci prononça dans son sommeil des mots incompréhensibles en chinois : raviolis, bouillon, coriandre et ciboulette. Interrogé, Grégoire ne comprenait pas non plus, mais il expliqua : « À chaque moment important, ses rêves la ramènent dans sa patrie. Ce serait un péché de la réveiller maintenant. »

Grégoire en avait l'habitude : lorsque sa Xiuling prononçait en rêve des mots qu'il ne comprenait pas, c'est qu'elle était retournée en Chine. Entourée par sa famille, ses amis et les paysages de son pays, elle débordait d'émotions, si bien qu'elle se mettait à rire aux éclats ou à pleurer à chaudes larmes. À ces moments-là, il essuyait doucement le coin de ses yeux et soupirait en pensant à cet endroit magique auquel son épouse était si viscéralement attachée.

Un jour, Dimitri rentra à la maison couvert de boue. Quand il jouait avec ses amis du village, il revenait parfois avec le nez cassé ou un œil au beurre noir, mais Grégoire et Xiuling ne s'en inquiétaient pas : les garçons devraient apprendre à supporter les coups. Cette fois, cependant, Dimitri, le visage sombre, dit à sa mère : « Ils m'ont traité de Chinetoque ! »

Qui ça, ils ? Comment un terme aussi nauséabond avait-il pu émerger dans ce village idyllique ? En tenant son fils dans ses bras, Qian Xiuling pleura, tandis que Grégoire allait et venait dans la maison, visiblement mal à l'aise. Puis, il entendit sa femme parler doucement à son fils : « Oui, Maman est chinoise. Mais Maman est fière parce que la Chine est un pays fantastique ! Il y a beaucoup, beaucoup de gens comme Maman là-bas, et tu les aimerais. Tu sais où se trouve la Chine ? Quand tu seras grand, Maman t'emmènera là-bas. Il y a de très hautes montagnes, le fleuve Yang Tsé et le fleuve Jaune, et plein de bonne nourriture. Maman est née au sud du Yang Tsé, dans un endroit encore plus beau que Venise. »

Grégoire vit des larmes perler dans les yeux de Xiuling. Puis, après avoir mis l'enfant au lit, elle se leva, se dirigea doucement vers la fenêtre et soupira. Elle resta à observer le ciel nocturne sans bouger d'un poil, jusqu'à ce que Grégoire l'étreigne par-derrière. Elle se laissa aller dans ses bras, sans dire un mot.

Dans ce coin apparemment oublié, le seul contact de Xiuling avec le monde extérieur était le flux de lettres qui lui venaient de Chine. Son frère Zhuoru, installé à Taïwan, avait récemment été promu ingénieur en chef adjoint dans une mine de charbon. Son cousin Zhuolun, pour sa part, enchaînait les succès, nommé directeur du Bureau du personnel de la Commission des affaires militaires. Un jour, Chiang Kai-shek avait effectué une visite d'inspection dans son service. Il avait pris une liste des officiers et avait interrogé Zhuolun sur l'évaluation de certains généraux et officiers supérieurs. Zhuolun, avec professionnalisme, avait prouvé qu'il connaissait les noms et les états de service de tous les officiers de l'armée du Kuomintang à partir du grade de colonel. Il avait récité toutes ses informations au Généralissime sans commettre la moindre erreur. Chiang Kai-shek, après lui avoir adressé un signe de tête satisfait, était parti aussitôt.

Dans une lettre adressée à Xiuling, Zhuolun mentionnait que le général von Falkenhausen avait quitté la Chine parce que, après la proclamation de l'Axe Rome-Berlin-Tokyo, Hitler avait demandé à son groupe de conseillers militaires de rentrer en Allemagne pour fournir désormais une aide à l'armée japonaise. Selon Zhuolun, Chiang Kai-shek appréciait tellement von Falkenhausen qu'il lui avait offert comme cadeau d'adieu une copie du *Chat sur la pierre* du peintre Xu Beihong, en plus d'une pièce de sa propre collection qu'il aimait particulièrement, le *Saule pleureur* de Chen Ziqing. Ces présents avaient fortement touché le général allemand.

Il y avait, bien sûr, un détail très important que Xiuling ignorait, car son cousin ne lui en avait pas touché mot. Le dernier soir avant le départ de von Falkenhausen, Zhuolun et lui avaient pris un verre en tête à tête. Bien qu'ils fussent restés raisonnables sur la quantité d'alcool, l'entrevue avait été très enjouée. Von Falkenhausen avait dit à son ami : « Général Qian, je n'ai pas de cadeau pour vous, mais j'ai une histoire qui pourrait vous servir plus tard. »

Cette prétendue histoire ne tenait qu'en une phrase, mais chaque mot était lourd de sens : le plan de bataille visant à capturer les plus hautes autorités du Parti communiste évoqué lors de la conférence militaire top secrète n'était en fait qu'un leurre, une manœuvre de Chiang Kai-shek pour éprouver la loyauté de son entourage.

La première réaction de Zhuolun fut de frissonner. Il s'ensuivit un long silence. Jusqu'ici, il s'était plu à croire que toutes les « histoires » à ce sujet n'étaient que la partie émergée de l'iceberg, et que ce qui faisait la force de Chiang Kai-shek constituait en fait aussi son talon d'Achille. Mais il ne pouvait que ravaler ces mots.

« Il ne sait pas s'entourer, et cela finira par le perdre. Il n'aime pas ceux qui risquent de lui faire de l'ombre, et il trouve dangereux ceux qui ont de la suite dans les idées. Il n'aime que les laquais. »

Une sueur froide baigna le front de Zhuolun. Von Falkenhausen savait que, en ces temps troublés, cette soirée signait probablement leurs adieux. Cependant, il n'éprouvait aucune tristesse, juste un accès de bienveillance envers son ami.

Zhuolun ne répondit pas aux propos du général allemand. Il pensa juste que ce cadeau valait bien plus que les tableaux qu'on avait offerts à celui-ci.

Après avoir lu la lettre de son cousin, Qian Xiuling fut prise d'inquiétude : si von Falkenhausen devait maintenant servir les Japonais, ne risquait-il pas de leur divulguer tous les secrets militaires qu'il avait découverts en Chine ? Elle s'empressa d'écrire une lettre à Zhuolun.

Celui-ci lui répondit : « N'aie crainte, Xiuling, cela n'arrivera pas. Le général von Falkenhausen est un vrai gentleman, un homme de bien, digne des plus grands lettrés chinois. Je te prie de croire que même chez les nazis, il y a des hommes compatissants comme lui. »

Y a-t-il un vrai paradis en ce monde ? Par exemple, même si la guerre est lointaine, la fumée des canons se répand dans l'air jusqu'à nous et affecte nos vies. Dans la maison de la famille de Perlinghi, le transistor fonctionnait matin et soir, diffusant tantôt de la musique classique selon les goûts de Madame, tantôt les nouvelles nationales et internationales, que Monsieur ne manquait jamais d'écouter.

Sous le feu intense des bombardiers en piqué, menacée par les chars de l'armée allemande, Rotterdam s'était rendue pour éviter la destruction.

Au matin du 15 mai 1940, la radio allemande diffusa un communiqué spécial du Haut Commandement militaire. Après Rotterdam, toute l'armée néerlandaise avait déposé les armes. La reine Wilhelmine et le gouvernement des Pays-Bas s'étaient enfuis à Londres à bord de deux destroyers britanniques.

Le père Stéphane, qui avait également entendu la nouvelle, se précipita au cabinet du docteur de Perlinghi. Son taux d'acide urique était élevé et ses genoux étaient toujours enflés et douloureux. Lorsqu'il consultait le médecin, il aimait écouter son analyse de la situation politique. Grégoire, introverti et peu disert, n'aimait pas se mêler des affaires des autres, mais si vous lui parliez de l'actualité internationale et que vous saviez bien le prendre, il ne pouvait s'empêcher de jouer les commentateurs. Ainsi, il était convaincu que la Belgique allait tomber à son tour. Avec la capitulation des Pays-Bas, le sort du pays et des forces expéditionnaires françaises et britanniques était scellé. Les Alliés ne s'étaient pas mal battus au début : le gros des meilleures troupes françaises, la première, la septième et la neuvième armée, ainsi que les neuf divisions d'infanterie du Corps expéditionnaire britannique sous les ordres de Lord Gort, avaient rejoint les forces belges comme prévu, et avaient établi une forte ligne de défense le long de la Dyle, d'Anvers à Wavre en passant par Louvain, où ils dépassaient en nombre les Allemands qui avaient déjà franchi la frontière. Mais les batailles suivantes avaient montré qu'ils n'étaient pas à la hauteur des Allemands. Avec leur méticulosité habituelle, ceux-ci avaient préparé un plan offensif de très grande envergure : des unités blindées, d'une quantité, d'une concentration, d'une mobilité et d'une puissance de frappe jamais vues auparavant, étaient parties de la frontière à travers la forêt ardennaise. Des colonnes si longues que, même réparties en trois axes, elles s'étendaient sur cent soixante kilomètres derrière le Rhin. Très rapidement, les forces allemandes repoussèrent les Alliés et avancèrent dangereusement vers la Manche. Les Belges furent débordés par la puissance effroyable de cette attaque. Alors que les mauvaises nouvelles se succédaient, le roi Léopold III annonça la capitulation le matin du 28 mai. Quand Grégoire l'entendit à la radio, il s'assit sur son canapé et y resta sans bouger telle une statue de glace. Même s'il n'était pas un va-t'en-guerre, il restait patriote. À aucun moment il n'avait songé à troquer son scalpel contre une arme, mais il était consterné par la décision du roi, ce jeune chef d'État têtu qui avait rompu son alliance avec le Royaume-Uni et la France pour renouer avec une neutralité stupide, même lorsqu'il avait appris que l'Allemagne se préparait à violer les frontières du pays ; il avait fallu attendre l'offensive de Hitler pour qu'il consente à appeler les Alliés à l'aide. Et maintenant, dans un moment de désespoir, il avait jeté l'éponge en abandonnant la France et le Royaume-Uni et en laissant les troupes allemandes occuper son pays. Le jour où les chars du général Guderian, le père du « Blitzkrieg », pénétrèrent sur le sol belge, les forces aériennes nationales passèrent de cent soixante-dix à quatre-vingt-onze avions en quelques heures. Mon Dieu ! Même les moineaux ne se rendent pas aussi facilement.

La situation était critique, tous les médias le rapportaient. Grégoire était désemparé. Herbeumont était proche de la frontière française. Le père Stéphane lui confia ses inquiétudes : « À la frontière, les Français attendent anxieusement le bon moment, ils veulent profiter du chaos pour pénétrer en Belgique. On dit qu'ils sont en avance sur les Allemands, qu'ils sont déjà à mi-chemin, avec drapeaux et trompettes. Nos troupes doivent les arrêter ! »

Cela ne préoccupait pas le docteur de Perlinghi, qui n'avait jamais eu la moindre considération pour les Français.

Le père Stéphane s'inquiétait en outre de savoir quand les Allemands entreraient à Herbeumont. Allait-il y avoir des morts et des viols ? Seigneur, pour l'amour de Dieu ! Tout est possible, conclut Grégoire.

« N'avons-nous pas été vaincus ? »

Quand Xiuling lui posa cette question, elle avait le visage grave et une tristesse amère dans les yeux. Il savait ce qu'elle sous-entendait : puisque la Belgique avait aussi été vaincue, autant retourner en Chine.

Grégoire était de nature à prendre les choses avec philosophie et à s'accommoder de toutes les situations. Il comprenait les sentiments de son épouse. Chaque fois qu'elle lui livrait ses suggestions sur des questions importantes, il se penchait légèrement en avant pour l'écouter, puis il écartait les mains comme pour dire : « Oui, faisons ce que tu dis. »

Mais lorsqu'elle essayait de remettre sur le tapis leur « retour en Chine », Xiuling sentait que ses chances étaient presque nulles. Toutes les routes étaient perturbées. On ne savait jamais quand les navires, déjà rares, allaient partir, et toute demande de renseignement se soldait par une déception, tant l'incertitude régnait. Les pays voisins, France, Royaume-Uni, Pays-Bas, étaient tous plongés dans le tourbillon de guerre, et personne ne pouvait dire où trouver un refuge sûr. L'Institut de cancérologie de Shanghai n'était plus accessible en raison du conflit. Les proches séparés par les affres de cette guerre soudaine ne pouvaient que se consoler en priant silencieusement. Lorsque la guerre frappe indistinctement et devient une routine, la vie est la même partout.

Revenons à Herbeumont. En 1943, le village fut brusquement plongé dans les affres de la guerre. Chacun s'attendait à ce pénible événement, non sans un certain fatalisme. Quand quatre SS en armes investirent le village, le calme ne fut pas immédiatement rompu. Situé près de la frontière française, Herbeumont avait connu son lot de soldats. Mais un jour, le père Stéphane se présenta chancelant au cabinet du docteur de Perlinghi : en plus de son taux élevé d'acide urique, il avait récemment souffert d'insomnie et de vertiges, et venait se faire prescrire des médicaments.

Contrairement à l'accoutumée, il ne fournit pas à Grégoire des nouvelles de la guerre. Après la consultation, le prêtre ne partit pas immédiatement, car il voulait entendre l'avis du médecin sur l'actualité. Ce dernier lui répondit à voix basse qu'il ne s'intéressait plus aux nouvelles, parce qu'elles étaient tous les jours les mêmes, c'est-à-dire négatives. Le père Stéphane, avec un signe de croix, se pencha alors vers lui pour lui demander à l'oreille si des résistants étaient déjà venus à son cabinet pour demander des médicaments ou des soins. Il informa le médecin que, si les Allemands avaient envoyé des SS dans le village, c'était parce que les voies de chemin de fer avaient été sabotées à proximité : la Résistance, tel un hibou dans la nuit, avait disparu dans les recoins sombres d'Herbeumont. Grégoire ne pipa mot. Il était un peu sombre ces derniers temps. Chaque jour, des gens mouraient dans cette guerre. C'était tout ce qu'il y avait à dire. Bien sûr, cette tragédie le chagrinait. Parce qu'il maudissait la guerre, il détestait les Allemands. Mais il ne souhaitait pas que tout cela affectât sa vie de famille ; il se retrancha donc dans son mutisme. Sa femme, en épouse compréhensive, vint s'entretenir avec le prêtre et le remercia pour ses conseils. Mais elle lui expliqua que son mari ne causerait d'ennuis à personne et que rien ne se passerait au cabinet qui ne soit pas lié à son travail de médecin.

En partant, le prêtre laissa par inadvertance un exemplaire du quotidien du jour. Xiuling le découvrit en rangeant la pièce. En temps normal, elle l'aurait jeté comme un simple bout de papier, mais en l'ouvrant, elle y trouva, bien en évidence sur la première page, un nom familier, celui du général von Falkenhausen. Il était en fait le gouverneur militaire allemand de la Belgique. Le cliché n'était pas très net, mais elle le reconnut. Elle le compara avec la photo du général en compagnie de Zhuolun. Dans le journal, le général avait un visage indifférent, et les coins de sa bouche tombants trahissaient une certaine amertume. Elle pensa en un éclair :

« Cet ami de mon cousin est maintenant à la tête de la Belgique occupée, et il n'est pas exagéré de dire qu'il est l'ennemi numéro un du peuple belge. » En temps de guerre, tout est possible. Au milieu de tels tumultes, difficile de prévoir où l'on finira : même le plus grand des dirigeants, qui semble tout avoir à sa merci, peut le lendemain tomber de son piédestal et se retrouver sous les verrous.

Mme Abbott vint voir Xiuling toute guillerette. Son fils Roger allait épouser la fille du père Stéphane. Le couple avait choisi de se marier au printemps. Ces noces seraient un événement pour tous les villageois. Mme Abbott voulait demander à Mme de Perlinghi son avis sur la décoration de leur future maison et sur le meilleur cadeau à offrir à sa belle-fille. En effet, cette petite Orientale si exquise enchantait toujours le voisinage par sa grâce et sa beauté. Dieu s'était montré généreux envers cette Chinoise en lui permettant de garder sa sveltesse et de pouvoir toujours entrer dans ses superbes robes fendues malgré ses deux grossesses. Si on l'enviait, elle-même n'était toutefois jalouse de personne, parce qu'elle était une personne au grand cœur toujours prête à aider les autres. Mme de Perlinghi donna à sa voisine de nombreux conseils. En guise de cadeau de fiançailles, elle sortit un édredon satiné d'un vert gazon printanier. Sous la lumière, ses milliers de fils de soie élégamment tissés faisaient ressortir les motifs : un ruisseau d'eau claire, parsemé de feuilles de lotus émeraude, sur lequel voguait, parmi les fleurs délicatement ciselées, un couple de canards mandarins. Mme Abbott fut émerveillée : « Seigneur, on dirait voir là la main de Dieu ! » Mme de Perlinghi lui expliqua que ce couvre-pied était une pièce d'artisanat de son pays natal : partout dans la campagne du Jiangnan, des plantations de mûriers verts servaient à nourrir les vers à soie, et de vaillants tisserands tramaient les fils de soie pour produire ces étoffes chatoyantes. Elle ajouta qu'en

Chine, les canards mandarins sont le symbole d'un couple aimant appelé à vieillir ensemble.

Mais quelques jours plus tard, le père Stéphane surgit en trombe : quelque chose était arrivé à Roger, son futur gendre. Par une nuit sombre, une patrouille de SS l'avait intercepté en train de saboter une voie ferrée militaire. Alors que tous les gens du village l'attendaient pour célébrer son mariage, ils restèrent sans voix en découvrant la condamnation à mort signée par le général von Falkenhausen en personne. En fait, Roger avait plus d'une fois exécuté les ordres de la Résistance, mettant à profit son expérience de fils de chef de gare pour enlever les rails et faire dérailler les convois chargés de matériel militaire, ou encore faire exploser les trains.

La première réaction de Grégoire surprit : il resta impassible. La nuit suivant l'arrestation de Roger, un lieutenant allemand appelé Keitel vint dans son cabinet pour un nævus purulent au cou. Grégoire lui ôta ce grain de beauté en moins de vingt minutes. Très satisfait de l'opération, le lieutenant n'avait cependant rien pour le payer. Refusant poliment la boîte de cigarettes allemandes qu'il lui offrait, le médecin agita la main en lui disant qu'il pouvait partir. C'était aussi simple que cela : pour lui, tous ses patients méritaient le même traitement, même s'ils étaient d'infâmes criminels.

Aux yeux de Grégoire, puisque Roger avait choisi cette voie, il devait savoir qu'il risquait d'en payer le prix. Il admirait le courage de ce jeune homme, mais déplorait que son inconscience, en le menant à la potence, réduisît à néant les espoirs de deux familles.

La réaction de Qian Xiuling fut beaucoup plus radicale. En faisant ce qu'il avait fait à un si jeune âge, en dépit des risques encourus, Roger avait sacrifié sa vie pour ses idéaux. Sous ses dehors d'immaturité, il avait fait preuve d'une vraie bravoure.

Chaque mot de l'avis d'exécution faisait froid dans le dos. Jusqu'à la signature du général von Falkenhausen. Quand Xiuling vit ce nom, son cœur ne fit qu'un bond.

Elle ressentait les choses différemment que lorsqu'elle avait vu sa photo dans le journal. Elle ne voulait plus croire que cet homme avait été un ami de son cousin Zhuolun. Elle se souvint des mots de celui-ci: « C'est un vrai gentleman, un homme de bien. »

Évoquons maintenant un épisode souvent rapporté sur la vie de Qian Xiuling: son premier sauvetage. Si nous nous contentions de répéter tout ce qui a déjà été dit à ce sujet, autant demander au lecteur d'ignorer ce chapitre. Je crois toutefois que le prisme de la littérature peut retracer et restituer plus adéquatement les multiples dimensions du dilemme intérieur qui a agité Qian Xiuling lorsqu'elle a pris la décision de sauver une vie.

En premier lieu, il ne s'agit pas tant de se demander si elle a hésité avant d'accomplir son acte héroïque, mais de voir comment elle a cherché à savoir si cet ancien ami de son cousin Zhuolun était ou non « quelqu'un de bien ».

Elle ne pouvait vraiment pas en être certaine. Mais elle sentait que si elle ne sauvait pas Roger alors qu'elle en avait peut-être la possibilité, elle en garderait un regret certain, voire ne pourrait plus se regarder dans le miroir. Si vous voyiez un enfant en pleurs tombé au bord de la route, pourriez-vous passer devant lui sans broncher ? Elle n'hésita donc pas.

Au début, elle n'en parla à personne. Même pas à Grégoire. Elle se rendit calmement au bureau de poste du village. En écrivant le télégramme, elle choisit soigneusement ses mots: elle demandait à son cousin de contacter le général von Falkenhausen le plus rapidement possible pour qu'il suspende l'exécution du condamné.

Elle était presque sûre que sa demande ne serait pas rejetée. En d'autres termes, elle n'était pas du tout inquiète de la réaction de Zhuolun. Et elle avait de toute façon pris la décision d'aller voir le général elle-même. Elle devait absolument sauver Roger.

Les précédents comptes rendus de cette histoire ont ignoré ou minimisé le rôle du général Qian Zhuolun. Il reçut le télégramme de sa cousine alors qu'il rentrait d'une inspection sur le front en compagnie de grands pontes. Et, avec l'audace et la promptitude auxquelles sa fonction l'avait accoutumé, il envoya d'urgence un télégramme à son ami.

Il avait agi sans vraiment réfléchir. Ensuite, il oublia l'affaire, dont il n'avait sans doute pas saisi l'importance.

Qian Xiuling ignorait qu'il avait réagi aussi vite. En temps de guerre, la correspondance était aléatoire. On n'a jamais pu déterminer pourquoi Qian Xiuling ne reçut pas immédiatement la réponse de son cousin. Elle ne savait que penser. Mais rien ne pouvait arrêter sa détermination, elle sentait que c'était son devoir de tenter quelque chose, même si ses efforts devaient rester vains. Le temps pressait : il ne restait que quelques dizaines d'heures avant la pendaison.

Par ailleurs, il fallait convaincre Grégoire. Normalement, cela n'aurait pas dû non plus représenter un problème. Il était un homme droit, mais de nature conservatrice ou, comme disent les Chinois, il aimait « se tenir prudemment à l'écart du danger ». Lors de l'arrestation de Roger, il était resté indifférent, sans trahir la moindre trace d'émotion, comme s'il avait su à l'avance qu'il en serait ainsi. Xiuling sentait qu'il était devenu un peu timoré. Elle lui montra donc le brouillon du télégramme qu'elle avait envoyé à son cousin, de même que la dernière lettre et la photographie que ce dernier lui avait envoyées. Son regard, sans la moindre exaltation, restait calme, mais décidé.

Elle pensait que Grégoire s'opposerait à son projet, qu'il dirait : « Mais ton cousin n'a pas répondu au télégramme, comment peux-tu être sûre qu'il a contacté le général allemand pour le supplier, et que ce dernier l'a écouté ? » Mais lorsque Grégoire eut entendu ses arguments, il la regarda dans les yeux et lui dit : « Ma chérie, puisque tu as pris ta décision, ne reviens pas dessus. Comment puis-je t'aider ? »

Grégoire ne transigeait pas sur les valeurs auxquelles il était attaché. Mais si sa femme prenait une décision, il était capable de s'autopersuader et de changer son fusil d'épaule. Parfois, il suffisait d'un rien, juste un regard interrogateur de sa délicieuse Xiuling.

L'approbation de Grégoire signifiait beaucoup pour elle. Elle décida d'emmener son fils aîné, Dimitri, tandis qu'elle laisserait son cadet, Gauthier, en compagnie de son mari. En effet, en Occident, une mère avec un enfant est généralement accueillie avec égard et jouit d'une certaine sécurité.

Elle se rendit alors chez les Abbott. La mère était en larmes. Son mari, le chef de gare, avait été convoqué par les Allemands pour un interrogatoire. Lorsque Qian Xiuling lui fit part de son plan, ce fut comme si elle lui avait envoyé une bouée de sauvetage alors qu'elle se noyait. Le désespoir qui embrumait les yeux gris pâle de Mme Abbott laissa bientôt la place à des larmes de joie.

Puis le père Stéphane arriva. Il transpirait abondamment, car il restait pour Roger moins de trois jours à vivre. Acculé, il essayait de sauver son futur gendre en convainquant ses voisins de se porter garants pour le condamné. Pour l'heure, il faisait fébrilement du porte-à-porte pour récolter des signatures.

Quand il apprit le plan de Mme de Perlinghi, il eut l'impression de revivre les épisodes les plus intenses de la Bible. Croyant que Dieu était à l'œuvre, il insista pour mettre une Bible dans le sac de Qian Xiuling. Il savait que cette frêle Orientale ne croyait pas en Dieu, mais il était impressionné par sa démarche assurée et pleine de prestance.

Nous étions le 12 mars 1943. Soit le trente et unième anniversaire de Qian Xiuling.

Le docteur de Perlinghi accompagna sa chère épouse jusqu'à la gare. Au moment de se dire au revoir, il aurait pu lui offrir un bouquet de roses rouges, mais, comme ils avaient chacun un enfant dans les bras, la romance dut céder la place à des adieux précipités. Heureusement, ils avaient pu manger le gâteau d'anniversaire au petit déjeuner. Après avoir allumé les trois bougies sur le gâteau, Qian Xiuling avait croisé les mains et émis un vœu en silence. Grégoire avait vu combien elle semblait brûler de partir au combat.

Qian Xiuling était en route pour Bruxelles quand le télégramme de Zhuolun arriva au bureau de poste d'Herbeumont. Bien qu'elle l'ignorât, sa confiance n'avait pas faibli. L'appréhension qui la tenaillait était de savoir comment elle pourrait au plus vite rencontrer le général von Falkenhausen. Elle avait emporté dans son sac : la photographie signée que lui avait envoyée Zhuolun ; la lettre dans laquelle son cousin livrait ses commentaires sur von Falkenhausen ; la photographie de Zhuolun en compagnie du général allemand devant le temple du mont Wutai ; une demande de libération rédigée par le père Stéphane, portant les signatures de plus de trois cents chefs de famille du village ; un plaidoyer des parents de Roger, contresigné par le bourgmestre.

Qian Xiuling prit la Bible que lui avait glissée le père Stéphane et en lut quelques passages. Elle trouvait cette lecture agréable : le style était élégant, et l'histoire émouvante. Mais en lisant le Livre saint, elle ne cessait de penser au *Daodejing* de Lao Tseu, que, lorsqu'elle était enfant, M. Gao lui avait appris à lire au sanctuaire de la famille Qian. Lorsqu'un aîné vous serine sans arrêt les mêmes paroles, vous finissez par méditer dessus. Ses pensées s'égaraient, alors que la nature sombre et sauvage défilait derrière la vitre de son compartiment.

Rencontrer von Falkenhausen aurait dû être compliqué. Selon la procédure, elle aurait dû s'adresser au bureau du gouverneur par l'intermédiaire de l'ambassade de Chine en Belgique. Au milieu de toutes les demandes d'audience, personne ne savait quand viendrait le tour de Qian Xiuling. C'est le nom du général Qian Zhuolun qui fit la différence. Dans le documentaire *Ma grand-mère, une héroïne ?* Qian Xiuling raconte son histoire devant la caméra :

Le général était censé me recevoir le week-end. Il y avait une très longue liste d'attente. Mais je n'avais tout simplement pas le temps, car la vie de Roger était en danger. J'ai demandé à la secrétaire du gouverneur de lui transmettre à nouveau ma demande, en précisant que la cousine du général Qian Zhuolun souhaitait le voir de toute urgence. Le général s'est alors souvenu du télégramme urgent qu'il avait reçu, et m'a reçu deux jours plus tôt que prévu, le mercredi matin, au château de Seneffe.

Ce château est situé près d'une forêt de bouleaux, à quelques dizaines de kilomètres de Bruxelles, dans une paisible vallée entourée de collines luxuriantes. Au petit matin et en fin d'après-midi, la vallée s'emplit d'une brume éblouissante. Dans l'espace ouvert à côté de la forêt se dressait l'élégante résidence du banquier juif Franz Philippson. Quand la guerre éclata, elle devint l'un des bureaux du gouverneur militaire allemand.

Maîtriser ses émotions ! Qian Xiuling y était parvenue jusqu'à ce qu'elle arrivât à moins de cent mètres du bureau de von Falkenhausen : dans cette dernière ligne droite, elle fut gagnée par la panique. D'autant qu'elle avait dû subir d'innombrables contrôles et que flottait dans l'air une odeur accablante. Elle essaya de reprendre ses esprits : elle était venue voir un ami de son cousin.

Puis elle entra dans le bureau du général. La décoration n'avait rien de notable. La seule chose qui la frappa, c'était la carte militaire surdimensionnée accrochée au mur, et, sur l'étagère à côté, un vieux fusil à double canon poli.

Von Falkenhausen parlait au téléphone. Son dos droit et son épais uniforme de général soulignaient encore sa silhouette élancée.

Enfin, il se tourna vers elle et lui adressa un signe de tête poli. Il était maigre et sec ; les rides profondes sur son front accentuaient son âge.

Le général, bien que d'apparence aimable, avait la mine maussade et grave. Dans un français très fluide, elle lui dit qu'elle était Qian Xiuling, la cousine de Qian Zhuolun.

Il s'approcha et la dévisagea attentivement. Avec ses cheveux courts, son châle épais et sa robe de coton bleu un peu usée, elle portait la tenue d'hiver typique des Orientales.

Xiuling perçut la chaleur dans son regard. Il respirait bruyamment et son menton, rasé de près, était blême. Xiuling pouvait presque sentir sur son col l'odeur de son huile capillaire.

« Vous vous ressemblez beaucoup, le général Qian et vous. J'ai reçu une lettre de sa part. Comment aurais-je pu l'oublier ? Vous n'imaginez pas combien je me suis amusé en sa compagnie et combien de verres nous avons bus ensemble. »

Il prit sur la table une de ses cartes de visite et la lui donna. Elle murmura un « merci ». Puis ils s'assirent sur le canapé. Il lui tendit une tasse du thé que sa secrétaire venait de préparer. Elle remarqua que la tasse était en porcelaine émaillée européenne : peintes en or, des touffes d'iris y apparaissaient tronquées. Si un peintre chinois avait peint cette tasse, le coup de pinceau aurait été beaucoup plus subtil. Elle but une gorgée : c'était un thé noir anglais légèrement amer, mais très parfumé.

Ils échangèrent des banalités, comme s'ils étaient de vieux voisins.

Quand elle mit tous les documents concernant Roger devant le général von Falkenhausen, elle nota une pointe d'étonnement dans ses yeux. Remarquant l'une des photos, il la regarda de près et s'exclama : « Ah, mes années en Chine, je ne les oublierai jamais ! »

Il lui demanda ensuite pourquoi elle avait choisi de rester en Belgique. Qian Xiuling lui répondit simplement : c'est le destin. Puis elle s'empressa de couper court et de changer de sujet. Son discours était concis. Elle l'avait maintes fois répété dans sa tête. Lorsqu'elle dit que Roger était sur le point de se marier, von Falkenhausen l'interrompit. Il lui demanda combien elle avait d'enfants.

« Deux, deux garçons. Je suis désolée, Général. Mon fils aîné est venu avec moi et je l'ai laissé chez un de mes anciens condisciples. Il comprend vite les choses. Il sait que sa maman sera bientôt de retour. »

Von Falkenhausen sembla intrigué : « Avez-vous une photographie de l'enfant ? »

Qian Xiuling hésita un instant, puis retira son pendentif en jade incrusté d'or, au dos duquel se trouvait un portrait de famille en miniature.

Von Falkenhausen enfila ses lunettes de presbyte, qui lui donnaient l'air d'un grand-père. Il regarda de très près. Puis il dit que Dimitri ressemblait un peu plus à son père, alors que Gauthier avait surtout les yeux de sa mère.

« Vous, les Qian, on vous reconnaît du premier coup d'œil. Vous savez pourquoi ? »

Qian Xiuling, le sourire aux lèvres, hocha négativement la tête.

« Vos yeux et ceux de votre cousin parlent pour vous. » Il continua en lui confiant que la plus grande récompense qu'il avait récoltée en Chine avait été de se lier d'amitié avec quelqu'un comme le général Qian Zhuolun.

Qian Xiuling sentait qu'il continuait à prendre la tangente. Elle essaya plusieurs fois de la ramener au sujet de leur conservation, mais von Falkenhausen ne cessait de parler de sa nostalgie pour la Chine.

Le temps s'écoulait. Par intervalles, la secrétaire entrait et chuchotait à l'oreille du général en plaçant un télégramme devant lui ou le pressant de signer un document urgent. Il était si prompt à s'exécuter que Qian Xiuling avait l'impression qu'il avait complètement oublié qu'il recevait une invitée.

Finalement, il leva la tête. Saisissant l'irrépressible anxiété dans les yeux de Qian Xiuling, il lui glissa à voix basse : « Retournez chez vous et attendez les nouvelles. Je ferai de mon mieux. »

Qian Xiuling ravala les paroles coincées dans sa gorge. Elle voulait lui dire que le temps était compté, car Roger allait bientôt être pendu. Elle jeta un coup d'œil au bureau de von Falkenhausen, sur lequel les télégrammes ne cessaient de s'accumuler. Qu'est-ce qui n'était pas urgent ? Et il s'impatientait de pouvoir décrocher le téléphone qui n'arrêtait pas de sonner.

En sortant du château de Seneffe, Qian Xiuling resta un moment confuse. Tout Herbeumont attendait de ses nouvelles. Aujourd'hui, Roger devait passer de vie à trépas. S'il succombait à ce destin funeste, tous les villageois en seraient meurtris.

À une heure de l'après-midi, quand elle apparut à l'entrée du village en compagnie de son fils Dimitri, aucune foule en colère ou en panique n'était venue l'accueillir. Le paysage était toujours le même : le soleil répandait ses rayons, le vent soufflait doucement dans les arbres, et la place où se faisaient habituellement les grandes annonces était complètement vide. Seuls quelques pinsons en quête de nourriture se détachaient sur le gazon jauni.

Apparemment, Roger était sauvé.

L'exécution de Roger était prévue à midi. Dès dix heures, la place était noire de monde. Mais le temps était passé, et le fourgon allemand qui hantait l'imagination des villageois n'avait pas fait son apparition, sans qu'un mot officiel n'en explique la raison. Le père Stéphane, rouge d'excitation, avait lancé que pas de nouvelle, c'était déjà une bonne nouvelle. Puis, il s'était retiré en clopinant pour quérir davantage d'informations.

Mme de Perlinghi était revenue ! La nouvelle se répandit comme une traînée de poudre. Sans se concerter, les villageois se rassemblèrent devant le cabinet de Grégoire, espérant entendre de la bouche même de Qian Xiuling comment elle avait sauvé Roger. Mme Abbott, en pleurs, et son mari le chef de gare, qui semblait abattu, se tenaient mutuellement par le bras, dans l'expectative. Quand ils se tournèrent vers Xiuling, le visage fané, elle ressentit leur attente dans sa chair. Elle les rassura en leur disant que de bonnes nouvelles finiraient sans doute par tomber.

Effectivement, peu après, le père Stéphane surgit, pour annoncer à gorge déployée que Roger était sauvé : son exécution avait été commuée en travaux forcés !

Mme Abbott serra fort Xiuling dans ses bras. Roger était passé par le chas de l'aiguille. La foule laissa éclater son allégresse. Xiuling était si émue qu'elle ne put retenir ses larmes : elle avait réussi. Puis elle pensa à son cousin Zhuolun. Tenant à la main le télégramme qu'elle avait enfin reçu de Chine, elle expliqua que son cousin était le vrai sauveur, qu'elle-même n'avait fait que jouer les messagères. Le père Stéphane fit un signe de croix : « Vous êtes notre ange gardien. Sans votre courage et votre détermination, le bras miséricordieux de Dieu n'aurait pas pu nous atteindre. »

De ce jour, le cabinet du docteur de Perlinghi devint une attraction locale. Nombreux étaient les visiteurs qui venaient de loin, non pour y obtenir un traitement, mais pour voir de leurs propres yeux la ravissante déesse orientale qui avait sauvé une vie. D'autres venaient pleurnicher auprès de Qian Xiuling en l'implorant de secourir leurs proches arrêtés par les Allemands.

En privé, Grégoire exprima son inquiétude à sa femme devenue si célèbre. Chaque jour, dans le pays, des gens étaient capturés par l'armée allemande, et chaque jour, cette dernière procédait à des exécutions. Elle ne pouvait sauver chacun de ces malheureux. Il pensait même qu'Herbeumont, qui avait perdu sa tranquillité, ne leur convenait plus, quoiqu'ils fussent admirés par tout le village.

Qian Xiuling était aussi mal à l'aise. Ce sauvetage, qui avait été un geste impulsif, avait changé sa vie. Elle ne s'habituait pas à tous ces regards, ces discussions, cette attention. Elle n'aspirait pas à un tel renom. Elle se sentait coupable de ce que sa vie de famille si paisible ait été perturbée par ses choix. Parfois, devant Grégoire, elle avait l'impression d'être une petite fille en faute, car elle ne reconnaissait plus son mari dans cet homme désormais irritable et inquiet. Elle tenta de le rassurer en lui disant que tout cela passerait.

Mais peu après, un autre événement se produisit : l'un des quatre SS stationnés à Herbeumont disparut sans laisser de traces. Les Allemands encerclèrent le village et le lieutenant Keitel, que le docteur de Perlinghi avait aidé en retirant son grain de beauté purulent, annonça sur la place centrale qu'il fallait lui livrer le meurtrier immédiatement, sans quoi ils tueraient au hasard un villageois toutes les six heures en représailles.

Même la famille de Perlinghi n'était pas à l'abri. Herbeumont connaissait ses heures les plus sombres. Tout le monde se tourna naturellement vers Qian Xiuling.

Elle et Grégoire avaient également été horrifiés par cette nouvelle. Dans les profondeurs de son sac à main, Qian Xiuling retrouva la carte de visite de von Falkenhausen. À l'époque, elle n'avait pas remarqué qu'elle était signée en allemand par le général lui-même.

Grégoire pressentait qu'une tempête des plus violente allait s'abattre sur eux. Si cette carte pouvait aider le village d'Herbeumont à traverser cette mauvaise passe, sa femme risquait d'être propulsée sur le devant de la scène, et donc de courir un danger encore plus grave. Elle était déjà un personnage public, et, pour l'amour de Dieu, un personnage public en temps de guerre!... Il n'avait jamais voulu cela, lui qui rejetait la célébrité et n'aimait pas vivre sous le regard des autres. Mais si sa femme ne lui venait pas en aide, comment pourrait-il se tirer d'affaire? Il essayait de ne pas trop y penser.

Cette fois, il accompagna sa femme chez le lieutenant Keitel. Il apporta un peu de pommade et un paquet de gaze, examina la blessure au cou de son patient. Il y avait une légère infection, mais rien de grave. Sans consulter le lieutenant, Grégoire lui appliqua directement de l'alcool et de la pommade. Une odeur amère et mentholée envahit rapidement la pièce. Cependant, le lieutenant, malgré les soins, ne se laissa pas adoucir: au contraire même, il affirma que l'exécution par tirage au sort se faisait depuis toujours. Il espérait, bien sûr, que Grégoire serait celui qui dénoncerait le meurtrier et non celui qui aurait le malheur d'être tiré au sort. Il découvrit soudain la petite femme derrière le médecin, avec son exquis visage rond d'Orientale. Lorsqu'elle fouilla dans son sac à main pour prendre quelque chose, le lieutenant pensa qu'elle cherchait son rouge à lèvres pour retoucher son maquillage. Mais elle sortit une carte de visite. Keitel fut abasourdi: comment diable une carte signée par le général von Falkenhausen, le gouverneur militaire suprême de la Belgique, avait-elle pu atterrir dans les mains de cette petite femme dans ce trou perdu ? Son allure élégante lui fit comprendre que, détentrice de la carte, elle était en droit de ne pas lui révéler la vérité. S'ensuivit un dialogue intéressant :

– Lieutenant, je crois que le téléphone sur votre bureau a une ligne directe avec Bruxelles, n'est-ce pas ?

– Madame, je n'ai rien à vous dire.

– Ne laissez pas passer une occasion lorsqu'elle se présente à vous ; n'aimeriez-vous pas entendre la voix du général ?

– Vous feriez mieux de me dire quelle relation existe entre vous et le général !

– Je crains que cela ne soit au-delà de vos compétences. Je suis désolée, Lieutenant. Si vous ne voulez pas m'aider, je vais devoir m'adresser ailleurs.

Grégoire, qui était resté silencieux jusqu'ici, se permit un trait d'humour : « Le général vous invitera peut-être à Bruxelles pour déjeuner. »

Avec un embarras non feint, Keitel leur confirma que le téléphone avait une ligne directe avec Bruxelles, mais qu'il n'était pas d'un grade assez élevé pour parler directement au général von Falkenhausen. En plusieurs étapes, ce pouvait toutefois être possible.

« Tentez votre chance », lui répondirent-ils.

Le lieutenant composa un numéro. Il retira l'écouteur de son oreille et tapa sans discontinuer sur le microphone. Après un long moment, la communication fut établie. Mais celui qui répondit n'était pas le général ni même sa secrétaire, au mieux l'agent de service au standard téléphonique du château de Seneffe. D'un ton fatigué et glacial, l'homme dit simplement : « Vous croyez que tout le monde peut appeler le général comme ça. » Puis il raccrocha.

Le lieutenant, qui jubilait, haussa les épaules en souriant : « Ne dites pas que je n'ai pas essayé de vous aider. Pour déjeuner avec le général, prenez vous-même le train jusqu'à Bruxelles, et transmettez-lui mes salutations. Mais notre loterie n'attendra pas. »

Il jeta un coup d'œil à sa montre à gousset et dit, en clignant ses deux yeux bleus, que dans quelques heures le jeu commencerait, et qu'il serait sans doute très plaisant. À moins que Dieu ne la gratifie d'une paire d'ailes qui lui permettrait de voler directement jusqu'au château de Seneffe.

Qian Xiuling supplia le lieutenant de lui laisser passer un nouvel appel. Keitel toucha machinalement son cou et regarda le couple de Perlinghi. Il ne comprenait pas pourquoi les deux étaient si pressés d'appeler son supérieur, mais il prit une sage décision : bien qu'il n'eût jamais eu l'honneur de rencontrer le gouverneur, la signature distinguée et imposante de celui-ci figurait sur tous les bulletins de l'armée allemande. Il prit la carte de Mme de Perlinghi et put vérifier que la signature était authentique. Dès lors, il ne pouvait plus se permettre de repousser les amis de Son Excellence le gouverneur.

Personne n'a pu expliquer comment Qian Xiuling établit si facilement la communication. Quelques minutes plus tard, la voix sèche et sinistre du standardiste du château de Seneffe résonna à nouveau dans l'écouteur. Qian Xiuling lui expliqua qu'elle était une amie du général von Falkenhausen. Elle essayait maintenant de le joindre au téléphone parce que le général lui avait donné une carte signée de sa main. Le général lui avait aussi dit que les opérateurs de son bureau figuraient parmi les employés les plus efficaces et les plus loyaux du monde. Elle demanda au standardiste de bien vouloir lui passer le général, pour une raison des plus urgentes.

« Je vous remercie, Madame, ce sont les mots les plus aimables que j'ai entendus depuis que je suis arrivé en Belgique. Vous avez une très belle voix. Bonne chance ! »

Avec quelques bips, le téléphone sonna dans le bureau du général von Falkenhausen. Mais personne ne répondit. Qian Xiuling sentit son cœur accélérer.

Le standardiste reprit la communication, confirmant qu'il n'y avait aucune réponse dans le bureau du général.

« Mais, mais, Monsieur, j'ai quelque chose de très important à dire au général. Cela ne peut pas attendre ! »

Sa voix, elle l'entendait, trahissait la nervosité. Cependant, l'opérateur raccrocha.

« Pas de chance. Votre sort est comme le temps. Regardez… » Le lieutenant Keitel haussa les épaules. Alors qu'il faisait beau un instant auparavant, soudain il s'était mis à pleuvoir. Qian Xiuling ne se découragea pas. Elle reprit le téléphone.

« C'est encore vous, Madame. » L'opérateur paraissait un peu impatient.

« Si le général savait avec quelle hâte je le cherche en ce moment, il serait encore plus inquiet que moi. »

Un silence dans l'écouteur. L'attente devenait de plus en plus difficile à supporter. Qian Xiuling avait les paumes moites. Grégoire la regardait avec de grands yeux.

Une toux se fit soudain entendre dans l'écouteur. Puis des paroles en allemand : « *Warum fragen Sie mich, wenn er sich schon entschieden hat?* ». Un frisson la parcourut. C'était la voix de von Falkenhausen. Apparemment, il était dans son bureau en train de parler à quelqu'un.

Elle serra le microphone comme s'il allait s'échapper. Elle a prononcé son nom doucement et puis, au cas où il ne s'en souviendrait pas, elle ajouta : « Votre amie chinoise, la cousine du général Qian Zhuolun. »

La voix nasale du général était rugueuse, comme s'il avait un rhume. Il lui demanda, d'un ton surpris, comment elle avait pu le contacter de cette façon. Qian Xiuling comprit à ses paroles qu'il n'était pas normal de le contacter via le standard téléphonique et que, peut être, l'appel n'était pas sécurisé. Elle perçut un certain agacement dans la voix.

Elle expliqua que le temps était compté et qu'elle n'avait eu d'autre choix que de prendre le risque de l'appeler. Puis elle a dit qu'il serait absurde d'imputer la disparition d'un soldat à tout le village où il résidait, un village de plus de mille âmes. Utiliser ainsi la vie et la dignité humaines comme monnaie d'échange était un jeu cruel et malsain !

Le général écouta en silence, toussant de temps en temps. Puis lui demanda où se trouvait Herbeumont. Pendant un moment, elle ne put répondre, car elle n'avait qu'une connaissance limitée de la géographie. Elle savait juste que le village se trouvait à la frontière française.

Désespérée, elle tendit le micro au lieutenant Keitel. Celui-ci n'osa pas le prendre au début. Qian Xiuling lui expliqua que le général demandait où ils se trouvaient.

Le lieutenant Keitel prit le téléphone avec appréhension et se cala au garde-à-vous. Le visage rubicond, il parla en allemand. Qian Xiuling comprit quelques mots : « effectuer » et « obéir ».

En nage, Keitel multipliait les sourires contrits. Il escorta les Perlinghi jusqu'à la porte. « Tout est réglé, leur dit-il, nous allons exécuter les ordres du gouverneur. »

Mais Grégoire ne manqua pas de lui lancer une pique : « Lieutenant, c'est nous qui vous inviterons à déjeuner, ici même dans mon cabinet. Croyez-m'en, ma femme est une bonne cuisinière. »

Keitel claqua des doigts : « Je vous remercie d'abord pour mon cou, et m'excuse de ne pas avoir pu vous aider au début. C'est le gouverneur que vous devriez inviter : qui sait ? peut-être pourra-t-il lui-même vous rendre visite ? J'espère que vous profiterez bien de ce que vous aviez prévu pour le déjeuner, docteur ! »

Ils s'échangèrent des civilités comme s'ils étaient des amis de longue date. Qian Xiuling perçut néanmoins un soupçon de frustration dans le regard du lieutenant.

Cette nuit-là, d'innombrables torches furent allumées sur la place d'Herbeumont. Les villageois, libérés de la menace, dansèrent au son de l'accordéon. Le père Stéphane alla chercher les Perlinghi, dont le cabinet était éteint et verrouillé. Mme Abbott expliqua qu'une voiture les avait emmenés au village voisin pour veiller sur un accouchement difficile. Elle entoura de ses bras les deux enfants qu'ils lui avaient confiés : « Quelles belles personnes, ce sont vraiment des anges envoyés par le Seigneur ! »

Le général von Falkenhausen, gouverneur militaire de la Belgique durant la Deuxième Guerre mondiale

12
La rue des otages : Maurice passe le relais à Raymond

Écouter l'histoire de Maurice est passionnant. En racontant comment Qian Xiuling a sauvé les habitants d'Herbeumont, il semble nous faire traverser un océan de souvenirs. Souvent, malgré son opiniâtreté, il s'embourbe dans le marécage du passé. Par moments il a l'air peiné, mais ses vieux yeux exténués brillent toujours d'un éclat d'impatience. Comme les quatre-vingt-quinze autres prisonniers, il avait été arrêté sans ménagement, avait échappé de peu à l'exécution et avait finalement été condamné aux travaux forcés dans un camp de concentration.

… Les conditions sanitaires étaient épouvantables. Les toilettes, au départ destinées à dix enfants, étaient utilisées par mille deux cents personnes. En hiver, on n'avait pas de manteaux, pas de chaussures, et par temps de neige, on devait travailler pieds nus. En raison des mauvaises conditions de vie, de la sous-alimentation et de l'épuisement, les plus faibles mouraient comme des mouches.

Maurice a entendu pour la première fois le nom de Qian Xiuling alors qu'il était déporté vers le camp de travail. La veille, on lui avait annoncé que chacun d'eux serait mort au crépuscule. Heureusement, Mme Qian les avait sauvés. À ce moment-là, il a pensé : « Oh, Madame Qian, n'est-elle pas une déesse ? »

À la fin de la guerre, il est rentré en Belgique avec les quatre-vingt-dix survivants. Les cinq autres étaient morts dans les camps, de maladie ou d'accidents. La première chose qu'ils ont faite à leur retour a été de rencontrer Mme Qian Xiuling, si jeune, si séduisante et si belle.

Le mot « rue des otages » revient ensuite comme une antienne. De quoi s'agit-il ? Où se trouve cet endroit ?

Maurice murmure un nom : Raymond Maucq. « Demandez à Raymond de vous emmener dans la rue des otages, il vous racontera le reste de l'histoire. Son père, l'un des chefs de la Résistance, a parcouru cent soixante kilomètres la nuit dans sa voiture branlante pour retrouver Madame Qian Xiuling à Herbeumont. »

Madame Qian n'avait rien à voir avec Écaussinnes. Personne ici ne savait qui elle était. Mais quand elle a sauvé les villageois d'Herbeumont, son histoire est parvenue jusqu'ici comme une traînée de poudre, et tous les citoyens désespérés ont soudain voulu faire appel à elle.

Sur les indications de Maurice, nous allons donc trouver Raymond. Écaussinnes est une petite bourgade peu peuplée et sans prétention. La maison de Raymond se trouve au coin d'une rue discrète. La porte de la cour est ouverte et, lorsque nous entrons, nous sommes accueillis par Raymond, vêtu d'un costume, qui semble sur le point de sortir. Il nous explique qu'un vieil homme est décédé et qu'il se rend à l'église pour procéder à ses funérailles. Il regarde sa montre : il n'a qu'une demi-heure à nous consacrer. Malgré cet emploi du temps chargé, il nous fait visiter son musée d'armes de la Seconde Guerre mondiale.

La maison, petite, ne compte que trois pièces. Les murs et le sol sont couverts d'armes conventionnelles et de matériel militaire de tous les pays qui ont combattu pendant la Seconde Guerre mondiale, en Europe et en Asie : mitrailleuses, fusils, pistolets, casques, balles, obus, grenades, mines, baïonnettes, poignards, gourdes, mais aussi radios, téléphones, manteaux à capuche, imperméables, insignes… Rien ne manque. Dans une vitrine poussiéreuse, un mannequin représente un soldat en uniforme, le regard vide et une arme à la main, l'air impuissant. C'est le musée d'armes le plus authentique que j'aie jamais vu. Comment les autorités ont-elles pu autoriser un particulier à conserver tant de pièces de cette espèce ? Raymond sourit : la Belgique n'interdit pas la détention d'armes à feu, d'autant plus que toutes les pièces exposées dans ce musée destiné au grand public sont héritées de son père. Tous deux ont consacré la majeure partie de leurs économies à la constitution de cette collection.

L'intention initiale de mon père était de les rassembler et de les exposer afin que les générations futures n'oublient jamais les ravages causés par la guerre. Après sa mort, j'ai continué dans cette direction, et maintenant ma fille et mon gendre m'aident aussi.

Raymond présente son père comme l'un des leaders de la Résistance pendant la Seconde Guerre mondiale. Il nous montre une photographie en noir et blanc, assez floue : « C'est une photo de mon père avec Qian Xiuling. »

Un homme d'âge moyen, grand et légèrement joufflu, parle avec Xiuling. Lui est en civil, Qian Xiuling vêtue d'une veste chinoise. Les deux personnages paraissent tendus et graves, comme s'ils regrettaient un même événement. De toutes les photos que nous avons vues de Qian Xiuling, celle-ci est la seule où elle ne sourit pas. Raymond explique que c'est sans doute parce qu'ils posaient. Ou alors ils parlaient d'un sujet sérieux.

Puis il nous emmène jusqu'à un garage sur le côté gauche de la cour. Zigzaguant entre plusieurs véhicules militaires et pièces d'artillerie tout cabossés, il montre une jeep en piteux état : « Regardez, c'était une des voitures du maréchal Rommel, il n'y en a que cinq dans le monde. » Il soulève ensuite une énorme toile pour révéler une vieille Chevrolet rouillée.

C'est la voiture que mon père a conduite pour se rendre à Herbeumont avec ses camarades afin de rencontrer Qian Xiuling.

Après un instant de saisissement, nous reprenons contenance. Un sentiment de triomphe passe sur le visage de Raymond. Puis il jette un coup d'œil à sa montre. Son visage fermé, digne d'un prêtre, semble dire que le glas funèbre est sur le point de sonner dans une église d'Écaussinnes.

Raymond ne nous dévoilera le fin mot de son histoire que deux jours plus tard. Cependant, dès le moment où nous sommes entrés dans son musée, les images de cette guerre brutale et un désir urgent de comprendre nous ont saisis à la gorge. Même si tout suspense était absent, puisque le récit apparaît dans nombre d'ouvrages et d'articles largement diffusés, mon cœur palpitait à l'idée d'en apprendre davantage sur ces événements qui disparaissaient dans les méandres du passé et sur ces personnages dont je n'apercevais qu'un halo aveuglant.

La rue des otages. Ce mot-clé a pris forme le 15 mai 1943 à minuit. Pour les besoins du récit, nous adopterons la perspective du père de Raymond, Raymond Maucq sénior. Figure de proue de la Résistance, il avait frôlé la mort à plusieurs reprises cette nuit-là. Une balle avait volé près de son oreille sans même l'égratigner, un vrai miracle. Puis, un SS avait été sur le point de lui tirer dans le dos avant, à deux secondes près, qu'un camarade ne le crible de balles. Sur le champ de bataille, tout cela était normal. La mort est si vulgaire qu'il suffit d'être assez courageux pour la faire fuir. Mais lorsque quatre SS parvinrent à investir la maison d'un membre de la Résistance qui cachait une station de radio, la rue, d'ordinaire paisible, fut soudain prise de convulsions. Les Allemands, après avoir découvert la radio, interrogèrent le propriétaire toute la nuit. Raymond Maucq sénior, le premier à apprendre la nouvelle, se rendit sur les lieux déguisé en prêtre. Si les Allemands saisissaient la radio, ils porteraient un coup fatal à la Résistance. Il ordonna donc à ses hommes d'assiéger la maison et de canarder les Allemands. Comme l'avait indiqué Maurice, trois des quatre SS furent tués dans l'attaque, tandis que le dernier, un sous-lieutenant, parvint à s'échapper. Habillé en civil, ce dernier monta dans le train de nuit pour Bruxelles; le lendemain, aux petites heures, il dirigeait déjà des troupes vers Écaussinnes. Les Allemands encerclèrent la ville et fouillèrent chaque rue, maison par maison. Raymond Maucq sénior avait déjà fait évacuer ses hommes pour les mettre en sécurité. Mais lorsque la nouvelle tomba que quatre-vingt-seize jeunes otages innocents avaient été capturés, il prit conscience d'avoir commis une erreur. Pour sauver la situation, il devait les faire sortir tous, ou en payer lui-même le prix!

La «rue des otages» fut plongée dans la détresse. Le vieux jeu allemand recommença: un prisonnier serait exécuté toutes les quelques heures si la Résistance ne livrait pas les meurtriers. Un article publié dans le journal français *Le Phare*, largement diffusé par les Allemands dans toute la Belgique, présentait les choses de la manière suivante:

Le 20 octobre, de lâches criminels engagés par Londres et Moscou ont assassiné trois commandants SS. Ces assassins n'ont pas encore été appréhendés. J'ai ordonné l'exécution de cinquante otages en paiement de ce crime... Si les auteurs ne sont pas livrés d'ici le 23 octobre à minuit, ces cinquante prisonniers seront fusillés.

Ce type d'avis était souvent placardé dans les rues des villes et des villages de Belgique. Les représailles variaient en fonction de la puissance de la Résistance: parfois, plus d'une centaine d'otages étaient fusillés par officier allemand tué. Hitler avait écrit sur le sujet un document secret:

En aucune circonstance, nos ennemis ne peuvent espérer bénéficier des dispositions de la convention de Genève. [...] Si, pour un interrogatoire, un ou deux hommes doivent être épargnés, il faut alors les abattre immédiatement après l'interrogatoire. [1]

Jouer la montre en mettant en jeu la vie d'innocents était banal pour ces criminels de masse qu'étaient les nazis. Pour eux,

1 William L. Shirer, *The Rise and Fall of the Third Reich*, 1960, p. 955.

la guerre justifiait tout. Pendant un moment, Raymond Maucq sénior, faute de plan, resta désespéré. Quand il entendit parler de Qian Xiuling, il rejeta d'abord la proposition de faire appel à elle. Écaussinnes et Herbeumont étaient séparés de cent soixante kilomètres, et la route, en mauvais état, couverte de nids-de-poule, était très dangereuse. De plus, il n'avait pas de carburant. L'occupant avait en effet imposé des quotas très stricts sur l'essence. Un de ses hommes intervint : il pourrait dénicher au moins cinquante litres ; un autre renchérit timidement : vingt litres. Les yeux de Raymond Maucq sénior retrouvèrent peu à peu de leur éclat. Jetant son mégot, il décida de collecter au plus vite au moins cent litres d'essence, même si cela devait lui coûter la vie. En compagnie de quelques camarades, il dénicha comme par magie une vieille Chevrolet cabossée. On avait trouvé de l'essence, mais pas cent litres. Raymond Maucq sénior, suivi par ses deux compères, sauta sur le siège du conducteur, et le bruit sourd du moteur perça le silence de la nuit. Une fois sortie de la ville, la voiture fonça sur les sombres routes de campagne. Lorsqu'ils arrivèrent à Herbeumont devant la clinique du docteur de Perlinghi, Raymond Maucq sénior regarda sa montre : ils avaient fait très vite, il était exactement minuit.

Il frappa doucement à la porte. Le son résonna avec une clarté inhabituelle. Grégoire venait de s'endormir ; pensant qu'il s'agissait d'une urgence, il se leva et s'habilla en toute hâte. Mais les trois hommes qui entrèrent dans son cabinet lui firent froid dans le dos, et bien qu'ils ne fussent pas armés, une odeur de meurtre flottait autour d'eux. Il comprit au premier coup d'œil qu'ils appartenaient à la Résistance : échevelés et l'air bizarre, ils regardaient constamment autour d'eux, et semblaient affamés.

Grégoire avait cette qualité de ne jamais paniquer : pour lui, chaque personne qui entrait dans la clinique était un patient, ou lié à un patient. Il demanda aux visiteurs : « Qui est le malade ?

Qu'est-ce qui ne va pas ? Avez-vous besoin de médicaments ? » Il était prêt à leur fournir tout pour les aider.

Raymond Maucq sénior, le chef du groupe, lui rétorqua d'une manière assez désagréable : « Excusez-moi, Monsieur, nous ne sommes pas là pour une consultation. Nous aimerions voir votre femme. » Cette réponse agaça un peu Grégoire.

« Dans ce cas, désolé, Monsieur, mais ma femme est allée se coucher. Veuillez rentrer chez vous. Bonne nuit ! » dit-il en les congédiant d'un geste.

Raymond Maucq sénior s'excusa de son impolitesse. Il devait se montrer franc. Ils étaient venus de loin pour les voir parce que les Allemands avaient capturé quatre-vingt-seize otages, des civils innocents, presque tous des jeunes. Dans une dizaine d'heures, ils seraient exécutés l'un après l'autre...

Grégoire l'interrompit. Il comprenait leur détresse, mais comment sa femme pouvait-elle les sauver ? Oui, elle l'avait déjà fait, et plus d'une fois. Chaque fois que les Allemands arrêtaient quelqu'un dans la région, la famille venait la voir. Oui, elle était retournée plusieurs fois auprès du général allemand et on disait qu'elle avait sauvé de nombreux innocents : des médecins, des enseignants, des cheminots. Quelques jours auparavant, elle avait encore sauvé un Chinois du nom de Lu Zengxiang, un moine bénédictin qui officiait dans un monastère de Bruges. Doté d'une belle plume, celui-ci avait commis l'erreur de défendre dans la presse l'effort de guerre chinois contre le Japon. Les Allemands l'avaient arrêté et condamné à mort. Un soir, un proche était venu en trombe à Herbeumont pour demander de l'aide. Qian Xiuling l'avait accompagné jusqu'à Bruxelles dans le dernier train et elle était parvenue à sauver l'homme, moins de dix heures avant son exécution.

Tous ces actes étaient extraordinaires. Mais sauver des vies n'était ni sa responsabilité ni son devoir : on ne pouvait constamment l'exiger d'elle. De plus, elle était enceinte de cinq mois et demi… Grégoire ne souhaitait pas réveiller son épouse pour qu'elle parcoure tant de kilomètres dans la nuit venteuse. Ce serait lui faire courir inutilement un risque et lui manquer de considération.

La saute d'humeur de Grégoire atterra ses interlocuteurs. Le regard plein de pitié, le docteur leur dit d'une voix radoucie : « Que Dieu vous bénisse. Je suis navré de ne pas pouvoir vous aider. »

Quand il se retourna, il vit sa femme debout en haut de l'escalier. Un sentiment de consternation le traversa. Il était clair qu'elle avait tout entendu. Elle descendit les escaliers d'un pas lent ; son corps semblait lourd. Elle marcha jusqu'au chef des résistants : « Allons-y. »

Raymond Maucq sénior, abasourdi, resta sans voix. Cette petite dame au ventre arrondi, au visage blanc comme un linge, avait dans les yeux un éclat particulier : non pas de la pitié, mais une compassion sincère, comme si certains de ses proches se trouvaient parmi les otages.

Lui et ses deux compagnons sortirent du cabinet et attendirent à l'extérieur. Pour les Perlinghi comme pour eux, le moment était crucial.

À l'intérieur, Qian Xiuling regarda son mari dans les yeux. Sa voix était basse, mais limpide dans la quiétude de la nuit : « Je sais que tu t'inquiètes pour moi, mais ça va aller. Reste à la maison avec les enfants, je reviendrai au plus vite. »

Grégoire fondit en larmes comme un enfant et étreignit sa femme : « Non, non, non. Tu sais que je suis médecin. Même si cela n'avait pas été toi, une femme enceinte ne peut pas prendre un tel risque. Seigneur, c'est à plus de deux cents kilomètres, par des routes difficiles. Même Dieu ne pourra pas t'aider. »

Qian Xiuling se blottit dans ses bras et leva la tête vers lui : « Chéri, sais-tu quelle est la phrase que je préfère dans toutes celles que tu as prononcées depuis notre rencontre ? “Vite, appelez un fiacre !” » Elle imita le cri qu'il lui avait lancé lorsqu'il avait sauvé un sans-abri dans la rue. Elle expliqua à Grégoire que, pour elle, il resterait son premier héros, et qu'elle l'avait toujours admiré. Dieu sait pourtant qu'elle ne se laissait jamais impressionner, mais elle savait depuis ce jour que jamais elle ne pourrait lui arriver à la cheville.

« Tu sais, si je refusais d'agir alors que je le peux, je ne me le pardonnerais jamais. Je ne peux pas mentir à mon cœur. »

Grégoire resta coi. Ils s'embrassèrent. Puis le docteur de Perlinghi monta à l'étage pour prendre une trousse de premiers secours et la remit à sa femme, tout en lui donnant des instructions précises sur la façon d'utiliser son contenu en cas d'urgence.

Quand il installa Xiuling dans la Chevrolet stationnée devant la porte, il rentra chercher une couverture. Il fixa du regard Raymond Maucq sénior. Celui-ci le serra dans ses bras : « Ne vous inquiétez pas, je vous ramènerai votre femme saine et sauve. »

On a raconté plus tard que Qian Xiuling aurait dit à son mari, très inquiet pour elle, que, même si quelque chose leur arrivait, à elle ou à leur bébé, ce serait quatre-vingt-seize vies qu'elle aurait tenté de sauver.

À la fin de sa vie, dans le documentaire *Ma grand-mère, une héroïne ?* Qian Xiuling confiait ceci :

Ce n'était pas mon état d'esprit. À l'époque, je n'avais pas vraiment réfléchi, je me disais simplement que si je pouvais faire quelque chose, je le ferais. Je n'y ai même pas pensé, même pas au prix qu'il m'en coûterait, car la vie humaine est tout aussi précieuse.

Chacun peut connaître la « peur » à un moment donné, mais la guerre, ce professeur impitoyable, nous apprend à nous défaire de notre lâcheté. De soudaines catastrophes inspirent aux gens conscience, bonté et courage. Les histoires les plus étonnantes, loin du superbe et du sublime, commencent toujours par des événements des plus ordinaires.

Le manque d'essence qui préoccupait Raymond Maucq sénior fut résolu à mi-chemin, grâce à une auberge où deux cents litres avaient été cachés dans une cave appartenant au chef d'un poste de liaison de la Résistance. Raymond Maucq sénior avait remarqué que Mme Qian était restée silencieuse pendant le trajet nocturne. Les yeux fermés, elle avait même semblé dormir au milieu des cahots. Il trouvait incroyable qu'on pût rester si calme dans de telles circonstances. Bien sûr, il ne pouvait savoir quel rêve avait hanté le sommeil de Qian Xiuling : alors qu'elle accompagnait son père dans un bateau à la voile déchirée en direction de la ville, elle passait la tête par le hublot et apercevait une nuée d'aigrettes volant vers le centre du lac, au ras des roseaux. Soudain, un coup de fusil retentissait et une aigrette, touchée par une balle, battait des ailes pour tomber dans ses bras. Xiuling cria, puis elle se réveilla. Raymond Maucq sénior, assis à côté d'elle, la soutint et lui glissa doucement : « Madame, madame, tout va bien, reposez-vous encore un peu. »

La vieille Chevrolet tombait sans cesse en panne. Les deux compagnons de Raymond Maucq sénior, mécaniciens chevronnés, devaient chaque fois plonger sous la voiture avec une torche pour la réparer. Une fois même, comme elle refusait de démarrer, ils durent la pousser jusqu'à une descente, où elle finit par rugir et repartir en brinquebalant.

Pendant ce long et difficile périple nocturne, Qian Xiuling sentit pour la première fois son bébé remuer dans son ventre. Bien qu'il s'agît de son troisième enfant, elle avait l'impression d'être à sa première grossesse : elle alternait entre excitation et anxiété. Elle couvrit son ventre de la couverture. Chaque petit mouvement du fœtus ressemblait pour elle à des mots qu'il lui adressait. Elle se sentit coupable, et des larmes coulèrent dans ses yeux. Ses mains caressaient doucement son ventre. « Mon cher bébé, Maman va te protéger. Merci de m'accompagner pour faire quelque chose dont je te parlerai quand tu seras grand. Tu trouveras sans doute ça incroyable. » Voilà ce qu'elle lui chantonnait dans sa tête. Soudain, elle se sentit un peu faible : elle était en nage et ses mains étaient toutes moites. Sans y penser, elle serra contre elle la trousse de premiers soins que Grégoire lui avait donnée. Mais elle ne l'ouvrit pas. Les mains posées sur son ventre, elle demanda doucement : « C'est encore loin ? »

Dans de nombreux comptes rendus de ces événements, il est mentionné que la Chevrolet emmenant Qian Xiuling serait arrivée le matin à Écaussinnes. Ayant appris la nouvelle, les citoyens seraient arrivés de toutes parts pour l'accueillir dignement, et le maire l'aurait même saluée.

Cependant, Raymond Maucq livra une autre version :

Ce n'était pas possible. Le climat était plombé, et Écaussinnes toujours sous contrôle des Allemands, si bien qu'il était improbable que la Résistance ait révélé à la population l'arrivée de Qian Xiuling, et encore moins qu'elle ait été accueillie avec liesse. Madame Qian ne se serait jamais montrée avant que le travail ne soit terminé. Ceux qui étaient au courant attendaient dans l'ombre, mais en surface rien ne semblait se passer.

Près de vingt kilomètres séparaient encore Écaussinnes du château de Seneffe. Il était environ quatre heures du matin. Plus la voiture avançait, plus le brouillard s'épaississait et plus l'atmosphère devenait sinistre : les véhicules blindés et les chars se bousculaient tout au long de la route, jalonnée d'innombrables postes de garde et points de contrôle. Seuls Raymond Maucq sénior et Qian Xiuling se trouvaient encore dans la voiture. C'était ce qu'elle-même avait conseillé. Il leur fallut un certain temps pour affiner leurs arguments en vue des contrôles répétés qu'ils subiraient. La carte de visite du général von Falkenhausen était froissée à force d'être utilisée, mais les sentinelles le long de la route la reconnurent. Cependant, la Chevrolet de Raymond Maucq sénior fut finalement arrêtée à deux kilomètres de Seneffe, et, après une inspection par des soldats, il fallut la garer dans une zone désignée. Raymond Maucq sénior regarda Qian Xiuling monter dans une jeep allemande. Le capitaine qui la prenait en charge ne trahissait aucune émotion, mais même le chauffeur était armé. Voyant la voiture s'éloigner, le cœur du résistant se serra. Il a décrit de la sorte la scène à son fils :

Elle est restée très posée, et elle se permit même quelques traits d'humour avec les soldats allemands. Il lui avait suffi de quelques mots pour qu'elle soit respectée par ceux qui l'interrogeaient. Oui, elle était venue ici plusieurs fois. Quelqu'un l'a reconnue comme une amie du général von Falkenhausen, mais elle est restée discrète. Sa noblesse innée n'avait pas besoin de mots pour s'exprimer.

Cependant, la situation était bien pire que ce que Raymond Maucq sénior avait imaginé. Même Qian Xiuling ne s'était pas attendue à ce que le général von Falkenhausen ne fût pas en mesure de la recevoir.

Non parce qu'il était trop occupé ou qu'il était indisposé, mais parce qu'il avait, en fait, de sérieux problèmes.

Le grand public se souvient d'Alexander von Falkenhausen comme un général allemand, le plus haut officier à la tête de l'administration militaire pour la Belgique et le nord de la France pendant l'Occupation. Pour préparer son livre *Jouer avec le diable*, l'auteure chinoise Zhang Yawen s'est rendue à Nassau, la ville où von Falkenhausen est décédé. Elle a pu y récolter de nombreuses informations. En lisant le texte de Zhang Yawen, je vais tenter de retracer son parcours.

Pacifiste opposé à la guerre, cet homme épris d'universalisme et de liberté chérissait chaque vie innocente. Cet état d'esprit a imprégné toute sa carrière militaire pendant la Seconde Guerre mondiale. Il ne pensait pas que l'Allemagne fût une nation capable de dominer le monde. Hitler avait dit un jour que même le plus humble des ouvriers allemands était ethniquement et biologiquement mille fois plus noble que les Juifs et l'aristocratie slave. Von Falkenhausen rejetait ce point de vue, convaincu que toutes les races et tous les peuples du monde étaient égaux. Il se désespérait de voir les massacres et les pillages des pays occupés par les Allemands. Hitler avait déclaré, lors d'une réunion rassemblant les plus hauts gradés de l'armée allemande, que chaque fois qu'ils trouvaient quelque chose dont l'Allemagne pourrait avoir besoin, ils devaient ordonner à leurs soldats de s'en emparer immédiatement et de l'envoyer en Allemagne.

Von Falkenhausen avait traité *in petto* le Führer de « coquin sans vergogne ».

En fait, il avait été un des premiers membres du groupe secret opposé à Hitler. Lui et le général Ludwig Beck, chef d'état-major de l'armée allemande, étaient à la tête de la conspiration contre le Führer. Ces généraux consciencieux avaient compris très tôt que Hitler était un jusqu'au-boutiste à l'ambition démesurée, qui avait déclenché la guerre pour dominer le monde, contre la volonté du peuple allemand [...] C'est pour cette raison que, pendant ses quatre années comme gouverneur militaire de la Belgique, von Falkenhausen n'a pas exécuté les ordres de Hitler, mais a tenté d'administrer le pays avec humanité, en protégeant les intérêts du peuple belge dans la mesure de ses possibilités. Entre autres réalisations, il a contribué à la création de la Croix-Rouge en Belgique, a fourni de la nourriture et une assistance médicale au peuple belge, a défendu l'économie nationale, a restauré et reconstruit les voies de transport et les maisons détruites par la guerre, s'est opposé à l'établissement de camps de travail allemands en Belgique et a essayé, autant que faire que se pouvait, de sauver les militants antiguerre condamnés à mort. [...] Éloigné de Berlin, le château de Seneffe est devenu un lieu de rencontre secret pour les groupes anti-Hitler. [1]

Nous comprenons dès lors que von Falkenhausen n'aidait pas Qian Xiuling pour des considérations personnelles, mais pour des raisons morales. Sans doute était-il aussi ému que le destin ait pu le réunir avec un ami dont il était resté proche malgré les milliers de kilomètres qui les séparaient. L'activisme concerté de Qian Zhuolun et de sa cousine Xiuling lui avait fait prendre conscience du pouvoir omniprésent de la justice et de la conscience.

Il admirait également la beauté de la jeune Mme Qian. Ses manières élégantes et sa tenue raffinée reflétaient son éducation et sa noble ascendance marquée par l'éthique confucéenne. Ses yeux à la fois déterminés et profondément mélancoliques brillaient d'humanité. Pour von Falkenhausen, c'était le spectacle le plus fascinant du monde. Il enviait Zhuolun d'avoir une telle cousine. Lorsque son regard se posait sur elle avec la hauteur de son âge vieillissant, il avait l'impression que la beauté avait reconquis une partie du monde.

Les quelques fois où elle était venue le supplier de l'aider, c'était en fait à lui qu'elle rendait service en lui faisant savoir que des innocents souffraient. Et quand il donnait l'ordre d'épargner la vie de prisonniers, même s'il subissait une énorme pression, il éprouvait un sentiment d'accomplissement. Cependant, afin de protéger Mme Qian, il ne pouvait lui dévoiler son cœur et devait garder une certaine distance, sinon la Gestapo ne l'aurait pas épargnée. Si quelque chose devait lui arriver, jamais il n'aurait pu affronter son ami, le général Zhuolun.

L'opposition larvée de von Falkenhausen à la guerre n'avait bien sûr pas échappé aux Allemands, et elle irritait Hitler. Göring et Goebbels le critiquèrent à plusieurs reprises, affirmant qu'il

1 Zhang Yawen, *Jouer avec le diable*, 2015.

était incompétent et déloyal envers le Führer et le soupçonnant même de trahir le Troisième Reich.

Von Falkenhausen était donc entouré d'espions de la Gestapo. Ces hauts gradés à la position confortable, qui en surface se soumettaient à la direction du général, surveillaient en fait le moindre de ses faits et gestes et en faisaient rapport à Berlin. Chaque jour, au moins un télégramme arrivait sur le bureau de Hitler.

À ce moment, les Alliés avaient réussi à débarquer en Normandie. La situation en Europe était en train de s'inverser et l'Allemagne en voie d'être vaincue. Hitler avait échappé plus d'une fois à des tentatives d'assassinat par des militants antiguerre et avait resserré son emprise sur les principaux généraux de l'armée. Von Falkenhausen avait été convoqué à Berlin pour être réprimandé et recevoir un dernier avertissement. Il était clair pour lui qu'il était sur un siège éjectable et que la Gestapo pouvait à tout moment lui montrer l'ordre signé par Hitler de le ramener à Berlin pour le faire juger par un tribunal militaire.

Dans ce contexte, il était presque impossible pour Qian Xiuling de le rencontrer à nouveau pour lui demander de sauver tant d'otages.

Mais une fois de plus, elle montra le côté obstiné de son caractère. Bien que le secrétaire de von Falkenhausen eût poliment décliné sa demande d'audience, elle resta assise sans bouger sur le canapé de la salle d'attente, insistant sur le fait qu'elle ne bougerait pas tant qu'elle ne serait pas reçue par le général, et qu'elle ne sortirait que les pieds devant. Chaque mot respirait la douceur de la femme orientale qu'elle était. Le secrétaire lui proposa alors un compromis : le général acceptait de la rencontrer, mais pas maintenant, au plus tôt dans vingt-quatre heures. Elle secoua la tête avec détermination, rétorquant que des vies étaient en jeu, qu'il restait tout au plus une heure avant que des innocents ne soient assassinés. Les yeux grands ouverts, elle n'en démordait pas : « Je dois voir le Général immédiatement, même si je dois y laisser la vie ! »

La mort. Presque la chose la plus banale en ces temps extraordinaires. Un tel ultimatum en affirmant qu'elle était prête à mourir pour une cause qui ne la concernait pas pouvait paraître risible. Mais le secrétaire fut frappé par l'aura que dégageait Qian Xiuling. Comme il savait que le général appréciait cette femme orientale, il retourna dans la salle de réunion, où se tenait une entrevue des plus secrètes. Dans une situation précaire, les généraux opposés à la guerre risquaient à tout moment d'être arrêtés et renvoyés en Allemagne, mais pour l'heure ils discutaient de la manière de se débarrasser de Hitler, pour eux le meilleur moyen et la dernière chance de sauver l'Allemagne.

Lorsque le secrétaire chuchota à l'oreille de von Falkenhausen que Qian Xiuling avait exigé de le rencontrer en mettant sa propre vie en jeu, la première réaction du général fut l'étonnement. Les défaites successives sur le champ de bataille avaient rendu l'armée allemande si frénétique que tous les gardes de Seneffe avaient été remplacés par des SS. L'odeur de meurtre ne flottait déjà que trop en cette matinée périlleuse. À moins d'une extrême urgence, Qian Xiuling n'aurait jamais, du fait de son éducation, évoqué la mort avant tant de désinvolture.

Il ne put s'empêcher de se lever. Une minute plus tard, il apparut dans le bureau. Précédée par le secrétaire, Qian Xiuling entra. Elle n'avait pas l'air bien : son visage, blême et hagard, avait perdu de son éclat, et ses yeux trahissaient l'anxiété et l'épuisement.

Il s'approcha d'elle : « Mon enfant, qu'est-ce qui vous amène ici à cette heure ? »

En quelques mots, Qian Xiuling lui rapporta que quatre-vingt-seize vies innocentes allaient être sacrifiées d'ici une heure et demie. Un massacre allait être perpétré. C'étaient tous des civils innocents. Le général devait absolument les sauver.

Von Falkenhausen réfléchit un moment. L'attente parut fort longue pour Qian Xiuling. Elle sentait qu'il hésitait comme jamais auparavant. Il avait visiblement vieilli : les coins de sa bouche s'étaient affaissés et sa barbe blanche n'était pas bien rasée. Elle regarda autour d'elle : une atmosphère étrange se dégageait de la pièce. Elle n'avait aucune conscience de ce que des membres de Gestapo se trouvaient à côté, et peut-être les espionnaient, ou même discutaient déjà de l'arrestation de von Falkenhausen.

« Eh bien, je ferai de mon mieux. »

Elle sentit combien il avait été difficile pour le Général de prononcer ces mots. En lui remettant la liste des quatre-vingt-seize otages, elle nota la fatigue dans ses yeux. Baissant la voix, il lui dit qu'il se trouvait dans une position très critique, que la Gestapo le surveillait de près et qu'on ne lui faisait plus du tout confiance. Cependant, il ferait tout ce qui était en son pouvoir.

Puis il l'exhorta à partir et à ne plus jamais revenir vers lui. Avec tristesse, il lui confia cette phrase qui sonnait comme un adieu : « Dans quarante-huit heures, je ne serai peut-être déjà plus ici. »

Il réfléchit un moment et ajouta : « Saluez pour moi le général Qian Zhuolun quand vous le reverrez. » Puis il lui fit un signe de la main : « Partez. »

Restant comme clouée sur place, elle éclata en sanglots.

« Partez », répéta-t-il.

Elle s'inclina profondément devant lui. Quand elle tourna les talons, son corps avait l'air pesant. Von Falkenhausen le remarqua. Il l'appela. Elle lui dit, la mine embarrassée, qu'elle était enceinte de son troisième enfant et qu'elle était à cinq mois et demi de grossesse.

Les yeux ternes de von Falkenhausen s'éclairèrent. Avec une certaine excitation, il s'approcha d'elle, écartant les mains en signe d'étonnement. Puis son expression redevint grave : « Comment pouvez-vous… mettre votre vie en jeu ? Qui vous a donné le droit de faire souffrir, voire de condamner à mort votre enfant qui n'est même pas encore né ? » Ses lèvres noircies tremblaient un peu sous l'effet de l'énervement.

« Pardon, Général, j'étais dans une telle urgence que je n'avais pas d'autre solution que de dire cela. Si je ne l'avais pas fait, vos subordonnés ne m'auraient peut-être pas laissée vous voir. »

Les yeux de von Falkenhausen étaient embués de larmes. Il l'exhorta en murmurant de prendre bien soin d'elle et de son enfant. Il souhaita également bonne chance à toutes ces belles personnes autour d'elle. En la raccompagnant à la porte du bureau, il lui prononça ce conseil dont elle se souviendrait des décennies plus tard : « Prenez soin de vous et ayez une belle vie ! »

Elle savait que c'était peut-être un adieu. Une fois de plus, les larmes lui montèrent aux yeux. En descendant le sombre escalier, elle ne savait que penser. D'un côté, elle avait l'impression que cet énorme et étouffant château était une tombe dans laquelle le général von Falkenhausen était malheureusement sur le point d'être englouti. De l'autre, elle savait que ses ordres lui avaient à plusieurs reprises permis de sauver des vies innocentes. Des décennies plus tard, elle s'en souviendrait dans le documentaire *Ma grand-mère, une héroïne ?*

À ce moment-là, j'étais loin de me douter que le général était aux abois. La Gestapo qui l'espionnait en permanence pouvait à tout moment l'arrêter et le ramener à Berlin pour s'en attribuer le mérite auprès de Hitler. Mais alors que la menace le guettait, le général a usé une dernière fois de son pouvoir en convertissant la peine de mort des quatre-vingt-seize prisonniers en peine de travaux forcés.

Von Falkenhausen avait vu juste sur sa propre destinée. Quelques jours plus tard, le 14 juillet 1944, on lui apporta un décret signé par Hitler le déchargeant de toutes ses fonctions. Sans aucune cérémonie, il quitta Seneffe, escorté par des policiers de la Gestapo lourdement armés. Cependant, il n'était pas aussi désespéré qu'on pût le croire, car il s'attendait à cette issue. Son seul espoir était que le colonel von Stauffenberg déposât ses charges d'explosif dans la salle où Hitler présidait ses réunions les plus importantes. Si Hitler n'avait pas échappé à la mort grâce à l'épaisseur de la table en bois de près de deux mètres de long sous laquelle la bombe avait été placée, les cartes auraient été rebattues et le cours de l'histoire aurait été très différent. Malheureusement, l'officier Heinz Brandt déplaça par inadvertance la mallette chargée d'explosifs vers son côté de la table. Alors que le Führer survécut miraculeusement à l'attentat, Brandt succomba à ses blessures.

13
Cette rue

Malgré les blancs, le récit de Maurice Doclot offre beaucoup de matière.

La première fois qu'il a rencontré Qian Xiuling, ce n'était pas lors de la fête de bienvenue organisée après la libération des déportés, mais lors de l'inauguration de la « rue Perlinghi » à Écaussinnes. Pendant son séjour dans les camps en Allemagne, il avait parlé plus d'une fois à ses compagnons d'infortune de la déesse qui leur avait sauvé la vie. Ils se demandaient régulièrement à quoi elle ressemblait. L'un d'eux, un peintre, dessinait même souvent son visage dans les marges de papiers gras : sous son crayon, leur sauveuse devenait une femme blonde aux grands yeux, à la taille élancée, élégante et sensuelle, qui montait à cheval et tirait au pistolet. Sans aucun doute, l'image de cette déesse de la liberté était l'un des piliers qui les avaient maintenus en vie dans ces conditions inhumaines. Ce jour-là, lorsqu'ils virent apparaître devant eux cette petite Orientale au sourire timide, ses amis et lui ne purent s'empêcher de la prendre dans les bras et de crier leur joie. Chacun vint lui offrir des fleurs et l'embrasser. Pendant un moment, ses yeux furent remplis de larmes. Si elle avait été un homme, la foule en délire l'aurait lancée dans les airs.

Maurice ne se souvenait pas si Mme Qian avait pris la parole à cette occasion. Le plus important, cependant, c'était que, pour la première fois de son histoire, la commune d'Écaussinnes donnait à l'une de ses rues le nom d'une femme d'origine étrangère. Quand la « rue Perlinghi » fut inaugurée, Qian Xiuling fut pour toujours associée à cette ville, à ce pays, voire à l'image de ce monde désormais en paix.

Maurice s'était senti intimidé. Il se rappelait très bien que, ce jour-là, il avait offert un bouquet d'œillets à Mme Qian. Celle-ci, après l'avoir pris avec joie et avoir humé le parfum des fleurs, l'avait remercié : « Vous avez tant souffert, mais maintenant votre calvaire est terminé et vous avez l'avenir devant vous. »

Lorsque ses compagnons et lui apprirent que, malgré son double doctorat en chimie et en physique, elle travaillait comme infirmière dans le cabinet de son mari, ils secouèrent la tête d'un air désolé. Ils ne lui en vouèrent que plus de respect encore.

Maurice se souvenait aussi des messages de félicitations que le roi et la reine des Belges lui avaient adressés, et comment le gouvernement belge l'avait récompensée en lui décernant le titre d'« héroïne de la Nation », avec son lot de rubans et de médailles. La cérémonie rassemblait officiels et célébrités, mais aussi des citoyens ordinaires venus des quatre coins du pays. Dans son souvenir, Qian Xiuling avait évité les caméras. Son armoire à glace de mari lui servait de garde du corps, et leur fils de huit ans les suivait comme un petit chiot content. Après l'événement, Grégoire, l'enfant sur le dos, l'avait escortée pour quitter rapidement les lieux.

Heureusement, le musée de Raymond Maucq a conservé un enregistrement rare de Qian Xiuling lors de la cérémonie : un peu potelée et les cheveux relevés en un chignon haut, elle y frappe l'assistance par sa grâce et sa distinction. Le caméraman, manifestement captivé par son sourire, l'a capturée dans un long plan-séquence de plus d'une minute : tout d'abord, on voit Qian Xiuling sourire la bouche fermée et tourner lentement son corps un peu replet pour, les fleurs à la main, saluer ses admirateurs. Un jeune garçon tente de se frayer un chemin pour lui tendre un bouquet, mais dans la cohue il chute et fond en larmes. Grégoire, qui se tient aux côtés de son épouse, se précipite alors, l'extrait de la foule et le prend dans ses bras. Qian Xiuling éclate de rire. Le gros plan de la caméra capture clairement les deux fossettes qui se creusent sur ses joues. Le sourire heureux et soulagé qu'elle esquisse alors demeure longtemps sur son visage. Elle n'en paraît que plus exquise.

Ce jour-là, le discours d'inauguration du bourgmestre comprenait le passage suivant :

Nous sommes réunis ici, au nom du gouvernement belge et de la population d'Écaussinnes, pour nommer une rue en l'honneur de madame Grégoire de Perlinghi, née Siou-Ling Tsien [Qian Xiuling]. Le courage exceptionnel dont elle a fait preuve en sauvant cent dix résistants et innocents a marqué notre ville de manière indélébile. La langue française, pourtant réputée pour la richesse de son vocabulaire, paraît aujourd'hui bien pauvre pour exprimer toute l'admiration que nous lui portons. Les mots nous manquent pour traduire notre respect à son égard. Merci à vous, Madame de Perlinghi. [1]

L'*Hebdomadaire d'Écaussinnes* était un journal à tirage important pour l'époque, puisque, d'après son slogan, il était lu par plus de deux ménages sur trois dans la commune. Les faits ne peuvent mentir, peu importe les années écoulées ou la succession des générations. L'allocution que Qian Xiuling a prononcée à cette occasion à la suite du discours du bourgmestre est conservée dans son intégralité au musée de la ville d'Écaussinnes. Elle apparaît également à la page 115 d'un magazine historique commémorant la mort de Qian Xiuling à l'hiver 2008 :

Mesdames et messieurs,

Merci infiniment pour ces mots si bienveillants à mon égard, pour votre accueil si chaleureux et pour ces délicieux bons souvenirs que vous m'offrez aujourd'hui.

C'est avec une joie immense et un grand réconfort que je reviens aujourd'hui à Écaussinnes pour rendre hommage à ses morts et aux

1 *Hebdomadaire d'Écaussinnes*, 21 juillet 1945.

anciens otages. Quand j'ai rencontré ces derniers il y a environ un an, j'avais le cœur très lourd. C'est un honneur pour moi de célébrer les habitants de cette ville si accueillante, en particulier ceux qui ont souffert des atrocités de l'armée allemande, et je me joins à vous pour rendre hommage aux héros tombés pour l'indépendance et la liberté de leur pays.

Lorsqu'il m'a été donné d'intercéder auprès de l'autorité occupante en faveur des condamnés, j'ai accompli cette grande mission consciente que je luttais pour des malheureux livrés à l'arbitraire le plus odieux. Et si des existences ont été sauvées ainsi, ma récompense a été la rare et douce satisfaction d'avoir accompli un devoir sacré. Depuis que j'ai posé le pied sur le sol belge, j'ai toujours apprécié et admiré les qualités de votre peuple. Votre chaleur et votre sincérité m'ont, sans que je m'en rende compte, fait rejoindre vos rangs.

La guerre m'a montré combien les Belges sont patriotes et courageux. Je suis en admiration devant les héros qui ont combattu sans peur pour la liberté de leur pays.

Le fait que les habitants d'Écaussinnes aient choisi de faire de ce 21 juillet une journée du souvenir et de la gratitude témoigne du patriotisme de la commune et de tous ses citoyens, que je souhaite saluer.

À mon estime, cette aimable invitation est une preuve de plus de la chaleur et de la fraternité dont fait montre le peuple belge. J'aime la Belgique et je la considère comme ma seconde patrie.

Ce discours bref et sincère est tombé dans l'oubli pendant plus de sept décennies. Bien que le gouvernement belge ait décerné à Qian Xiuling le titre d'« héroïne nationale », dans son cœur, elle restait Chinoise, et la Belgique qu'elle a ainsi célébrée ne demeurerait à jamais que sa « seconde patrie ».

Quelques années plus tard, Maurice Doclot est devenu le bourgmestre d'Écaussinnes. Au cours de ses presque vingt ans de mandat, la rue Perlinghi a été élargie et agrandie au moins trois fois. Lui qui avait toujours aimé raconter des histoires revenait régulièrement sur la photographie et en recréait la scène. Au gré des répétitions, son récit s'allongeait sans cesse. Les « quatre-vingt-seize moins cinq » otages présents sur la photo avaient tous le même regret : Qian Xiuling aurait dû se tenir à leurs côtés. En effet, sans elle, ils n'auraient pas survécu.

Le mandat de bourgmestre de Maurice fut aussi marqué par de nombreux regrets, notamment celui de ne pas avoir pu racheter la maison qui avait été à l'origine de la prise d'otages pour en faire un mémorial permanent. Ce fait nous a paru, en effet, désolant, mais nous avons été soulagés lorsque nous avons découvert le nombre de lieux de mémoire qu'Écaussinnes avait conservés.

Nous nous sommes rendus trois fois dans la rue Perlinghi. Contrairement à ce qu'affirment les médias chinois, elle n'est pas au centre d'Écaussinnes, mais dans sa périphérie proche. Seul l'écriteau la distingue des autres voiries. La rue n'est pas très longue, un ou deux kilomètres tout au plus. Les habitations y sont plutôt clairsemées ; aucun arbre remarquable n'est planté sur les côtés. Le quartier est très calme, avec peu de circulation. Clairement, les autorités n'ont rien entrepris pour décorer la rue ou la faire sortir du lot ; et lorsqu'il y a des réparations à effectuer, celles-ci suivent les procédures normales. Cet apparent manque d'égards est sans doute difficile à concevoir pour les Chinois.

En marchant le long de la rue Perlinghi, je ressens beaucoup d'émotion. Si les Occidentaux exècrent tant le culte de la personnalité, alors pourquoi, dans chaque ville, sur les places ou dans les parcs, tant de statues de personnages historiques sont-elles érigées, si imposantes qu'il faut lever la tête pour les voir en entier ? Il est incompréhensible que les actes héroïques de Qian Xiuling soient ainsi presque occultés. Si elle avait été Belge, son souvenir aurait-il davantage perduré ? Je ne peux me départir d'un certain sentiment de frustration.

Raymond est un homme très occupé. En plus d'être un entrepreneur de pompes funèbres dévoué, il est également une célébrité locale. Faute de temps, il nous a présenté une de ses amies, professeure de latin et chercheuse sur l'histoire et la culture de la ville, et son mari originaire de Taïwan, M. Hsüeh Chia-jen, pour nous accompagner dans notre visite.

Alors que le soleil de cette fin d'après-midi d'automne tombait sur les rues froides de la petite ville, notre guide et son mari nous ont conduits, mon épouse et moi-même, à travers quelques ruelles modestes, jusqu'à la rue des Otages dont Maurice et Raymond nous avaient parlé. C'était une rue ordinaire, pas très large ; sans l'écriteau au coin de la rue, je n'y aurais rien décelé de spécial. Cependant, elle n'a pas été oubliée : elle reste pour toujours associée aux quatre-vingt-seize vies qui ont été sauvées.

Ma première question : la commune ne peut-elle pas racheter une seule des maisons de cette rue ?

Notre guide nous rapporte d'abord une anecdote. Lors d'une cérémonie marquant le baptême de la rue Perlinghi, le bourgmestre de l'époque offrit à Qian Xiuling un brûleur d'encens chinois en bronze, magnifiquement sculpté et décoré, qui daterait des dynasties du Nord et du Sud (420-589). Selon une théorie, le bourgmestre aurait payé ce cadeau de sa propre poche ; selon une autre, un riche habitant de la région aurait acheté l'antiquité et aurait prié la ville de la transmettre à Qian Xiuling en reconnaissance de ses mérites. Dans tous les cas, il ne s'agissait pas d'un présent des autorités. Faute d'avoir été inclus dans le budget et d'être passé par les marchés publics, le cadeau ne pouvait faire l'objet d'aucun « remboursement ».

En Belgique, le gouvernement ne détient pas tous les pouvoirs. Il s'agit d'une institution qui travaille pour les contribuables, lesquels votent pour élire leurs dirigeants. Les autorités n'ont pas le droit de dépenser de l'argent sans le consentement des contribuables, par exemple pour acheter une maison particulière. En fait, le gouvernement n'a pas d'argent, et s'il en avait, il ne pourrait rien faire tant que le propriétaire refuse de vendre. Même dans l'hypothèse où celui-ci accepterait, le budget de la collectivité ne prévoit pas l'achat d'une demeure pour la transformer en mémorial. En plus d'être responsable devant l'Assemblée législative, le gouvernement est également responsable devant les électeurs. Il doit donc tenir compte de leur avis. Un conseil communal ne peut pas procéder à des expropriations sans le consentement des électeurs. En ultime recours, les autorités locales ont voulu placer un panneau sur le mur de la maison où l'attaque s'était produite. Mais les héritiers, estimant que cela pourrait perturber leur tranquillité, n'ont pas donné leur accord. Le panneau commémoratif n'a pu être installé qu'à l'entrée de la ruelle la plus proche.

Deuxième question : combien de personnes Qian Xiuling a-t-elle sauvées en tout ?

La réponse est claire. Nous l'avons trouvée sur le mémorial en granit noir dressé sur la place devant le musée de la ville. Un premier chiffre y indique que trois cents citoyens d'Écaussinnes sont morts pendant la Seconde Guerre mondiale. Un second que Qian Xiuling a sauvé la vie de cent dix otages au total. Pas d'adjectifs. Seulement des chiffres.

Notre guide nous confirme que, pour les habitants, les chiffres donnent davantage corps au fait. L'histoire ne fournit que des chiffres : elle ne force personne à croire en quelque chose ou à s'opposer à quoi que ce soit.

La littérature est différente. Au-delà des chiffres, elle s'intéresse aux frémissements des âmes, elle recherche la beauté qui se cache derrière les faits et les données brutes.

Notre guide esquisse un sourire indulgent. Pour elle, tout texte de non-fiction porte en lui une part de fiction, car les inclinations de l'auteur conditionnent ce qu'il choisit de conserver ou d'abandonner.

Pour montrer la justesse et l'objectivité de son point de vue, elle nous conduit au musée de la ville. L'établissement, en cours de déménagement, est en plein désordre. Les documents concernant Qian Xiuling ont été rangés dans des caisses, mais heureusement, une grande photographie d'elle trône toujours sur le mur. L'ancien directeur, un sémillant septuagénaire, ravi d'apprendre que deux visiteurs sont arrivés de Chine, ouvre exceptionnellement pour nous des documents scellés. L'un d'eux est un numéro d'un quotidien belge publié en 1945 qui consacre deux pages au sauvetage des quatre-vingt-seize otages d'Écaussinnes.

Qian Xiuling y a l'air tout ce qu'il y a de plus ordinaire. Sa petite taille et sa tenue trahissent son ascendance orientale. Sans vouloir cacher son origine chinoise, elle semble en même temps vouloir faire profil bas. Même si elle ne porte pas son fils de huit ans dans les bras, personne n'associerait cette femme à une « héroïne nationale ». C'est avec un visage timide et nerveux qu'elle est montée sur scène pour recevoir la plus haute distinction de la Nation belge. Mais les applaudissements n'en ont retenti que plus intenses. Au milieu de la foule, cette véritable déesse se démarquait par l'aura lumineuse qu'elle dégageait.

Troisième question : après la Seconde Guerre mondiale, Qian Xiuling est devenue célèbre, mais quand a-t-elle quitté le village d'Herbeumont ? Est-ce qu'elle s'est installée à Écaussinnes ?

Notre guide est catégorique : bien qu'elle ait gardé des liens étroits avec cette ville, Qian Xiuling n'y a jamais vécu. Quant à la question de la célébrité, cela n'a pas dû constituer un problème pour elle. En effet, une personne d'une telle force de caractère considère la vie avec ses propres valeurs et sa propre logique. Bien sûr, la famille de Perlinghi ne pouvait demeurer à Herbeumont, quand bien même Qian Xiuling y jouissait d'une excellente notoriété et qu'elle y avait des amis qui lui rendaient régulièrement visite. En tant que personnalité publique, Qian Xiuling fut pendant un temps suivie et observée dans tous ses déplacements. Mais ce ne fut que temporaire. Nulle part en Belgique on ne trouve un mémorial ou un musée dédié à un seul individu. Même si le roi avait décerné à Qian Xiuling la distinction d'« héroïne de la Nation », l'agitation médiatique autour d'elle n'a pas duré. Mais elle est restée dans les mémoires. Son authenticité et sa modestie : telles sont les qualités que chacun souhaitait conserver d'elle.

L'une de mes expériences en témoigne. Le premier jour après mon arrivée à Bruxelles, je me suis rendu plein d'enthousiasme dans une librairie du centre-ville. J'espérais y acquérir une biographie de Qian Xiuling, ou du moins un livre qui parle d'elle, ne fût-ce que dans un bref passage. Après avoir cherché longtemps dans son ordinateur, la vendeuse s'est excusée de ne rien trouver. Devant mon mécontentement, elle a demandé le concours de l'un de ses collègues plus âgé et plus expérimenté, peut-être le directeur. Mais le résultat est resté le même. Je leur ai alors demandé s'ils connaissaient le nom de Qian Xiuling. Le vieil homme, hochant la tête, m'a répondu qu'elle avait reçu une médaille du roi pour des faits d'héroïsme, mais que c'était il y a longtemps. Il avait l'air de fourrager dans sa mémoire ; de son côté, la vendeuse plus jeune semblait toujours aussi perplexe.

En d'autres termes, même les « héros de la Nation » ne jouissent pas du droit de voir leur biographie publiée ; ou plutôt, aucun écrivain ne prendrait l'initiative d'écrire sur un « héros national ».

Me souvenant de ces sculptures de personnages historiques qui se dressent sur les places et dans les parcs, je me suis retenu de demander s'il ne fallait pas voir dans ces effigies une forme de culte de la personnalité. Sur quelle base élève-t-on de telles statues ?

14
La porte étroite du paradis

Alors, où est allée la famille de Qian Xiuling après avoir quitté Herbeumont ?

Nous avons posé cette question à notre guide au moment de quitter Écaussinnes. Après s'être montrée un peu hésitante, elle a choisi de nous donner une réponse très vague : quoi qu'il en soit, elle n'était pas retournée en Chine ; elle était restée en Belgique, c'était certain.

La professeure de latin nous a modestement expliqué que, comme elle ne s'était jamais rendue en Chine, elle manquait de connaissances sur cet antique pays d'Orient. Cependant, d'après ce qu'elle savait, Qian Xiuling avait certainement eu ses raisons pour ne jamais retourner vivre dans son pays natal.

En mettant bout à bout toutes les informations que nous avons pu recueillir, nous avons compris que la famille de Perlinghi n'avait pas beaucoup d'options à l'époque.

Bien sûr, ils auraient pu s'installer à Bruxelles. La capitale disposait des meilleurs hôpitaux du pays, et Grégoire, encore assez jeune, savait très bien que son cabinet de campagne ne lui permettait pas de valoriser toutes ses compétences. En outre, l'un de ses anciens condisciples, dont il avait été proche pendant ses études, dirigeait le département de chirurgie d'un prestigieux hôpital bruxellois. Des perspectives prometteuses se seraient ouvertes s'il avait pu déployer ses talents dans un tel établissement. Ses rêves d'excellence dépassaient son désir de subvenir aux besoins de sa famille.

Qian Xiuling, pour sa part, aurait bien entendu préféré retourner définitivement en Chine, mais le contexte n'était guère favorable. En 1946, la guerre contre le Japon était certes terminée, mais l'Empire du Milieu restait en proie à un conflit interne, et la bataille entre les communistes et le Kuomintang n'avait pas encore atteint sa phase finale. Elle rentra toutefois brièvement et discrètement en Chine, conduisit sa mère chez des parents à Shanghai, puis gagna Nankin pour revoir son cousin et lui demander ce qu'il pensait de ses projets d'installation. Zhuolun accueillit sa résolution avec moins d'enthousiasme que précédemment, voire avec un certain pessimisme. Bien qu'il ne se prononçât pas clairement, Xiuling sentit à son humeur que la guerre ne tournait pas en faveur du Kuomintang. À cette époque, Qian Zhuolun présidait le premier département du ministère de la Défense nationale, où il était toujours en charge des « ressources humaines ». Cependant, il restait bloqué au grade de lieutenant général, alors que ses anciens camarades de l'École militaire, Gu Zhutong et Chen Cheng, étaient déjà passés généraux à trois étoiles. Qian Xiuling, bien sûr, ne connaissait pas le nœud du problème. En butte aux questions de sa cousine, il réfléchit un moment, mais au lieu de lui donner une réponse directe, il lui écrivit une sentence, extraite du poème *La vieille maison* de l'empereur Tang Taizong (598–649) :

Arrivé à Xinfeng, j'arrête ma voiture ;
Dans le comté de Qiao sont restés les hautbois.
La route est nettoyée : aucune créature ;
La mousse couvre encor la moitié des degrés.
L'eau vive de la source a rafraîchi l'étang ;
Les arbres d'autrefois sont maintenant en fleurs.
C'est en quittant ce lieu que j'ai juré pourtant
De conquérir le monde, en faire ma maison.

Elle comprit aussitôt ce que Zhuolun voulait dire. Dans ce climat chaotique et incertain, toute prédiction s'avérait hasardeuse, mais Zhuolun, même s'il ne pouvait pas le dire directement, sentait que le régime pouvait basculer, voire être anéanti. Lorsqu'elle rentra à Shanghai, Xiuling parla en privé de la situation du pays avec les membres de sa famille. L'un des aînés s'en souvient encore des décennies plus tard :

Elle a demandé : « Qui l'emportera à la fin, le Parti communiste ou le Kuomintang ? » J'ai répondu : « Réfléchissez, dans ce monde, est-ce qu'il y a plus de riches ou de pauvres ? » « Bien sûr qu'il y a plus de pauvres ! » J'ai alors conclu : « Le Parti communiste parle pour les pauvres, et les pauvres le suivent. Si les communistes obtiennent le soutien de la majorité du peuple, ne devient-il pas évident de savoir qui finira par prendre le pouvoir ? »

À Shanghai, elle entendit également l'un de ses proches confirmer que les communistes ne seraient pas tendres envers les capitalistes propriétaires fonciers lorsqu'ils arriveraient au pouvoir : cela s'appelait la « lutte des classes ».

Elle demanda à partir de quelle superficie de terrain on pouvait être considéré comme un propriétaire foncier. Personne parmi ses proches ne sut que lui répondre. Mais ils lui expliquèrent clairement que ce terme signifiait bien plus que posséder un terrain : c'était l'antithèse du pauvre.

Après être si longtemps restée à l'étranger, Qian Xiuling ne comprenait plus grand-chose au paysage politique de son pays, et nombre de ses questionnements restaient en suspens. Sur le chemin du retour, elle prit donc à contrecœur la décision de rester en Belgique, du moins temporairement. Après tout, le pays s'était rapidement relevé après la fin de la Seconde Guerre mondiale et sa vie s'était nettement améliorée ; du roi aux simples citoyens, tout le monde la reconnaissait partout où elle allait. La dignité et la respectabilité n'étaient pas un luxe : elles lui offraient la confiance dont elle avait besoin pour mener une vie ordinaire.

Elle était après tout mère de quatre enfants, et sa maison la requérait à chaque instant.

C'est en quittant ce lieu que j'ai juré pourtant
De conquérir le monde, en faire ma maison.

Ces vers lui laissaient un goût amer dans la bouche.

On ne peut ignorer le rêve secret qui la berçait à ce moment-là : retourner à l'Université catholique de Louvain pour y devenir professeur et y mener des recherches, afin de se rapprocher de la figure de Marie Curie. Ses premiers espoirs s'étaient certes estompés et elle avait trouvé une certaine quiétude depuis ses études, mais si elle le pouvait, elle souhaitait tenter sa chance.

Finalement, la famille déménagea à Bruxelles, et Qian Xiuling partit enseigner à Louvain. Le cabinet d'Herbeumont avait entamé les économies du ménage, car pendant la guerre ils avaient eu à cœur de ne pas accabler leurs patients les moins fortunés. Grégoire n'était peut-être pas un maître en éloquence, mais il traitait toujours ses patients avec une grande compassion, ce qui lui avait valu le respect des villageois. Autant dire que leur départ suscita bien du chagrin.

Le père Stéphane voulait organiser une grande cérémonie d'adieu en leur honneur, mais ils refusèrent poliment. Une voiture les emmena jusqu'à la gare avec leurs simples bagages. Ils étaient arrivés avec un seul enfant ; ils repartaient avec toute une fratrie. Les équipements médicaux et leurs meubles avaient été expédiés à l'avance vers Bruxelles.

Mme Abbott passa les jours suivants à pleurer. Dans sa vie, le cabinet du docteur de Perlinghi avait constitué un point de repère. Qian Xiuling, qui avait sauvé son fils Roger, était une amie proche avec qui elle pouvait parler de tout. Après être rentré du camp de concentration où il avait été déporté en Allemagne, Roger avait pu finalement se marier en grande pompe. Tout le village avait assisté à la cérémonie. Grégoire et Qian Xiuling avaient eu l'honneur de faire office de témoins. Le jour où les Perlinghi quittèrent Herbeumont, toute la famille Abbott, y compris la nouvelle épouse de Roger, les accompagna à la gare. Le père Stéphane, bien sûr, était en tête, mais il semblait d'humeur maussade, et il ne cessait de marmonner quelque chose que personne ne comprenait. Lorsque le train se mit en marche, il éclata en sanglots et se détourna en se cachant le visage.

Tout était aussi simple que cela. Ils partirent comme ils étaient arrivés, sans tambour ni trompette. Certains des villageois, qui avaient entendu la nouvelle par hasard, se précipitèrent sur l'humble plate-forme pour les saluer désespérément.

Grégoire avait contracté un prêt bancaire pour acheter à Bruxelles un logement assez bien situé ; il avait également engagé une nounou néerlandaise pour les enfants. Qian Xiuling, qui prenait tous les jours le train pour se rendre à Louvain, rentrait parfois tard le soir, alors que les enfants étaient déjà endormis. De même, Grégoire effectuait beaucoup de gardes la nuit ; quand il n'était pas là, la maison manquait un peu de vie. Pour Qian Xiuling, travailler dur ne constituait aucunement un problème, et elle appréciait ce rythme effréné. Elle souhaitait que cette vie sans histoire et bien ordonnée ne change jamais. La routine la préoccupait peu, car elle savait que la richesse de la vie ne pouvait s'apprécier qu'en multipliant les expériences. Jusqu'au jour où une nouvelle importante parue dans le journal la perturba. Elle sentit qu'une autre porte venait de se fermer devant elle.

Le général von Falkenhausen, criminel de guerre allemand, est rapatrié en Belgique pour y être jugé.

Ce gros titre la tourmenta plusieurs jours.

À plusieurs reprises, elle avait répété à Grégoire son inquiétude de ne recevoir aucune nouvelle du général allemand. Interrogée par la presse sur ses actions pour sauver les otages, elle n'avait jamais hésité à mentionner son nom. La guerre les avait contraints tous deux à bien des compromissions, et pour elle, von Falkenhausen était avant tout un aîné qui lui inspectait le respect. Les moments de crise qu'ils avaient affrontés ensemble restaient gravés dans son cœur. Même la personnalité et les manières du général avaient, contre toute attente, modifié son propre caractère. Sans lui, il n'aurait jamais été question d'un quelconque sauvetage.

L'arrestation de von Falkenhausen réveilla des souvenirs enfouis profondément dans sa mémoire. Sans en avoir conscience, elle ne cessait de répéter le rôle crucial qu'il avait joué dans le sauvetage des otages chaque fois qu'elle avait fait appel à lui.

Le ministère de la Justice. Le conseil de guerre. L'ambassade des autorités taïwanaises en Belgique. La prison de Saint-Gilles. Elle multipliait les démarches dans ces institutions étrangères pour elles. Ses requêtes déconcertaient ses interlocuteurs, mais elle était Qian Xiuling, l'« héroïne nationale », et personne ne souhaitait lui manquer de respect. Ainsi, tel un gigantesque puzzle éparpillé, la vie du général von Falkenhausen après 1944, avec toutes ses douleurs et ses frustrations, se dévoila lentement aux yeux de Qian Xiuling.

Le 30 juillet 1944, alors âgé de soixante-six ans, il avait été envoyé dans un camp de concentration isolé en Allemagne. Bien qu'il se fût préparé psychologiquement aux « plaisirs » qui l'y attendaient, il fut poussé dans ses derniers retranchements lorsqu'il fut enfermé dans une cellule puante et exiguë où il était attaqué par les punaises, les puces et d'affreux cafards. Pendant près de six mois, il resta isolé dans cette cellule, souffrant de la faim, sans pouvoir parler à personne. Le but ultime de cette violence froide était de l'étouffer dans le « silence », de le briser.

Le 30 avril 1945, Hitler se suicida. Une lourde page se tournait.

À ce moment, le général von Falkenhausen avait déjà été transféré dans une prison du Sud-Tyrol, en Italie. Lui-même avait perdu le compte des geôles dans lesquelles il avait croupi. Alors que les canons des Alliés résonnaient autour de lui, il savait, en bon militaire, que son heure était venue, car la politique de la terre brûlée est monnaie courante lorsqu'on sait qu'on perd une guerre. Les SS qui les détenaient ne pouvaient se permettre d'abandonner des « survivants » qui pourraient témoigner contre eux. Cependant, les Alliés progressèrent plus rapidement que ce que tout le monde avait imaginé.

Léon Blum, Fabian von Schlabrendorff et le général von Falkenhausen furent libérés par les troupes américaines le 4 mai 1945, à Niederdorf dans le Sud-Tyrol, au moment où les gardes de la Gestapo étaient sur le point de les exécuter. Après quatre ans d'emprisonnement en attente de son procès, von Falkenhausen fut ensuite jugé par les Belges comme criminel de guerre et condamné le 9 mars 1951 à douze ans de servitude pénale. [1]

L'ouvrage de William Shirer mentionne une anecdote : au départ, les soldats américains ne savaient pas que les généraux de haut rang du Troisième Reich qu'ils avaient capturés s'étaient opposés à Hitler. Heureusement, parmi eux se trouvait Fabian von Schlabrendorff, un officier impliqué dans la tentative manquée d'assassinat. Pendant l'interrogatoire précédant son procès pour haute trahison, un obus d'artillerie américain avait tué son geôlier sans l'atteindre lui-même. Quand il fut libéré par les Américains, il leur indiqua que certains des hauts gradés retenus comme lui en captivité s'étaient en fait opposés à Hitler. Parmi eux figurait von Falkenhausen.

Un homme tel que von Falkenhausen perçoit la vie et la mort différemment du commun des mortels. Au cours de sa carrière militaire longue de plusieurs décennies, il avait pris part

1 William L. Shirer, *The Rise and Fall of the Third Reich*, 1960, p. 1074.

à l'invasion de la Chine par les forces alliées des « huit nations » en 1901, avait conseillé le Kuomintang dans sa lutte contre les communistes, avait assisté les Japonais dans leur politique expansionniste en Asie de l'Est, pour finir par occuper le poste de gouverneur militaire allemand en Belgique. Tuer ou se faire tuer : le sang et les cadavres avaient fait partie de son quotidien. Le qualifier d'insensible aurait été injuste, car son humanité ne s'était jamais éteinte et sa conscience était toujours restée en éveil. Justice et droiture, liberté et fraternité : ces convictions, jamais déracinées, coulaient dans son corps aussi naturellement que le sang.

Sa vie débordait de malheurs. Il avait été dépouillé de tous ses biens et avait vu sa maison brûler devant ses yeux. Bien qu'il ait eu la chance d'avoir une épouse aimante, elle n'avait pu lui donner d'enfants. Il aimait les enfants, mais Dieu était sourd à ses suppliques. Sa femme, Sophie von Wedderkop, avait été séparée de lui à plusieurs reprises pendant la guerre ; atteinte d'une grave maladie, elle avait été amputée d'un membre avant de succomber dans un hôpital de second rang dans un pays inconnu d'elle, la Belgique.

Le 21 mars 1948, après trois ans et huit mois d'emprisonnement successivement en Allemagne, en Angleterre, en France et aux Pays-Bas, von Falkenhausen fut transféré à Bruxelles pour y être jugé comme criminel de guerre de premier plan devant une cour martiale. En attente de son procès, il fut incarcéré dans la prison de haute sécurité de Saint-Gilles. [...] La population rendait l'ancien « gouverneur » responsable des crimes odieux commis par les nazis en Belgique. Aveuglée par la colère et la haine, elle réclamait avec hargne qu'il soit pendu ! [1]

1 Zhang Yawen, *Jouer avec le diable*, 2015.

À ce moment, il aurait été difficile pour Qian Xiuling d'innocenter par ses seuls efforts celui qui était considéré comme l'un des principaux criminels de guerre allemands.

Comme d'habitude, elle écrivit à son cousin Zhuolun. Celui-ci avait suivi le Kuomintang dans sa retraite vers Taïwan. Cependant, personne ne connaissait plus ce nom dans les départements clés du régime de Chiang Kai-shek. La coquille vide qu'on lui avait attribuée comme fonction lui avait tôt fait goûter au sentiment de marginalisation. En fait, Zhuolun, qui s'était préparé psychologiquement à cette issue, se satisfaisait de son sort. Tout cela, Qian Xiuling ne l'apprit que plus tard. La dépression qu'elle avait cru percevoir chez son cousin l'avait laissée perplexe, et intérieurement, elle priait pour lui.

Dans sa lettre, Qian Xiuling expliquait la situation de von Falkenhausen. Sa détresse transpirait dans toutes les pages. Très vite il lui répondit : choqué, mais impuissant, il espérait qu'elle mettrait tout en œuvre pour aider le général à sortir de cette mauvaise passe. De son côté, il avait adressé ce dossier à Chiang Kai-shek par les canaux officiels. On prétend que le Généralissime aurait transféré pas moins de cent mille dollars à von Falkenhausen par l'intermédiaire de l'ambassade de la République de Chine en Belgique, mais nul ne sait si le général a reçu cette somme.

Qian Xiuling décida alors de se rendre à la prison. Elle savait que ce serait très difficile. Cependant, elle était déterminée. Grégoire, pour sa part, n'avait pas d'avis sur la question, car il savait qu'une fois que son épouse se mettait en route, nul ne pouvait l'arrêter. Toutefois, il estimait peu probable que le gouvernement belge laissât la vie sauve à von Falkenhausen. Grégoire et Xiuling avaient conclu un accord tacite : lorsqu'un des deux prenait une décision, tant que l'autre ne s'y opposait pas formellement, même ses silences prudents seraient pris comme une forme de soutien.

Elle se rendit donc bille en tête à l'ambassade de la République de Chine, mais elle n'y obtint aucune réponse positive. Après plus d'une visite, elle réussit à persuader un fonctionnaire qui, connaissant sa véritable identité, accepta de servir de médiateur, mais il lui demanda un peu de temps. Une ambassade ne peut délivrer envers son pays hôte que des suggestions, et non des ordres. Une semaine passa, et aucune nouvelle. Qian Xiuling sentait qu'elle ne pouvait attendre passivement. Elle réfléchit : le problème venait aussi d'elle, pensa-t-elle, car elle ne s'investissait pas assez. Tous les jours elle devait se rendre au travail, et elle rentrait souvent du bureau tard dans la soirée. À la maison, elle avait aussi une famille nombreuse dont elle devait s'occuper. Elle se souvint de ce que son père avait l'habitude de lui dire dans ses jeunes années : on ne peut brûler une bougie par les deux bouts. Pour elle, le plus important était de défendre von Falkenhausen. Le temps pressait : la potence ne cessait de se rapprocher.

Le poste d'enseignante à l'Université catholique de Louvain était parfait pour elle. Elle aimait l'atmosphère de son *alma mater*, où elle avait aussi découvert l'amour. Mais au fil du temps, elle avait pris conscience d'un problème pénible : une tendance xénophobe insidieuse, qui toutefois s'affirmait de plus en plus.

Elle était assistante. Doublement docteure, elle multipliait les publications scientifiques. Mais elle n'obtenait jamais de promotion, et on lui refusait régulièrement l'accès à des événements académiques importants. Empêchée de prendre part à de grands projets de recherche, elle ne pouvait introduire des demandes de financement. L'honneur qui lui avait été conféré par l'État était presque ignoré dans cette université relativement indépendante. Seule sa nationalité chinoise n'avait pas été oubliée. Bien que le Royaume de Belgique eût proclamé sa « neutralité perpétuelle » depuis le traité de Londres de 1839, son idéologie se rapprochait des tendances dominantes dans les pays capitalistes européens de l'époque. Pour une femme chinoise, obtenir un poste de professeur dans une des plus prestigieuses universités européennes relevait du conte de fées.

Son ancien mentor, désormais à la retraite, lui avait poliment exprimé son profond regret de ne pas pouvoir l'aider. Elle avait le choix : soit elle restait dans l'ombre, soit elle partait. Pour aller où ? Nul ne pouvait le lui indiquer.

Sans qu'elle s'en rendît compte, elle était arrivée à un carrefour sur la route de sa vie. Elle devait renoncer à quelque chose pour s'accrocher à ce qu'elle désirait le plus. Sinon, elle ne pourrait tenir la distance.

Désormais elle y voyait clair. Sauver von Falkenhausen requerrait beaucoup d'énergie. Aller trouver le général pour lui remettre une liste d'otages et lui demander de l'aide n'avait pas été une mince affaire. Cependant, la tâche ici s'annonçait beaucoup plus ardue. Quant à sa position à l'Université catholique de Louvain, elle se trouvait bien dépourvue. Même si elle aimait profondément cet endroit, elle arriva lentement à la seule conclusion qui s'imposait : il fallait le quitter. Mais ne pourrait-elle pas y revenir, après qu'elle aurait expédié ses affaires urgentes ? Cette université vieille de plusieurs siècles valait la peine qu'on se batte toute une vie pour en faire partie. Quand bien même les préjugés et la condescendance y auraient cours, elle pourrait toujours y trouver des possibilités de faire mentir l'histoire.

Au fond, elle prenait les choses avec philosophie. Sa lettre de démission, pleine d'aménité et de délicatesse, comprenait même quelques notes d'humour. Aucune trace de ressentiment, dans tous les cas.

Ainsi laissa-t-elle derrière elle sa carrière universitaire. Ne devant plus quotidiennement prendre le train tôt le matin et rentrer tard le soir, elle concentra tous ses efforts à la préparation de sa rencontre avec le général von Falkenhausen. Finalement, elle reçut l'autorisation. Faisant le tri dans ses pensées, elle se dirigea avec confiance vers la vieille et lugubre prison de Saint-Gilles.

Dans un premier temps, les autorités pénitentiaires avaient envisagé la rencontre dans une salle de réunion improvisée. Mais Qian Xiuling refusa cet arrangement, proposant de rendre visite au général dans la cellule où il était détenu. Elle voulait connaître ses conditions de vie réelles, et elle craignait qu'on écoutât leurs conversations ou qu'on interférât dans leurs discussions. Dans son esprit, la rencontre dans une cellule offrait plus de sécurité de ce point de vue.

La prison accepta. Qian Xiuling apprit plus tard que, grâce aux efforts de Qian Zhuolun, l'ambassade de la République de Chine en Belgique avait à nouveau pris contact avec le gouvernement belge pour lui demander que von Falkenhausen fût traité avec plus d'égards. Mais les autorités pénitentiaires n'avaient pas encore eu le temps d'appliquer ces directives.

Même si elle avait imaginé le pire, Qian Xiuling fut stupéfaite par l'état de désillusion de von Falkenhausen lorsqu'elle le rencontra. Bien sûr, on ne pouvait s'attendre à ce qu'un prisonnier incarcéré depuis si longtemps fût d'humeur joyeuse. Mais comment un homme qui autrefois avait été si grand et si robuste avait-il pu devenir ce cadavre ambulant, recroquevillé dans un coin d'une cellule délabrée, qui vous regardait sans réagir, avec ses deux yeux effarés dénués du moindre éclat, aussi sombres qu'un puits sans fond ?

Qian Xiuling se pressa la poitrine : elle avait l'impression d'étouffer. Von Falkenhausen n'était plus qu'un zombie.

Cette jeune femme assise en face de lui, qui était-elle ? L'aura lumineuse dans son sillage semblait purifier tout l'espace de sa petite cellule humide. C'était comme si un flot d'eau limpide s'était déversé dans le fleuve turbide de son cœur. La brume épaisse qui l'entourait se dissipa soudain et son esprit engourdi se réveilla peu à peu. Finalement il vit clair : la femme qui se tenait devant lui, c'était Mme Qian !

Avec difficulté, il s'assit sur une couverture de feutre en lambeaux et s'écria avec étonnement : « Comment est-ce possible ? Ah, madame Qian !

– Général, je suis venu vous voir ! »

Elle se pencha pour l'aider à se relever. Le corps du général n'était plus qu'un amas d'os. Ses mains noueuses et décharnées, marquées par la chair de poule, couvertes de taches de vieillesse, ressemblaient à des branches dénudées. Des larmes inondèrent ses joues.

Elle l'aida à s'installer sur une chaise que les gardes avaient apportée et se plaça en face de lui. Elle le regarda : « Général, vous avez souffert ! »

À l'exception de cette simple salutation, son esprit resta vide. Elle ne pouvait se rappeler aucune des phrases qu'elle avait préparées. Elle se sentait mal à l'aise. Jamais de sa vie elle n'avait eu une pareille expérience.

Elle ouvrit le paquet de fruits et de friandises qu'elle avait été autorisée à apporter. Lorsque le doux parfum des fruits envahit la pièce, von Falkenhausen éternua bruyamment.

« Général, croyez bien que les efforts que vous avez déployés pour sauver des otages belges ne seront pas oubliés. Vous devez vous ressaisir. Je viendrai souvent vous voir. »

Von Falkenhausen n'en croyait pas ses oreilles.

« Merci, madame Qian, mais je suis déjà mort un nombre incalculable de fois. Tout est terminé pour moi, je sais de quoi est fait l'enfer. Merci à vous, mais ne revenez pas. »

Sa voix était fragile, comme un soufflet dégonflé. Les mots que prononça Qian Xiuling ramenèrent petit à petit de la lumière dans ses yeux ternes.

« Non, Général, vous devez vivre, vous avez le droit de vivre. À l'époque, vous m'aviez enjoint de bien profiter de la vie. Tant de personnes que vous avez secourues sont aujourd'hui saines et sauves, et elles veulent toutes vous rencontrer, elles veulent que vous profitiez de la liberté autant qu'elles. Parce que vous avez contribué à la paix dans ce monde. »

Comme une source qui jaillit soudain d'un puits tari, les larmes tombaient l'une après l'autre des yeux secs de von Falkenhausen. Il se tourna plusieurs fois pour avaler ses sanglots.

Elle lui transmit également les salutations de son cousin Zhuolun. Elle lui expliqua que son vieil ami Chiang Kai-shek, qui s'était réfugié sur l'île de Taïwan après avoir dirigé toute la Chine, pensait également à lui. Elle lui parla des cent mille dollars versés par le Généralissime. Von Falkenhausen la fixa longuement en silence, puis sa respiration s'accéléra, et sa poitrine ratatinée se souleva comme un canoë sur le point d'être englouti par une vague furieuse.

Le temps imparti pour la visite fila comme une flèche. Comme si on lui avait injecté de la morphine, von Falkenhausen avait retrouvé son moral et son énergie, et il se leva pour accompagner Qian Xiuling jusqu'à la porte.

Au moment où il lui fit signe pour lui dire au revoir, la majesté du général refit surface et son dos voûté se redressa. Cette vision causa une vive émotion à Qian Xiuling. Quand, rentrée chez elle, elle raconta à Grégoire ce qu'elle avait vu, son mari lui répondit en grommelant : « Vous avez l'habitude des miracles. »

Que voulait-il dire ? Qian Xiuling était quelque peu contrariée. Ne pensait-il pas qu'un homme bon comme von Falkenhausen méritait un jugement équitable ?

Grégoire se frotta les mains en silence. Une telle attitude n'avait rien pour déplaire à Qian Xiuling. Au fond, il n'était pas si différent de son épouse. Lui aussi pensait que von Falkenhausen était un homme bon. Mais les hommes rechignent toujours à ce que leur femme consacre trop d'énergie à un autre homme, quand bien même il pourrait être leur père. Outre cette raison inavouée, les enjeux étaient trop élevés : personne ne devrait avoir pitié d'un grand criminel de guerre, l'opinion publique serait unanime sur ce point. Selon lui, le faux espoir auquel s'accrochait sa Xiuling risquait de s'effondrer. Il n'était pas surpris non plus par les revers que sa femme avait encaissés à l'Université catholique de Louvain. Peut-être que, dans son subconscient, il trouvait normal que les femmes se heurtent à un plafond de verre. Puisque Qian Xiuling n'avait aucun espoir d'être promue, elle avait à revenir dans son foyer et lui donner un nouvel enfant – après tout, ne s'étaient-ils pas mis d'accord pour en avoir cinq ?

Dans leur relation de couple, c'était généralement Xiuling qui s'appuyait sur lui. Mais lorsqu'il s'agissait de prendre de grandes décisions liées aux principes, elle montrait toute sa détermination et son caractère inflexible. Chaque fois, Grégoire choisissait de faire un pas de côté et d'accepter un compromis – il ne fallait pas y voir une forme d'attentisme ou de passivité, mais une volonté de comprendre dans le calme et le silence.

Qian Xiuling se fixa un programme :

- En premier lieu, elle organiserait une conférence de presse pour informer les médias de la contribution de von Falkenhausen au sauvetage des otages.
- Ensuite, elle se rendrait à Écaussinnes et à Herbeumont pour retrouver les otages et leur demander de cosigner une pétition.
- En troisième lieu, elle rédigerait un article en solidarité avec von Falkenhausen, qu'elle publierait dans *La Dernière Heure*, le journal le plus influent de Belgique.

- Enfin, elle engagerait un avocat pour défendre le général le moment venu.

Pour entreprendre tout cela, en plus de son énergie, il lui fallait de l'argent. Or, Grégoire et elle n'avaient guère d'économies. Leurs quatre enfants occasionnaient beaucoup de dépenses et Grégoire devait chaque mois consacrer une certaine somme à soutenir ses parents âgés. Xiuling savait quel était son patrimoine. Mais quand elle évoquait leur situation financière, son mari répondait toujours qu'il ne fallait pas s'inquiéter pour l'argent. Il plaisantait même sur cette question: «Ton nom, Qian, signifie déjà "argent". En quoi aurais-tu peur d'en manquer?»

Qian Xiuling rendit une deuxième visite au général von Falkenhausen à la prison de Saint-Gilles. Elle l'écouta évoquer la manière dont il avait pris part à des opérations secrètes contre Hitler et avait tenté plusieurs fois de l'assassiner. Il lui expliqua qu'il se battait contre Hitler depuis 1933. À l'époque, il n'était pas encore question d'organisation, mais un certain nombre de militaires loyaux se réunissaient en secret pour discuter de la manière de se débarrasser de ce démon qui entraînait l'Allemagne vers l'abîme.

C'était comme le suivre dans un tunnel sombre hanté de toutes sortes de monstres hideux, avant de traverser des rapides, des tourbillons et des récifs constamment battus par d'énormes vagues, avec la crainte permanente de chavirer. Le temps était toujours trop court: dès qu'il avait un peu progressé dans son récit, il fallait y mettre un terme.

Au fil des rencontres, alors qu'elle n'imaginait pas faire aboutir le projet, Qian Xiuling rédigea un article. Sur le trajet du retour, dès qu'elle était un peu calmée, une voix forte retentissait dans sa tête, comme venue du Ciel, lui enjoignant de jeter toutes ses forces dans la défense de von Falkenhausen. Cette voix, ferme, franche, claire, retentissante, était inexorable. Chaque mot, chaque phrase battait dans son cœur comme un tambour. Craignant de ne pas pouvoir en capter le son, elle se précipitait chez elle pour s'enfermer dans son bureau, et elle retranscrivait ce qu'elle avait entendu, convaincue que la voix qui résonnait en elle était celle de la Justice elle-même. Bien qu'elle ne crût pas en Dieu, à cet instant elle sentait qu'il existait une énergie juste et impartiale qui pouvait exterminer le mal et frapper les cœurs.

Après plusieurs jours de labeur, Qian Xiuling avait rédigé un énorme manuscrit. Elle s'était complètement oubliée. Après révision, le texte fut réduit à trois mille mots. L'un des rédacteurs de *La Dernière Heure* lui rappela que l'article ne devait pas être trop long, et qu'il fallait donc choisir les points les plus importants à conserver : quand on parle de l'histoire d'un vêtement, rien ne sert de décrire la culture du coton.

L'article était intitulé : « Un vrai combattant contre la guerre : comment le général von Falkenhausen a sauvé des otages ».

Qian Xiuling était déterminée à tout risquer pour son ami. Lorsque l'article fut remis au journal, elle imagina le pire des scénarios : sinon la prison, du moins l'opprobre public. Elle devait se préparer aux contradictions, aux sarcasmes et même à la diffamation.

Elle en discuta à cœur ouvert avec Grégoire, lui demandant quelle était la pire chose qui pouvait arriver si elle s'échinait à défendre von Falkenhausen.

Il lui répondit par une série de questions : « Est-ce là ta décision définitive ? Peux-tu encore faire marche arrière ? N'as-tu vraiment aucune hésitation ? »

Xiuling dit sans réfléchir : « Je n'ai aucun regret. »

Grégoire attrapa une de ses mains : « Dans le pire des cas, nous pouvons retourner à Herbeumont et rouvrir notre cabinet. »

La lueur chaleureuse qui brilla dans les yeux noisette pleins de bonté de Grégoire fit ressentir à Qian Xiuling combien elle avait toujours pu compter sur son époux.

Le journal publia finalement son article. À son grand dam, certains points, comme l'implication du général von Falkenhausen dans le groupe secret opposé à Hitler, avaient été supprimés.

Elle appela le rédacteur, un ancien de l'Université catholique de Louvain, diplômé la même année qu'elle (ils s'étaient rencontrés lors d'un gala de l'université), pour lui exprimer son mécontentement.

Au téléphone, l'homme se défendit en disant qu'il avait fait tout ce qu'il pouvait. Sans ses efforts, l'article aurait été encore plus écourté ou n'aurait même pas été publié.

Entre les lignes, il voulait dire que le rédacteur en chef n'avait pas approuvé certaines des opinions exprimées dans l'article. En tant que journal neutre et objectif, *La Dernière Heure* n'aurait pas dû censurer les propos de l'auteure, mais comme un criminel de guerre de premier plan était impliqué, le quotidien ne pouvait ignorer les états d'âme de la majorité de ses lecteurs.

Le rédacteur expliqua en bafouillant que, dès la parution, son équipe avait reçu des appels de plusieurs lecteurs furieux ou ironiques, certains affirmant même qu'ils désiraient rencontrer Mme Qian pour « débattre » avec elle en personne.

Celle-ci n'en fut pas surprise. L'opposition ne lui faisait pas peur. Ce qu'elle craignait, c'était l'indifférence.

Quand Grégoire revint du travail, il était maussade et ne pipa mot. Ce n'était pas son habitude. Qian Xiuling comprit immédiatement que quelque chose le tracassait. Son mari était incapable de dissimuler ses sentiments, qu'ils fussent bons ou mauvais. Elle en conclut qu'il avait été affecté par l'article. Ne posant aucune question, elle fit comme si de rien n'était. Grégoire avait cette particularité de ne pas pouvoir se retenir lorsqu'il avait quelque chose à dire ; à l'inverse, s'il ne souhaitait pas parler, rien ne pouvait lui faire ouvrir la bouche.

Le soir, lorsque Qian Xiuling s'allongea sur le lit et lui tourna le dos pour éteindre, il ne put se retenir plus longtemps. Il la tira par l'épaule : « Xiuling, allons à Herbeumont ! »

Se blottissant contre son large torse, elle lui rétorqua d'une voix douce : « La pression de l'opinion te pèserait-elle tant, mon chéri ? »

Grégoire ne lui répondit pas en face. Il lui dit simplement que leur vie au village lui manquait.

Plus tard, Qian Xiuling apprit que le directeur de l'hôpital, un spécialiste de la chirurgie thoracique du nom de Cornelis, qui avait perdu quatre membres de sa famille dans un bombardement nazi pendant la guerre, avait convoqué Grégoire pour lui parler de l'article absurde écrit par sa femme, qu'il avait découvert dans le journal. Dans l'excitation, le docteur Cornelis avait quelque peu perdu son flegme et s'était répandu en paroles déplaisantes, tandis que Grégoire gardait le silence. Après un moment de flottement, le docteur de Perlinghi avait répondu en ces termes à son supérieur : « Monsieur le directeur, que pourrais-je faire pour vous aider ? Voulez-vous que je demande à mon épouse de venir en débattre avec vous ? Je dois cependant vous prévenir que vous ne l'emporterez sans doute pas. »

Il s'était incliné poliment, un geste rare chez lui. Puis il s'en était allé. De retour dans son bureau, il avait pris un stylo et du papier. La lettre de démission qu'il avait griffonnée avait aussitôt atterri sur le bureau du directeur. Le secrétaire, un jeune roux au visage constellé de taches de son, était venu le trouver peu après pour lui rapporter nerveusement les paroles du directeur : leur confrontation se limitait à l'échange de vues qu'ils venaient d'avoir. Il était pleinement satisfait de l'excellent travail du docteur de Perlinghi, et refusait donc sa démission.

Rarement le prudent et sérieux docteur de Perlinghi était ainsi sorti de ses gonds. Chez un homme si peu dissimulateur, un geste de cette nature ne pouvait que venir du fond du cœur. Mais pour Qian Xiuling, Bruxelles était à ce moment la seule ligne de front. Elle ne pouvait pas partir. Elle approuvait le geste de Grégoire, mais lui demanda de ne pas s'emporter et de ne pas se créer trop d'ennemis. En fait, le directeur de l'hôpital n'était pas fondamentalement en désaccord avec eux, c'était juste que von Falkenhausen avait un trop lourd passif. Un vieux dicton chinois dit que « même le fleuve Jaune ne peut laver nos fautes ». Chercher des boucs émissaires est une constante dans l'histoire. Pouvait-on légitimement déverser toute sa haine des nazis sur un seul criminel en attente de son procès ? À l'heure où le tumulte risquait d'éclater, Qian Xiuling ne fléchissait pas : elle était même impatiente de se mettre en marche.

Elle reçut une visite inattendue. Au début, elle ne prit pas très au sérieux cette femme d'une quarantaine d'années, car, à cette époque, elle recevait régulièrement des personnes surexcitées, parfois drôles, souvent cordiales, qui souhaitaient discuter avec elle. Mais quelques-unes se montraient névrotiquement susceptibles : elles disaient avoir du mal à dormir et être devenues irritables parce qu'elles n'acceptaient pas qu'elle puisse gracier ce vieil Allemand et lui accorder le pardon pour ses crimes, comme si elle était le juge qui pouvait décider de la sentence. Puis, voyant qu'il se faisait tard, ces visiteurs repartaient chez eux en tempêtant à qui mieux mieux.

Cette femme-ci était différente. Sans être vraiment distinguée, elle en imposait par sa mise, bien qu'elle fût habillée sans prétention. Quand elle souriait, des ridules sur son front et autour de ses yeux trahissaient les épreuves qu'elle avait traversées.

Placide et prudente, elle gardait un rythme lent tant dans ses paroles que dans ses gestes.

Ce jour-là, une femme d'une quarantaine d'années se rendit au domicile de Qian Xiuling. Grande et mince, elle se présenta comme Cécile Vent, épouse Voos. Née en 1906, elle avait épousé son premier mari en mai 1926, avant de divorcer quelques années plus tard. Elle avait été décorée de la croix de guerre avec palmes par le gouvernement belge pour son action contre les nazis pendant la Seconde Guerre mondiale. Sa famille détestait viscéralement les nazis. Mais lorsqu'elle avait lu l'article de Qian Xiuling, elle avait été profondément émue par le sens de la justice du général von Falkenhausen, qui transcendait les pays et les peuples. Elle-même avait en effet été arrêtée par la Gestapo et n'avait été sauvée que grâce à l'intervention d'un ami qui avait pu lui aussi approcher le général von Falkenhausen pour plaider en sa faveur. [1]

Contre toute attente, cette femme avait décidé de venir au-devant de la scène, et avec quelle profondeur ! Tout cela parce qu'elle avait lu l'article de Qian Xiuling. Celle-ci resta coite un bon moment. Elle avait sous-estimé le pouvoir des mots : pas étonnant que les étudiants en littérature fussent tous si arrogants.

Cécile Vent avoua ouvertement qu'elle était amoureuse du général von Falkenhausen. Cette femme entre deux âges n'avait pas peur de révéler tout de go à une étrangère qu'elle rencontrait pour la première fois cette vérité inconvenante : elle était tombée sous le charme du criminel de guerre allemand. Le pouvoir de l'amour ou des expériences traumatisantes remettent souvent en perspective des valeurs comme la réputation ou la célébrité. Cécile expliqua même que si von Falkenhausen pouvait sortir de prison, elle le suivrait jusqu'au bout du monde. En fait, quand elle avait eu fini de lire la carte blanche de Qian Xiuling, son esprit et celui du général n'avaient fait qu'un.

---

1 Zhang Yawen, *Jouer avec le diable*, 2015

Qian Xiuling fut charmée par cette rencontre. La conversation rapprocha vite les deux femmes. Le récit de Cécile Vent avait convaincu Xiuling que nombre d'histoires extraordinaires viennent du cœur.

Après avoir lu cet article qui avait changé son destin, Cécile Vent, fascinée par le général von Falkenhausen, avait éprouvé l'envie de lui rendre visite en prison. Seulement, elle n'avait ni le statut ni la position de Qian Xiuling. Sa première visite à la prison s'était soldée comme prévu par un échec : les gardiens l'avaient tout bonnement ignorée. Ayant elle-même croupi en prison, elle savait que cet endroit n'était pas un parc où l'on pouvait entrer et sortir à sa guise en achetant simplement un ticket. Mais il n'y avait rien d'autre qu'elle pût faire. Ses lettres enflammées et les plats qu'elle préparait avec amour pour le général lui étaient tous renvoyés. Sa deuxième et sa troisième visite s'étaient déroulées de même. Puis, un garde, ému par ses efforts, l'avait aidée secrètement en lui permettant de laisser les plats succulents qu'elle avait cuisinés. Bien sûr, il n'en restait pas grand-chose lorsqu'ils parvenaient au général. Personne n'avait expliqué non plus à celui-ci à qui il devait ces cadeaux. Le scénario s'était répété plusieurs fois. Bien qu'il fût intrigué, il n'aurait jamais imaginé qu'une femme belge qu'il n'avait jamais vue faisait le pied de grue pour le rencontrer devant les murs de la prison. Ce « succès amoureux » lui apparaissait davantage comme une petite lueur que Dieu, pris de pitié, avait décidé de lui offrir.

« Connaissez-vous l'âge du général von Falkenhausen ? » À peine Qian Xiuling venait-elle de poser cette question que Cécile Vent la reprit : « Je vois très bien ce que vous voulez dire. Mon ex-mari n'avait que deux ans de plus que moi, mais dans sa tête, il restait bloqué au Moyen-Âge. »

Autant que ses mots, l'expression sur son visage montrait que l'âge ne constituait pas un problème.

« Votre famille approuve-t-elle ? » demanda Qian Xiuling, un peu inquiète.

Cécile Vent secoua vigoureusement la tête. La déception qui se peignit sur ses traits la vieillit de cinq ans.

« Personne n'approuve. Mais ce n'est pas un problème. Même la mort ne me fait plus peur. Si je n'avais pas été sauvée par le général von Falkenhausen, j'aurais quitté ce monde en 1943. »

Elle avait beaucoup d'aplomb et ne tournait pas autour du pot. Son regard était droit et tranchant. Il était incroyable de penser qu'une femme qui avait vécu tant d'expériences pût éprouver un amour aussi violent et irrépressible – qui plus est, sans garantie qu'il serait partagé. Qian Xiuling était submergée par l'émotion.

Cécile Vent lui remit une grosse enveloppe : « Je vous fais confiance. Vous pouvez lire. »

Ces mots, pleins de sérénité, firent percevoir à Qian Xiuling que Cécile Vent était déterminée à attendre von Falkenhausen « jusque dans les ténèbres de la nuit », et qu'elle n'abandonnerait jamais.

« Rassurez-vous, je la remettrai au général sans l'ouvrir. Et le plus vite possible. »

Elle serra l'enveloppe contre sa poitrine. Elle était véritablement émue.

Cependant, à la surprise de Qian Xiuling, von Falkenhausen accueillit cette nouvelle avec indifférence. Il lui expliqua que, depuis quelque temps, il recevait dans sa cellule, de manière intermittente, non seulement de la nourriture, mais aussi des sous-vêtements qui, s'était-il étonné, étaient tous à sa taille. Lorsque Qian Xiuling clarifia la situation, il se redressa d'un coup : « Je ne veux pas voir cette personne, dites-lui de ne pas continuer ce manège ! »

Son expression était glaciale, comme une statue érodée par le vent. Qian Xiuling comprenait son état d'esprit : pour un homme qui se savait condamné, de telles pensées étaient superflues. Elle se dit que, plus triste encore que de vivre dans l'obscurité, c'était de s'y habituer, ou pire, de rejeter la lumière lorsqu'elle perce les ténèbres.

Elle ne répondit pas. Après quelques instants, elle lui tendit la lettre qu'elle avait cachée dans son chemisier.

Von Falkenhausen hésita à la prendre, comme si elle contenait la réponse à une énigme insoluble.

Il ouvrit la lettre, qui semblait longue de plusieurs pages, avec beaucoup d'efforts ; l'écriture était élégante. Il lut lentement, s'arrêtant plusieurs fois pour reprendre son souffle.

« C'est hors du commun », grogna-t-il en fermant les yeux.

Comme si, resté trop longtemps dans l'obscurité, il était aveuglé par l'apparition soudaine de la lumière.

« Elle est sincère. Tout comme vous, elle a connu bien des épreuves et a frôlé la mort. » Qian Xiuling tenta de le convaincre en douceur : quel mal y avait-il à ce qu'une autre personne le soutienne ?

« Je dois tellement aux femmes dans ma vie. À l'heure où j'approche de la mort, je ne veux pas faire de mal à une autre femme ! »

Sa voix était moins faible, sa respiration plus régulière. Bien que son visage restât sombre, un éclat de hardiesse et de défi brillait à nouveau dans ses yeux. Qian Xiuling s'efforça de comprendre ce qui se cachait derrière ses paroles, de son point de vue évidemment. Dans une mare stagnante, vous aurez beau jeter une pierre, l'eau n'en sera jamais agitée ; seul un raz-de-marée pourrait provoquer une onde de choc.

Manifestement, le général von Falkenhausen était en train de revenir à la vie.

Il était encore à bout de souffle et son existence ne tenait qu'à un fil, mais ce n'était pas grave, il fallait laisser faire le temps. Même s'il ne voulait plus entendre parler de cette histoire, Qian

Xiuling n'en avait cure. Elle lui rappellerait encore que la femme qui errait devant les murs de la prison en pensant à lui n'était pas seulement l'un des prisonniers qu'il avait sauvés, mais aussi son plus grand soutien. Avec ses maigres ressources, elle s'efforçait de raconter à tous ceux qui ignoraient la vérité tout ce que lui, un vrai guerrier, avait accompli pour le peuple belge.

Ainsi, Qian Xiuling vit désormais d'un autre œil la survenue de Cécile Vent. Dans la vie d'une femme, il n'est pas facile de rencontrer quelqu'un qui puisse ainsi faire battre son cœur. Cécile Vent connaissait le bonheur d'avoir rencontré un tel homme. Elle questionnait la vie : comment, en tant que femme, pouvait-elle ouvrir une vieille porte rouillée ? Elle voulait réinsuffler la vie dans son propre cœur, dans l'espoir d'arracher à la mort une âme agonisante. Ce ne pouvait être que le salut pour l'une et l'autre !

Von Falkenhausen poussa un long soupir. Ses soucis refoulés encombraient depuis trop longtemps sa poitrine, épuisant son essence vitale. Il était devenu un cadavre ambulant. Avec un effort incommensurable, il réussit à les expulser. L'air qu'il expirait, décrivant un arc de cercle, tourbillonna dans la cellule exiguë, avant de flotter dans le vide.

Son corps semblait beaucoup plus léger.

« Excusez-moi, pourriez-vous ouvrir la fenêtre ? »

Mais la misérable lucarne se trouvait tout en haut du mur, hors d'atteinte de Qian Xiuling. Peut-être l'avait-on précisément placée là pour qu'elle ne soit jamais ouverte.

« Eh bien, avant aujourd'hui, je ne savais même pas qu'il y avait une fenêtre dans cette pièce », essaya-t-il de se justifier. Au moment de prendre congé, il ajouta : « Mais ne me parlez plus de cette femme, d'accord ? »

Qian Xiuling comprit pourquoi von Falkenhausen avait dit cela : depuis le décès de son épouse, tout sentiment s'était évanoui avec elle. Il avait perdu tout élan. Malgré tout, elle estima que la visite avait été fructueuse.

Quand elle revit Cécile Vent, Qian Xiuling resta cependant prudente : elle espérait lui donner des perspectives sans pour autant grossir les « résultats » obtenus. Cécile ne fut pas démoralisée, heureusement. Elle savait que la tâche serait difficile, c'est pourquoi elle avait l'air si digne. C'était bien là von Falkenhausen ! Un homme avec tant de cœur et un si grand sens du devoir. Mais elle avait le temps, et plus encore de patience. Depuis le jour où elle était entrée dans la maison de Qian Xiuling, elle s'était engagée sur un chemin sans retour.

Vint le procès.

De septembre 1950 à janvier 1951, le conseil de guerre se réunit cinquante-six fois pour juger le général von Falkenhausen.

La controverse qui déferla autour de ce dossier faillit mettre à bas tout le système judiciaire de la Belgique. La majorité en faveur de la condamnation à mort du prévenu n'hésita pas à multiplier les déclarations fracassantes pour faire entendre son point de vue. À l'inverse, les voix en faveur du criminel étaient étouffées, si faibles qu'on les entendait à peine. Mais ce ne sont pas toujours ceux qui parlent le plus fort qui l'emportent : l'éloquence peut parfois retourner une situation. Dans le cas présent, il suffit qu'une jeune Orientale prît la parole pour faire taire tout un tribunal.

Tous les Belges, de la famille royale aux ministres en passant par les simples citoyens, savaient qu'une femme chinoise, gratifiée du statut d'« héroïne nationale », s'employait sans relâche à défendre von Falkenhausen, ce criminel de guerre allemand dont la seule évocation faisait grincer les dents.

Mais il s'agissait d'une voix dissonante, alors que la haine et l'indignation avaient réuni tout un peuple. Les héros, les victimes ou leur famille, les clowns, les politiques, les opportunistes de tous bords, et même d'ex-collaborateurs : tous profitaient de l'occasion pour s'exprimer et tenter de laver leur nom. Si von Falkenhausen n'était pas condamné à mort, comment la nation pourrait-elle panser ses plaies ?

Cette unanimité semblait indiquer que les Belges, même après les affres de l'occupation nazie, avaient gardé le feu sacré. À l'heure où le pays renaissait lentement de ses cendres, seul le gibet semblait pouvoir rendre hommage aux morts innocents et prouver la noblesse et la bravoure des Belges.

Pourtant, c'eût été une honte pour la Belgique que, aveuglé par le ressentiment, on condamnât à la pendaison un homme courageux qui avait fait de son mieux pour aider et sauver des otages condamnés à mort.

Qian Xiuling prononça ces mots dans son plaidoyer pour von Falkenhausen. Le docteur de Perlinghi, estimant la formule trop agressive, aurait préféré qu'elle arrondît les angles. Mais Qian Xiuling tint bon. Les cloches qui résonnaient confusément dans sa tête n'étaient pas des signaux d'alarme, mais le glas funèbre d'une âme qui s'apprêtait à être injustement condamnée.

Heureusement, elle n'était pas la seule à partager ce point de vue. Tous ses arguments étaient étayés. Elle s'était rendue à Écaussinnes pour retrouver un par un les otages sauvés par von Falkenhausen et leur demander de signer une pétition. Elle était également retournée à Herbeumont, où la famille de Roger avait solennellement signé son plaidoyer. Certaines des personnes qu'elle avait secourues, mais dont elle avait oublié le nom, étaient accourues des villages environnants avec une simple question : que pouvaient-elles faire ? Bien sûr, elles accepteraient de témoigner, car si le conseil de guerre condamnait à mort celui qui les avait sauvées, non seulement ce serait une honte pour la Belgique, mais elles-mêmes ne pourraient plus se regarder dans le miroir.

Le dernier jour d'audience approchait. Qian Xiuling reçut la permission de se rendre à la prison en compagnie de Cécile Vent. Cette dernière était nerveuse comme une jeune fille à son premier rendez-vous. Elle suivait Qian Xiuling en traînant des pieds. Après l'enregistrement et l'inspection, elle attendit qu'on annonçât sa venue au prévenu. Lorsqu'elle monta les marches de granit froid, tourna dans le couloir et traversa le long tunnel pour pénétrer enfin dans la cellule basse et sombre, elle ressentit un choc. Son cœur battait la chamade, son visage était en nage ; prise de spasmes, elle était incapable de faire un pas de plus. Après un moment de stupeur, Qian Xiuling la soutint et l'appuya contre le mur. Elle voulait appeler de l'aide, mais Cécile l'arrêta. Un instant plus tard, celle-ci dit, rassérénée : « J'ai eu l'impression de remonter dans le temps, de revivre cette vie de cauchemar où chaque minute était un tourment. Tout ici ressemble tellement à l'endroit où j'ai été emprisonnée. »

Elle laissa entendre qu'elle ne pouvait pas rencontrer le général von Falkenhausen ce jour-là. Dans un tel état, elle l'effraierait.

« Mais il vous attend, la prison l'a informé de votre venue. Faisons plutôt une pause et reportons la rencontre d'une demi-heure, le temps que j'explique la situation aux gardes.

– Non. Je ne suis vraiment pas présentable dans cet état. Je vous en supplie, aidez-moi ! Cela ne se reproduira pas la prochaine fois. » Le regard désespéré, impuissant, elle s'accrochait à la main de son amie comme un noyé s'agrippe à une bouée.

Bon gré mal gré, Qian Xiuling l'aida à sortir de la prison. L'air était lourd. La frêle Cécile Vent, blanche comme un linge, semblait morte de froid. Il était incroyable que cette femme si forte, voire si intimidante, eût soudain l'air aussi fragile.

Cette visite en demi-teinte permit à Qian Xiuling de comprendre une chose : Cécile Vent et le général von Falkenhausen se rencontreraient bien un jour. Tous deux avaient souvent frôlé la mort, et quelque chose d'extraordinaire émanait d'eux. Qu'était-ce ? Elle ne pouvait le dire, mais elle le ressentait. Elle pensa que faire en sorte que ce couple puisse connaître une vie libre et heureuse constituerait son plus grand réconfort.

Des décennies plus tard, Qian Xianhe, le fils de son frère Zhuoru, se souvient :

Une fois, ma tante m'a parlé de la manière dont elle avait défendu le général von Falkenhausen pendant son procès. Elle s'était préparée au pire, à perdre son honneur, ou même à être elle-même écrouée. Mais elle n'avait pas peur. Elle disait que si von Falkenhausen avait été exécuté, la justice aurait été bafouée. Une femme humaine comme elle, qui ne vivait qu'en suivant son cœur, aurait préféré mourir plutôt que de voir ses valeurs foulées aux pieds.

Le 27 janvier 1951.

Personne ne pouvait prédire ce que cette audience du conseil de guerre allait décider pour von Falkenhausen. Mais ceux qui connaissaient les tenants et aboutissants de l'affaire savaient que les interminables auditions avaient soulevé les passions. Rarement dans l'histoire de la Belgique un général quatre étoiles d'un pays envahisseur avait été condamné à mort. Exécuter von Falkenhausen aurait remonté le moral de la nation et évacué son abattement.

Mais ce jour-là, l'atmosphère au tribunal était tout autre. Beaucoup de spectateurs inconnus, d'Écaussinnes ou d'Herbeumont sans doute, mais aussi d'ailleurs, s'étaient pressés pour assister à l'audience. Un prêtre en fauteuil roulant, qui avait insisté pour venir malgré sa mobilité réduite, portait une pancarte où il indiquait sa solidarité avec le général von Falkenhausen. Au bas de l'écriteau figurait le nom du père Stéphane. Le jeune homme qui poussait le fauteuil était son gendre, Roger.

L'arrivée du prévenu ne fut presque pas remarquée. La scène n'avait rien de nouveau, et dans l'esprit de la plupart des gens, le général n'était plus qu'un zombie. Il gagna le banc des accusés en tremblant, s'assit les yeux fermés, comme s'il méditait. Par la suite, il confia à Qian Xiuling qu'il s'était senti très mal au début de la journée, comme s'il avait vu le nœud coulant du gibet se balancer devant ses yeux. Les audiences précédentes avaient peu à peu sapé son énergie et éteint la faible lumière qu'il avait préservée en lui. S'il devait mourir, qu'on ne le fasse pas languir. Il ne méritait pas qu'on le plaignît. Le seul regret qu'il emporterait dans l'au-delà, c'est que davantage de Belges n'aient pas compris tout ce qu'il avait fait pour eux.

Plus que sur la longue procédure judiciaire, l'attention était concentrée sur Mme Qian, cette femme à la peau jaune, aux cheveux noirs et aux yeux brillants. Son mari, reconnaissable à sa haute taille, était assis derrière elle, apparemment détendu, mais le front luisant de sueur. Qian Xiuling était assise au centre de la défense. Elle était vêtue d'un manteau noir et blanc et portait un bijou de tête tout simple, typiquement oriental. Elle tenait à la main un dossier épais, dont elle semblait tirer sa confiance. Même si elle ne l'avait que peu ouvert pendant le procès – car elle connaissait tous les témoignages par cœur –, il donnait l'impression de faire partie de sa mise.

Lorsque le président du conseil de guerre annonça que l'avocat de la défense, Mme Grégoire de Perlinghi, née Qian Xiuling, allait prendre la parole, un silence religieux s'abattit sur la salle.

Elle ne devait pas raconter une histoire. Les gens qui ont subi les affres de la guerre sont insensibles aux histoires, même les plus extraordinaires. Qian Xiuling comprenait parfaitement ce point.

Au lieu de cela, elle avait choisi d'évoquer un souvenir : celui de ce matin où elle était allée la dernière fois supplier von Falkenhausen de sauver quatre-vingt-seize otages. Quand le général, dit-elle, avait risqué sa vie en signant une ultime décision de grâce pour des condamnés à mort, la Gestapo l'espionnait dans la pièce voisine. Il savait exactement dans quoi il s'engageait, mais il n'avait pas hésité le moins du monde.

J'ai aperçu des silhouettes furtives près du bureau du général. Par la suite, j'ai appris que la Gestapo avait reçu de Hitler un mandat d'arrêt et qu'elle pouvait l'emmener à tout moment. Il aurait pu chercher une échappatoire, mais moi je n'ai observé chez lui que courage et détermination.

Plus tard, il m'a dit que ce n'est pas lui qu'il fallait remercier, mais plutôt les courageux soldats de la Résistance. Depuis 1933, il avait rejoint le camp des opposants à Hitler. Ce que ces otages avaient entrepris au péril de leur vie rejoignait ses propres objectifs.

Elle lut ensuite une pétition cosignée par un grand nombre d'otages sauvés. Chaque fois qu'elle prononçait un nom, un homme dans la salle se levait lentement pour saluer le public. Puis, tous les témoins s'alignèrent devant von Falkenhausen et s'inclinèrent devant lui en signe de respect.

Qian Xiuling était stupéfaite. Elle n'avait rien prévu de pareil. De toute manière, répéter une telle scène aurait été impossible. Von Falkenhausen ne put retenir son émotion ; il éclata en sanglots.

L'agitation s'empara de la salle. Les journalistes souhaitaient prendre des photos, mais les huissiers les en empêchèrent. Certains spectateurs applaudirent, quoique sans grand enthousiasme. Les juges étaient visiblement émus ; les jurés, jusque-là restés graves, avaient le visage cramoisi. L'émotion était contagieuse. La pièce était bonne : bien loin des superproductions hollywoodiennes, c'était une véritable légende belge qui se jouait. Le public se souvenait que, pendant que le gouvernement s'était exilé au Royaume-Uni, le peuple belge, à sa manière, avait résisté à l'envahisseur. Maintenant, il découvrait que le gouverneur suprême de l'administration militaire nazie avait à plusieurs reprises sauvé la vie de résistants désespérés, au péril de la sienne. Tout le monde s'était attendu à ce que von Falkenhausen finît comme Arthur Seyss-Inquart, l'ancien gouverneur militaire des Pays-Bas, qui avait versé des larmes de désespoir lorsqu'il avait été envoyé à la potence. Mais dans un renversement spectaculaire, les témoignages se montraient authentiques et irréfutables. Qian Xiuling, double docteure en chimie et en physique, n'avait pas étudié le droit, mais sa plaidoirie fondée sur des faits avait été sans faille.

Le président du conseil de guerre dut suspendre l'audience pendant quinze minutes.

Cécile Vent garda les yeux fixés sur le général von Falkenhausen. Elle voulait aller vers lui, lui tendre un mouchoir et lui offrir un verre d'eau. Bien que personne ne fût autorisé à approcher le prévenu dans ce cadre solennel, elle ressentit clairement son aura. Le cœur du général battait à tout rompre et son pouls s'accélérait. Le plaidoyer de Qian Xiuling et les nombreux témoins qui s'étaient levés et même inclinés devant lui l'avaient frappé au cœur comme une vague déferle sur la grève. Il avait retrouvé le désir de vivre.

Parmi les témoins, Cécile Vent avait demandé à prendre la parole en dernier. Avec sa voix douce et calme, on aurait dit qu'elle récitait un sonnet de Shakespeare, et non qu'elle témoignait en faveur d'un criminel de guerre. Rien à voir avec son style de naguère. Personne n'imaginait les efforts qu'elle devait déployer ni la douleur qu'elle devait surmonter pour prononcer son discours. En montrant ses fêlures au lieu de jouer les dures, et en exposant avec modestie ses états d'âme – elle souligna comment le général von Falkenhausen lui avait donné une seconde chance, lui avait offert lumière et chaleur, lui avait rendu le courage de vivre –, elle expliqua pourquoi elle désirait en retour innocenter son sauveur et lui rendre sa liberté. Car tel était le devoir de la justice dans un monde civilisé.

À ma sortie de prison, j'étais confuse et déprimée. J'ai pensé au suicide. La seule chose qui m'a donné la force de surmonter mon traumatisme et mon mal-être était de savoir que quelqu'un m'avait tendu la main pour m'aider. Pour moi, son nom était un symbole, celui de la miséricorde de Dieu. Je n'aurais jamais cru que cet homme serait mortifié, injustement vilipendé, et moins encore qu'il subirait pendant si longtemps des tortures inhumaines, dont il ne se remettrait que péniblement. Avant, je pensais que le mieux que je puisse faire pour le remercier et payer ma dette envers lui était de rester en vie. Mais lorsque j'ai découvert la vérité, j'ai soudain ressenti toutes les souffrances de cet homme qui m'avait sauvée, pour qui chaque jour de plus représentait un véritable supplice. Je ne l'avais jamais rencontré en chair et en os, mais j'essayais de le voir en imagination. Aujourd'hui, je le rencontre, et quelle misère ! Si le conseil de guerre le condamne à mort, alors l'équité et la justice tomberont dans l'abîme. Avec ma faible voix, je voudrais plaider, monsieur le Juge, messieurs les Jurés, que si la cour décide de l'exécuter, alors je suis prête à mourir à sa place. Je le répète : un tel homme qui a offert une seconde vie à tant de gens devrait être reconnu innocent.

Cécile Vent parlait d'une voix étranglée. À un moment, elle ne put plus poursuivre, car son corps fut agité d'un spasme. Elle était en nage quand, se retenant à la rambarde de la barre des témoins, elle acheva son plaidoyer.

Les yeux mouillés de larmes, Qian Xiuling remarqua que le général von Falkenhausen était également sur le point de pleurer. Son dos voûté se redressait lentement à mesure que Cécile Vent délivrait son témoignage.

La salle résonna d'applaudissements. Cette salve détonnait avec la réserve, pour ne pas dire la condescendance, qui avait dominé chez tous les acteurs du procès, y compris les membres du jury. La scène est décrite de la sorte dans le compte rendu d'audience d'un journaliste :

Ce jour-là, les membres du jury ajoutèrent un nouveau mouvement à leur répertoire : les applaudissements. Pour madame Qian Xiuling épouse de Perlinghi et madame Cécile Vent (qui respectivement assurait la défense et apportait un témoignage en faveur de von Falkenhausen), ce geste était pour le moins étrange et inattendu, car personne ne les avait jamais applaudies. Seule une légère rougeur sur leur visage trahissait leur émotion, comme si elles sortaient bouleversées d'une loge de luxe après avoir assisté à un drame digne de Shakespeare.

Dès que le procès fut terminé, Cécile Vent courut vers Qian Xiuling pour lui dire combien elle était désolée, car elle avait eu l'impression de lui avoir volé la vedette en détournant l'attention du public vers elle : « Ce n'était pas exprès. Comme vous, je voulais juste le sauver. »

Qian Xiuling la serra contre elle : « Que dites-vous là ? Vous n'avez rien volé du tout. Au contraire, vous avez conquis le jury ! N'avez-vous pas vu que le général était en larmes ? »

Le lendemain, les principaux journaux de Bruxelles publièrent des photos de l'audience. En plus de von Falkenhausen en train de pleurer, deux femmes apparaissaient sur tous les clichés : Qian Xiuling au centre, et Cécile Vent, beaucoup plus petite, en dessous d'elle.

La Dernière Heure résumait de cette façon le dernier jour de procès :

Clairement, c'est elle qui a dirigé ce procès. Se substituant presque aux juges, elle a dicté la procédure sans broncher, et les déclarations des témoins n'ont fait que renforcer sa plaidoirie. Pourtant, ce n'est pas elle qui a donné le coup final. Les cent quarante-cinq secondes qui ont le plus ému la cour furent celles d'une inconnue, madame Cécile Vent. Le témoignage de cette ancienne prisonnière dont la vie avait également été sauvée par le général von Falkenhausen acheva de donner du crédit à la défense de madame de Perlinghi.

L'attente du verdict fut pénible.

Qian Xiuling et Cécile Vent avaient été trop optimistes. Même si la séance du 27 janvier avait constitué un tournant radical en faveur du général von Falkenhausen, l'issue de cet éprouvant procès ne répondit pas aux espoirs de ses soutiens.

Le prévenu fut condamné à douze ans de travaux forcés.

Cécile Vent appela au téléphone. Affectée d'une mauvaise grippe, elle avait le nez encombré et la voix un peu rauque. Le verdict, bien qu'assez favorable, restait en deçà de leurs attentes.

Elles avaient espéré que von Falkenhausen serait acquitté. En fait, certains enjeux sur lesquels Qian Xiuling n'avait aucune prise avaient joué. En aucun cas, le Royaume de Belgique, outragé dans sa dignité, n'aurait pu laisser l'un des commandants suprêmes de l'envahisseur sur son territoire s'en tirer à si bon compte. Sans compter que les nombreux accusateurs de von Falkenhausen n'avaient pas abandonné leurs vociférations. Le pays avait besoin d'un bouc émissaire pour tout le mal que les Allemands avaient causé pendant l'occupation. L'État, qui marchait sur des œufs, recherchait un verdict ferme, mais équitable. Douze ans d'emprisonnement représentaient donc un bon compromis. Von Falkenhausen, alors âgé de soixante-treize ans, ne pouvait plus désormais que compter sur sa chance pour espérer survivre à quatre mille trois cent quatre-vingts jours dans une cellule sombre et humide.

Qian Xiuling était encore sous le choc quand elle reçut Cécile Vent chez elle. Celle-ci revenait d'une visite à la prison. Désormais célèbre, elle était reconnue partout à Bruxelles, si bien que les autorités pénitentiaires se montraient indulgentes et la faisaient passer par des entrées discrètes. Elle expliqua que le général von Falkenhausen n'avait pas le moral aussi mauvais qu'elle l'avait craint : il prenait tous ses repas avec quelques tranches de pain, un peu de caviar et du jambon (la prison avait amélioré ses rations) ; il était également autorisé à lire *La Dernière Heure*.

« J'attendrai qu'il soit libéré, puis nous prendrons soin l'un de l'autre. Je l'encouragerai à marcher au moins mille pas par jour quand il sera dehors. Je vais m'entraîner à courir dès aujourd'hui. De toute manière, que pourrais-je faire d'autre ? »

Cécile Vent avait débité ces mots d'un trait. Impressionnée, Qian Xiuling remarqua qu'elle portait une tenue de sport et une paire de chaussures de course. Elle dégageait une énergie jamais vue jusqu'ici. Les influences mutuelles existent réellement : Cécile Vent semblait connaître une nouvelle jeunesse.

Qian Xiuling était soulagée. Même Grégoire était fier de son succès.

Deux semaines plus tard, Qian Xiuling avait prévu, en compagnie de son époux, de rendre visite au général von Falkenhausen à la prison. Serviettes, savon, dentifrice, sous-vêtements… Ils lui avaient préparé une petite trousse de toilette. Grégoire, toujours aussi prévenant, avait même emporté une loupe. Mais avant de partir, ils reçurent un appel de Cécile Vent : « Il a été libéré ! » Ses cris de joie étaient entremêlés de pleurs.

Comment était-ce possible ? Ils se regardèrent et se demandèrent si Cécile Vent ne piquait pas une crise d'hystérie.

Ils se précipitèrent à la prison de Saint-Gilles. Un gardien qui connaissait bien Qian Xiuling lui confirma la nouvelle : « Notre beau pays a fait la paix avec l'Allemagne. C'est pourquoi le général allemand auquel vous êtes venu rendre visite sera libéré aujourd'hui. »

Des larmes jaillirent des yeux de Qian Xiuling. Elle serra Grégoire dans ses bras : « Mon chéri, ce n'est pas un rêve ! »

15
La vie est ainsi faite, de tristes départs et d'arrivées surprises

Ils allaient partir. Alexander von Falkenhausen et Cécile Vent allaient d'abord se rendre en voiture jusqu'à Wiesbaden, la capitale du *land* de Hesse, avant de gagner la petite ville de Schönfeld, où reposait la défunte épouse du général, Sophie von Wedderkop, sous un noble conifère. Cécile avait préparé des fleurs fraîches. Le couple allait présenter ses respects à la défunte et lui raconter tout ce qui s'était passé depuis son départ. La destination finale du voyage serait la ville de Nassau, dans la région natale de von Falkenhausen, près de la frontière avec l'Allemagne de l'Est.

Au moment des adieux, Grégoire sentit que sa Xiuling était quelque peu affectée. Il lui chuchota à l'oreille : « Vous devriez être contente, comment ne pourriez-vous être plus satisfaite qu'aujourd'hui ? Le vieil homme a recouvré la liberté et trouvé l'amour. Dieu s'est montré plein de miséricorde ! » Sur ces mots, il jeta un coup d'œil au ciel bruineux.

– Tu es jaloux de lui ? Qian Xiuling ne plaisantait qu'à moitié.

– Un peu, pour être sincère. Mais je suis quand même plutôt heureux pour lui.

L'honnêteté et le sérieux avec lequel il avouait ses états d'âme firent sourire Xiuling.

Ce jour-là, les époux de Perlinghi étaient accompagnés de leur plus jeune fille, une enfant toute mignonne à la peau claire et aux cheveux d'or. Dès qu'il la vit, Von Falkenhausen la prit dans ses bras et ne cessa de lui parler jusqu'à ce qu'ils montent dans la voiture.

Cécile Vent prit Qian Xiuling à part: « Il aime beaucoup les enfants. Malheureusement, il ne pourra en avoir lui-même. Il m'a demandé de vous encourager, Grégoire et vous, à avoir un cinquième enfant. »

Qian Xiuling rit aux éclats. Quand elle se retourna, elle aperçut le général et Grégoire qui se disaient des messes basses. Puis von Falkenhausen ouvrit la paume de sa main et montra cinq doigts. Grégoire souriait de fierté. Qian Xiuling savait de quoi ils parlaient.

Von Falkenhausen embrassa le couple. Sans qu'il pût les retenir, de grosses larmes coulèrent sur son visage mince et sec. Il savait probablement que jamais il ne reverrait ses amis, car, dans le court laps de vie qu'il lui restait, il ne pourrait sans doute jamais remettre les pieds sur le sol belge.

Alors que la voiture disparaissait dans un panache de fumée, Qian Xiuling croisa les mains et murmura: « Puissiez-vous vivre en paix ! »

Elle écrivit ensuite une longue lettre à son cousin Zhuolun, car elle pensait qu'il serait heureux d'apprendre que von Falkenhausen avait finalement été libéré. Cependant, deux semaines après avoir envoyé sa missive, elle n'avait toujours aucune réponse. Une nuit, son frère Zhuoru lui téléphona de Taïwan pour lui annoncer un malheur.

En avril 1949, Qian Zhuolun avait reçu un appel de Soong May-ling. La Première Dame lui avait d'abord parlé de son quotidien et de ce qu'elle avait appris dernièrement en recopiant les calligraphies de stèles célèbres. Puis elle lui avait annoncé une nouvelle cruciale:

« Mon époux a dit que lorsque nous serions à Taïwan, je devrais continuer à pratiquer la calligraphie avec vous, Qipei, au lieu de jouer les dilettantes. »

Qian Zhuolun s'était souvenu qu'il y avait longtemps, Mme Chiang Kai-shek avait en effet pratiqué la calligraphie avec lui. Mais il voyait très bien où elle venait en venir. Il n'était que lieutenant général, pas un poste en vue. Pourquoi la Première Dame se donnait-elle dès lors la peine de lui téléphoner en personne ?

Parce qu'il lui était sympathique, sans doute. Mais surtout parce que Chiang Kai-shek avait peur qu'il soit « débauché » par les communistes. C'était probablement pour cette raison que le Généralissime avait demandé à son épouse de l'appeler : prétendument pour lui témoigner de l'estime, mais en fait en guise d'avertissement. Il tenait à ce que Qian Zhuolun les accompagne à Taïwan, et Soong May-ling espérait que celui-ci les rassurerait sur ce point. Naturellement, il lui avait manifesté sa loyauté : sans le moindre doute, il gagnerait avec toute sa famille cette île au destin incertain.

Même si les détails que lui avait donnés le général von Falkenhausen avaient à l'époque ébranlé ses certitudes sur la fameuse histoire de « fuite » qui l'avait fait tomber, aujourd'hui il refusait encore souvent d'y croire. Après tout, il avait côtoyé Chiang Kai-shek pendant suffisamment d'années pour que celui-ci soit convaincu de sa sincérité.

Ses deux épouses successives lui avaient donné six enfants, quatre fils et deux filles. Son fils aîné, Xianzhang, aussi connu sous son nom social de Keshun, avait intégré de longue date l'armée du Kuomintang et avait atteint le grade de lieutenant-colonel en 1948. Le cadet, Xianming, aussi appelé familièrement Kexian, après avoir obtenu son diplôme de journalisme à l'université Fudan, avait pour sa part officié comme reporter pour le journal de l'armée du Kuomintang et avait ensuite gagné Taïwan pour travailler à la Central News Agency; son épouse, Wang Yaojun, également originaire de Yixing, y était sa collègue.

La seconde épouse de Zhuolun, originaire de Suzhou, lui avait donné deux filles, qu'il chérissait particulièrement. Tous ses camarades de l'armée étaient jaloux du bonheur de sa vie de famille.

À partir de mai 1949, les forces nationalistes se retirèrent de Shanghai, de Qingdao et de Fuzhou. Les États-Unis publièrent un livre blanc dans lequel ils affirmaient ne plus soutenir le gouvernement de la République de Chine. En octobre, défaite à Canton et à Xiamen. La déroute successive des généraux Bai Chongxi et Hu Zongnan entraîna la perte du centre, du Nord-ouest et du Sud-ouest de la Chine. Et en décembre, Zhuolun se replia à Taipei avec les autorités gouvernementales.

Dès son arrivée sur l'île, sa vie fut complètement bouleversée. En sa qualité de lieutenant général, le ministère de la Défense nationale lui avait attribué une demeure qui avait l'air spacieuse, mais comme il avait une grande famille, il n'y avait pas assez de place pour loger tout le monde. Certains généraux s'étaient secrètement tournés vers le secteur privé pour acheter une maison à faible coût, profitant de ce qu'à l'époque les revenus des Taïwanais étaient peu élevés. Dans la banlieue de Taipei, les terrains étaient encore moins chers, si bien que des généraux haut placés y faisaient construire leur résidence à des prix bien inférieurs au bâti existant. Quand il découvrit ce trafic, Chiang Kai-shek fut transporté de fureur. Mû par de grandes ambitions tout en ne faisant confiance à personne, il rappelait à chaque occasion la nécessité de contre-attaquer les communistes sur le continent: dans ces conditions, il ne pouvait tolérer que ses hommes achètent des terrains pour s'établir durablement à Taïwan! Pour la sécurité de lui-même et des siens, Qian Zhuolun devait donc se persuader lui-même et convaincre sa famille de prendre sur eux et d'accepter le logement exigu fourni par le ministère. Comme espace personnel, lui et sa femme disposaient d'une chambre avec un lit et une table, soit quelques mètres carrés seulement.

Un jour, un vieux soldat vint le voir pour lui exposer en soupirant le traitement des officiers subalternes dans l'armée : « Vivre ainsi, ce n'est pas tenable ! Sans maison assez grande pour loger tous nos parents qui sont venus avec nous du Continent, nous avons dû construire une cabane de fortune avec des murs en bambou fendu blanchis à la chaux et un toit en tôle. Comme il pleut beaucoup, l'étain rouille facilement et de la limaille tombe dans nos bols de riz. Il fait aussi chaud que dans un bateau à vapeur en été, et par temps de vent et de pluie, on risque toujours d'être intoxiqué s'il faut fermer la porte pour cuisiner. »

Qian Zhuolun rapporta à sa famille les mots de son ancien subordonné pour l'encourager : finalement, leurs propres conditions de vie n'étaient pas si mauvaises. En même temps, il s'était rendu compte à quel point le moral des troupes était bas.

Lors d'une réunion rassemblant tous les hauts gradés de l'armée nationaliste, Chiang Kai-shek réprimanda les généraux qui avaient acheté des maisons et des terrains. Il désigna ensuite Zhuolun : « Regardez le camarade Qian Zhuolun : sa famille, plus de vingt personnes au total, s'entasse sans broncher dans l'appartement que lui a attribué le ministère de la Défense nationale sans jamais se plaindre. Un tel sens du sacrifice, un tel esprit de corps, digne de l'académie Whampoa, une telle conscience révolutionnaire : vous devriez en prendre de la graine. »

Qian Zhuolun fut abasourdi. Il en eut des sueurs froides.

Après la réunion, son ancien camarade de promotion, le général Chen Cheng, qui était alors gouverneur de la « province » de Taïwan, lui confirma son retour en grâce : « Qipei, mon vieux, vous le voyez : même si le Généralissime croule sous les dossiers, il ne vous a pas oublié ! »

Comprenant très bien où Chen Cheng voulait en venir, Zhuolun feignit pourtant de ne pas comprendre. Lieutenant-général depuis l'année 1935, il était bloqué dans son avancement depuis quinze ans. Tous ceux qui fréquentaient les sphères du pouvoir savaient pourquoi sa carrière militaire végétait de la sorte. Peu après son arrivée à Taïwan, la réorganisation du ministère de la Défense nationale l'avait privé de son poste de directeur de département : il était désormais responsable du bureau des officiers d'état-major. Quelques années plus tard, son fils aîné, Qian Keshun, écrirait dans un article intitulé « La vie de mon défunt père, Qian Zhuolun » :

Le premier mars de l'année trente-neuf de la République de Chine [soit en 1950], la reprise en main du pouvoir par le président Chiang Kai-shek s'est accompagnée d'une réorganisation du ministère de la Défense nationale, à l'issue de laquelle mon défunt père se vit attribuer le poste de directeur général du bureau des officiers d'état-major. En vue de préparer la contre-offensive contre les communistes, il était chargé d'étudier les stratégies de mobilisation qu'avaient suivies les Japonais pendant la guerre et de créer une équipe de recherche à cet effet. En consultation avec des conseillers japonais, il a mis en place toute une réglementation en s'inspirant de la planification imposée à l'armée de terre japonaise en 1943.

En apparence, il s'agissait d'une tâche très prenante. Mais tout le monde savait que ce poste de façade servait essentiellement à fournir à Chiang Kai-shek divers « décrets » pour préparer sa contre-offensive sur le Continent. Tout son travail n'était que de la poudre aux yeux.

Après une carrière de plusieurs années dans l'armée, le fils aîné de Qian Zhuolun, Keshun, avait donc atteint le grade de colonel ; servant comme officier d'état-major dans un ministère, il ne venait presque jamais à la maison. Quant au , aussi appelé familièrement Kexian,, son métier de journaliste lui permettait de voyager beaucoup, tout en lui laissant suffisamment de temps libre pour venir prendre le thé. Chaque fois, pendant leurs bavardages, il racontait, sans même s'en rendre compte, les événements qui se déroulaient sur le Continent. À ces moments-là, le vieux militaire était souvent envahi par l'émotion.

Par exemple, Kexian raconta un jour que Song Guozhong, l'un de ses deux anciens camarades de classe qui avaient causé sa chute un soir de beuverie, celui-là même qui l'avait sauvé de la noyade lorsqu'ils étaient enfants, était devenu commandant adjoint d'une colonne de l'Armée populaire de libération, mais qu'il avait été tué au combat pendant la bataille de Taiyuan. Pour sa part, Liu Shizhao, ou « Liu-le-grand-caleçon », était désormais attaché militaire dans une ambassade chinoise en Europe de l'Est.

Qian Zhuolun tomba des nues. Ainsi, les deux anciens camarades de classe qu'il avait accueillis dans sa demeure étaient des communistes ! Lui, d'ordinaire si méticuleux, comment avait-il pu faire preuve d'autant de négligence ? Comment avaient-ils réussi à trouver son domicile, à l'attendre jusqu'à la fin de sa réunion et à le duper à coups de boisson et de bons sentiments pour lui extorquer des informations et courir les vendre à l'ennemi ?

Il connaissait la réponse, aussi fragile qu'une fine feuille de papier. Mais il cessa d'y penser, parce qu'il s'était endurci.

Kexian l'informa également du lieu où se trouvaient les généraux nationalistes qui étaient passés du côté des communistes avant que le Kuomintang se retirât du continent, comme Cheng Qian, Chen Mingren, Tao Zhiyue et Dong Qiwu. Dans son récit haut en couleur, ces hauts gradés qui avaient « abandonné l'obscurité pour se rendre à la lumière » avaient été traités avec égard par les communistes.

Au départ, Qian Zhuolun ne se méfiait pas de son fils, car ils étaient sur la même longueur d'onde. Mais avec le temps, il eut l'impression que Kexian préparait leurs discussions et se montrait de plus en plus pressant. Et ce, dans un but précis : le convaincre de retourner sur le Continent et rejoindre les rangs des communistes. Il n'avait pas d'inquiétude à se faire : le Parti traitait bien les « nouveaux patriotes » qui faisaient amende honorable. Peu importe les paroles qu'ils avaient pu avoir ou les actes qu'ils avaient pu commettre. Ce n'était qu'une question de temps : les communistes ne feraient qu'une bouchée de Taïwan et réintégreraient l'île dans la mère Nation.

Et cætera, et cætera.

Qian Zhuolun prit conscience que, derrière son fils, se tenait sa bru, Wang Yaojun. Elle aussi était journaliste. Le couple rentrait rarement ensemble à la maison, et elle semblait plus occupée que son époux. Elle se montrait très prévenante envers sa famille et son mari, et aimait beaucoup les enfants. D'un autre côté, elle parlait peu, d'une voix douce et veloutée comme de l'or. Elle ne donnait jamais son avis à la légère, et, quand elle prenait la parole, il fallait bien tendre l'oreille.

Il avait demandé à son fils comment, avec son caractère impulsif, il avait trouvé une femme si calme et posée, et Kexian avait répondu : « Je l'ai rencontrée à l'université. Quand l'amour vous tombe dessus, on ne peut pas y échapper. » Au ton de sa voix, Kexian semblait dire que ce n'était pas lui qui l'avait poursuivie de ses assiduités, mais plutôt elle qui avait pris l'initiative. Ce qui n'empêchait pas Qian Kexian et Wang Yaojun de s'aimer profondément, comme un petit frère aime sa grande sœur. Zhuolun pensait toutefois que sa bru était beaucoup plus mûre que son fils.

Un soir, le père et le fils buvaient ensemble un verre de vin de sorgho au fort degré d'alcool. Tandis que Kexian recommençait à tourner autour du pot en évoquant la poursuite de la guerre sur le Continent, Zhuolun, la mine sombre, lui demanda : « Es-tu envoyé par les communistes pour m'inciter à la défection ? »

Kexian semblait attendre que son père lui pose cette question. Sa réponse tomba comme un couperet : « En fait, père, vous auriez dû le savoir depuis longtemps. Lorsque Song Guozhong et Liu Shizhao sont venus dîner chez nous, ce soir-là, n'est-ce pas moi qui vous ai servi à boire ? »

Qian Zhuolun déposa son verre lourdement sur la table. La moitié du vin se renversa.

« Je le savais, j'ai commis de grandes fautes contre notre Parti ! Tu as ruiné ma réputation à vie, fils indigne ! »

Avec un ton aussi martial, il aurait dû dégainer son arme. Ou du moins appeler à l'aide. Mais, malgré la gravité de ses propos, très peu de colère transpirait sur son visage glacé ; seul le tremblement de ses pommettes trahissait sa tension.

« Je ne veux plus vous le cacher, père : je suis membre du Parti communiste. Depuis ma première année à l'université. Réfléchissez : pourquoi l'armée de Chiang Kai-shek est-elle en déroute totale ? Parce que le Kuomintang et son armée sont corrompus et obscurantistes et trahissent la volonté du Peuple !

– Qui es-tu pour me faire ainsi la leçon ?

– De plus, père, cette prétendue affaire de "fuite" dont vous faites si grand cas n'était rien d'autre qu'un écran de fumée. Le vieux n'a jamais cessé de tester la loyauté de tout son entourage. Vous n'êtes qu'une de ses innombrables victimes !

– Ça suffit ! »

Après un moment de stupéfaction, Qian Zhuolun sentit comme un vent froid transpercer ses os. Le « cadeau » laissé par von Falkenhausen, dont il avait tant douté, venait d'être confirmé par le Parti communiste.

Il jeta son verre par terre, puis sortit de la pièce.

Le père et le fils avaient mis cartes sur table, et se quittèrent fâchés.

Mais à partir de ce moment-là, chaque fois que Kexian ne rentrait pas la nuit, il demandait à sa famille de l'appeler et de le chercher. Et ils choisissaient de prendre leurs collations du soir tard dans la nuit, quand tous les autres s'étaient endormis.

Auparavant, quand il attendait son fils, il allumait toujours une lampe pour lire ou s'exercer sur les calligraphies de Wang Xizhi et de Sun Guoting. Mais désormais, chaque soir au crépuscule, il espérait que Kexian rentrerait tôt avec sa femme, car inconsciemment, il craignait qu'il n'arrivât quelque chose à son fils, et il voulait en savoir plus sur ce qui se déroulait de l'autre côté du détroit de Formose.

Il demeurait réfractaire à toute idée de « reddition ». Il avait besoin de temps pour l'admettre. Pourtant, il partageait globalement l'opinion de son fils selon laquelle la « contre-offensive sur le Continent » que prétendait planifier Chiang Kai-shek n'était qu'une chimère dont il semblait vouloir se persuader lui-même. Les Américains étaient très déçus de lui, et ce n'était qu'une question de temps avant que les communistes ne remettent la main sur Taïwan.

Il reconnaissait également que le Kuomintang était tout à fait corrompu, et que l'armée était complètement désorganisée, de sorte qu'elle n'avait plus aucune valeur combative.

D'un point de vue personnel, toutefois, il avait suivi Chiang Kai-shek pendant de nombreuses années, et il avait été bien traité par le Généralissime, du moins avant l'affaire de la « fuite ». Depuis toujours, les chefs d'État sont méfiants; sa conscience l'empêchait pourtant de l'abandonner alors qu'il se trouvait en aussi mauvaise posture.

Un soir, la belle-fille de Qian Zhuolun rentra un peu plus tôt que son fils. Un grand panier de légumes dans les mains, elle se rendit directement à la cuisine, disant à la servante qu'elle cuisinerait elle-même quelques plats de Yixing.

Quand Zhuolun alluma sa lampe, Kexian rentra à son tour.

Le dîner était somptueux, et certains des plats préparés par Wang Yaojun étaient délicieux. En dégustant le tofu braisé aux moules de rivière, si frais et tendre, Qian Zhuolun se demanda où elle avait pu trouver les mollusques sur cette île. La soupe était tout aussi savoureuse, même si les pousses de bambou du mont Ali, un rien rugueuses sous la dent, lui semblaient d'un goût différent de celles de sa région natale ; le lard, pour sa part, provenait bien de Jinhua, dans la province du Zhejiang. Sans parler des lamelles de porc sautées à la moutarde marinée, coupées si finement qu'on aurait dit des vermicelles : Qian Zhuolun ne put que féliciter sa bru de sa technique parfaite. Excité par toutes ces agréables sensations sur les papilles, l'appétit des convives n'en fut qu'aiguisé. La famille, réunie autour de la lampe, se gavait avec un enthousiasme rare, comme si on avait fait table rase de tous les différends passés. Pendant le repas, Wang Yaojun ne cessa de resservir son beau-père, en lui demandant si les plats étaient correctement assaisonnés et s'ils avaient une saveur authentique. Avec son sourire tout en douceur et en sérénité, elle attirait invinciblement le regard.

Qian Zhuolun posa ses baguettes et soupira : « Chassez le naturel, il revient au galop. Depuis que j'ai intégré l'armée, je ne suis jamais resté plus d'un jour dans ma ville natale, et ce n'est qu'en rêve que je goûte aux plats de mon enfance. En maintenant, jamais je ne pourrai plus y retourner ! »

Yaojun le regarda et lui rétorqua en souriant : « Ne dites pas cela, père. Comme l'affirme le proverbe, un arbre serait-il haut de mille toises, ses feuilles mortes n'en retomberaient pas moins à ses racines. Vous êtes encore en très bonne santé, et nous avons hâte que vous rameniez vos enfants et vos petits-enfants dans leur patrie ! » Sur ces mots, elle fit se lever Kexian et les enfants pour qu'ils portent un toast.

L'alcool coulait à flots. Mais après le troisième verre, Kexian rangea la bouteille : « Père, un petit verre, ce n'est rien, mais il ne faut pas en boire trop, c'est mauvais pour la santé. »

Qian Zhuolun n'était pas dupe : il savait que cette soirée pourrait être le moment de mettre cartes sur table. La stratégie de son fils n'était pas neuve : jouer la carte de l'affection, titiller ses papilles gustatives pour lui donner le mal du pays, et puis… Cet appel à la nostalgie n'était qu'un leurre, et tous ces discours sur le retour aux sources, dans la mère patrie, n'étaient qu'un écran de fumée. L'alcool participait à ce stratagème. Le moment décisif arriverait à l'heure du thé, après le repas.

Loin d'éprouver du ressentiment, il fit l'idiot et se laissa aller. Son fils et sa bru étaient encore jeunes, impétueux, un trait de caractère que peut-être leurs supérieurs encourageaient. À son estime, l'affection qu'ils lui portaient était toujours réelle, et il était intimement convaincu qu'ils ne lui feraient aucun mal. Il se demandait simplement comment il avait pu élever un communiste. Il lui semblait également que sa belle-fille avait joué un rôle trouble dans cette histoire. Les deux camarades qui avaient osé venir chez lui pour obtenir des informations l'avaient probablement percé à jour : Qian Zhuolun, cet homme honnête et droit, ne s'en prendrait jamais à des amis, fussent-ils communistes.

Un point auquel il n'avait pas fait attention lui devint clair : ce n'était pas son fils Kexian qui dirigeait la conversation ce soir-là, mais bien son épouse Wang Yaojun. Celle-ci, non contente d'être elle-même communiste, s'avérait en réalité la supérieure de son mari. Quand elle lui parlait, bien sûr, elle l'appelait toujours

« père », sur le même ton auquel elle l'avait habitué. Kexian était assis juste à côté d'elle, mais il ne réussissait jamais à l'interrompre.

Elle représentait l'organisation du Parti communiste, il n'y avait aucun doute là-dessus. Son air grave tranchait avec son regard chaleureux. Les hauts dirigeants du Continent, qui avaient soigneusement étudié la carrière de Qian Zhuolun, savaient qu'il avait participé à l'expédition du Nord et avait ensuite gravi les échelons jusqu'au grade de général. Bien qu'il eût suivi Chiang Kai-shek pendant de nombreuses années, il n'avait aucune dette de sang envers le peuple. Au contraire, à la veille de la défaite de Nankin, pendant la guerre contre les Japonais, il avait sauvé la vie de plus de cent mille réfugiés en ordonnant à un bâtiment militaire de les aider à traverser le Yang Tsé, sans en informer préalablement sa hiérarchie. En outre, il avait fermement dissuadé son père d'accepter le poste de gouverneur dans le régime collaborationniste. Tous ces hauts faits illustraient le noble et ardent patriotisme de l'officier Qian Zhuolun.

« Par conséquent, le Parti éprouve un grand respect à votre égard. Nous espérons de tout notre cœur que vous rejoindrez le Continent pour réintégrer le giron du peuple. »

Les yeux de Wang Yaojun brillaient de ferveur quand elle prononça ces mots. Elle les exprimait avec une telle assurance que chacun d'entre eux semblait destiné à laisser une empreinte indélébile dans le cœur de son public.

Qian Zhuolun, en soupirant, demanda à sa bru si c'était elle qui avait présenté Kexian au Parti communiste. Yaojun hésita un moment : « Non, pas vraiment. » Mais elle reconnut qu'elle avait intégré le Parti avant lui. Cela n'avait toutefois pas d'importance.

Qian Zhuolun continua : « Si je ne coopère pas avec vous, si vous n'obtenez rien de moi, votre organisation vous punira-t-elle ? »

Wang Yaojun sourit : « Père, nous croyons en vous, vous finirez par suivre notre voie. »

Même si la discussion n'avançait guère, l'ambiance était agréable. Cette soirée tranquille était parfaite. Jusqu'à ce que le fils aîné, Keshun, rentrât soudainement à la maison, à presque dix heures du soir. Comme il avait la clé, il ne frappa pas. Depuis l'enfance, il marchait d'un pas très léger, si bien que personne ne l'entendit quand il entra et qu'il apparut sans crier gare à la porte du petit bureau.

La scène, en famille, n'aurait normalement pas dû être gênante. Comme d'habitude, Keshun aurait pu s'installer sur une chaise, prendre une tasse de thé et vaquer à ses occupations. Mais l'apparition soudaine de cet invité surprise, sans qu'il saluât personne, jeta un froid. En bafouillant, il expliqua à son père, son frère et sa belle-sœur qu'il devait partir en voyage d'affaires le lendemain et qu'il était revenu prendre quelques effets.

Cette excuse sonnait creux. Promu colonel plus de six mois auparavant, Keshun avait déménagé avec sa famille dans une nouvelle résidence plus spacieuse.

Les deux frères s'étaient plutôt bien entendus jusqu'à ce que leurs trajectoires divergentes raréfient leurs retrouvailles. Posé et timoré dans son enfance, Keshun aurait normalement dû embrasser une carrière d'enseignant, mais il avait rejoint l'armée dès l'adolescence et avait réussi à passer entre les gouttes jusqu'à atteindre son grade actuel. Kexian, pour sa part, avec son tempérament espiègle et son goût pour le maniement des armes, aurait dû devenir militaire, mais il avait finalement opté pour le journalisme. Zhuolun savait que ses deux fils avaient des aspirations et des caractères très différents, et qu'ils se trouvaient à l'opposé l'un de l'autre dans de nombreux domaines. Il n'était pas rare que des désaccords surgissent entre eux.

Wang Yaojun prépara une nouvelle infusion de thé oolong; elle invita son beau-frère à s'asseoir et partager leur collation. Mais Keshun s'excusa et s'en fut après avoir échangé quelques civilités.

La conversation, qui pourtant avait bien commencé, s'interrompit. Qian Zhuolun avait un vague pressentiment, il savait que, pendant cette période, la traque des « bandits communistes » faisait beaucoup de ravages. Les agents des services de renseignement enchaînaient les heures supplémentaires et s'en plaignaient. Chiang Ching-kuo, le fils du Généralissime et chef de la police secrète, n'hésitait pas à utiliser des méthodes musclées, soulignant à maintes reprises que tuer un innocent était moins grave que de laisser s'échapper un criminel. Zhuolun répéta à son fils et à sa bru de bien faire attention quand ils sortiraient.

Hélas, trois jours plus tard, le malheur fondit sur Kexian et son épouse. Alors qu'ils se rendaient au mariage d'un collègue dans un hôtel de première classe à Taipei, un groupe d'hommes en civil se rua sur eux pour les arrêter.

Lorsque Qian Zhuolun apprit la nouvelle, il fut choqué, mais ne sembla pas surpris. La première scène qui lui vint à l'esprit fut l'apparition de Keshun à la porte de son petit bureau, à une heure tardive de la nuit.

Sans prendre le temps d'y réfléchir, il s'empressa de téléphoner au général Chen Cheng. Mais ce dernier refusa de l'aider, prétextant qu'il venait de démissionner de son poste de commandant de la police provinciale et que par conséquent il n'était plus responsable de cette pagaille. Son poste de « gouverneur de la province de Taïwan » était bien une coquille vide.

Pour Zhuolun, ce fut comme recevoir une douche froide sur la tête. Son vieux camarade avait bien changé : peut-être avait-il vraiment quelque chose à cacher ? Après avoir pris un moment pour se calmer, il appela le maire de Taipei, K.C. Wu.

Hormis Chen Cheng, K.C. Wu était le contact avec lequel il entretenait la meilleure relation. Formé aux États-Unis, Wu était un homme franc et loyal. Par le passé, alors qu'il était maire de Shanghai, il avait rencontré Zhuolun à plusieurs reprises dans un cadre professionnel et lui avait même parfois demandé de se charger de quelques-unes de ses affaires personnelles.

Après avoir écouté Qian Zhuolun, K.C. Wu déclara catégoriquement qu'il n'avait rien à voir avec cette arrestation. Il rappela à son ami que les services de renseignement étaient désormais sous le contrôle de Chiang Ching-kuo, le fils et héritier politique de Chiang Kai-shek. Sur le papier, la razzia anticommuniste lancée à Taipei aurait dû être dirigée par Peng Mengzhe. Mais celui-ci n'était que lieutenant général : dans ces circonstances, même s'il commandait la police provinciale de Taïwan, jamais il n'aurait osé offenser le « Prince ». Dès lors, il s'était présenté devant le Généralissime pour lui annoncer que modestement il déclinait la gestion des opérations, car il ne se sentait pas à la hauteur pour assumer cette lourde tâche : il préférait recommander d'autres hommes talentueux, de préférence de la trempe de Chiang Ching-kuo, pour prendre le relais.

Chiang Kai-shek, qui avait déjà l'intention de réorganiser les services de renseignement, les avait unifiés sous l'étiquette du « Comité d'action politique ». La démission de Peng Mengzhe l'arrangeait parfaitement, et son fils fut rapidement nommé à la tête de l'institution, immédiatement rebaptisée « Équipe d'information du secrétariat présidentiel ». Ce petit groupe jouissait d'une autorité gigantesque, s'étendant à tous les départements du Kuomintang, du gouvernement, de l'armée et des services spéciaux de Taïwan. Tout était désormais entre les mains de Chiang Ching-kuo.

Qian Zhuolun se rembrunit : il comprit que cela sentait mauvais. Côtoyant Chiang Kai-shek depuis tant d'années, il ne connaissait que trop bien son héritier désigné.

À cette époque, la presse taïwanaise publiait une série d'articles sur les trois affaires menant en cause des « espions communistes » dont Chiang Ching-kuo s'était déjà chargé. Chaque jour apportait son lot d'assassinats. Des membres issus de tous les milieux, paysans, industriels, fonctionnaires, militaires, étaient impliqués. La panique avait envahi Taïwan, et tout le monde était sur le qui-vive.

Chiang Ching-kuo, lorsqu'il avait pris ses fonctions, était auréolé de ses initiatives contre la pègre de Shanghai, qui restaient bien présentes dans les esprits. Cependant, alors qu'à l'époque il avait été entravé dans ses actions, aujourd'hui les vieux fossiles et les jeunes réactionnaires qui s'opposaient à lui étaient marginalisés. Personne ne pouvait plus l'empêcher de mener ses actions en toute liberté.

Après mûre réflexion, Qian Zhuolun conclut qu'il n'y avait qu'une seule personne vers qui il pourrait se tourner. Il appela la résidence officielle de Shilin pour contacter Soong May-ling, mais l'officier en charge avait été remplacé. Le nouvel aide de camp déclara que Mme Chiang Kai-shek ne se trouvait pas à Taipei, et qu'elle n'avait pas précisé sa destination. Qian Zhuolun se dit que son ancien titre de « professeur de calligraphie de la Première Dame » ne valait décidément plus grand-chose. Après son arrivée à Taïwan, Soong May-ling avait continué à étudier la peinture de paysage aux côtés de Huang Chün-pi, tandis que Cheng Man Ching lui enseignait le dessin de fleurs. Comme elle n'avait plus parlé de calligraphie avec lui, elle avait logiquement rompu tout contact avec Qian Zhuolun.

Cependant, après avoir été informée de la situation par l'une de ses connaissances, la Première Dame, qui se remémorait les bons moments avec son ancien professeur, accepta de le recevoir le lendemain matin dans sa résidence au bord du lac de Soleil et de Lune.

Deux cent quarante kilomètres séparaient le site de Taipei. Avec son chauffeur pour seul compagnon, n'emmenant aucun garde du corps, il partit à trois heures du matin. Sous la pluie, la route de montagne était difficilement praticable. À certains endroits, le chemin était si défoncé que la voiture ne cessait de s'enfoncer dans la boue et que Zhuolun devait descendre pour l'en extraire. C'est donc exténué et couvert de boue de la tête aux pieds qu'il arriva au lieu de rendez-vous.

Dès qu'il vit Mme Soong, il alla droit au but et la supplia de sauver son fils.

Sans se dérober, la Première Dame demanda des précisions, puis, après un moment de silence, se leva et passa un coup de téléphone. Lorsqu'elle reposa le combiné, son visage jusque-là joyeux s'était couvert d'un voile sombre.

« C'est Ching-kuo qui est à la manœuvre. »

C'est tout ce qu'elle dit, sans poursuivre plus avant.

Dans les hautes sphères du Kuomintang, tout le monde connaissait la relation ambiguë qu'entretenait Soong May-ling avec Chiang Ching-kuo. On ne pouvait évoquer la discorde à proprement parler, mais il ne fallait pas oublier qu'il n'était que son beau-fils et qu'elle n'avait que treize ans de plus que lui. Quand en 1948 Chiang Ching-kuo s'était attaqué à la pègre de Shanghai, il avait menacé les intérêts de la famille de Soong May-ling et de celle de Kung Hsiang-hsi, le mari de sa sœur Ai-ling. C'est alors qu'elle avait commencé à se brouiller à son beau-fils. Aucun des deux ne voulait faire de compromis. Finalement, Chiang Kai-shek, accordant à sa femme le bénéfice du doute, épargna les clans Soong et Kung, tandis que l'ambitieux Chiang Ching-kuo devait subir l'affront sans broncher.

Malgré ce passif, la Première Dame joua son va-tout : « Allez voir mon mari, vous faites partie des meubles. S'il vous adresse des remontrances, c'est qu'il y a encore une planche de salut. »

Soong May-ling pesait ses mots. Elle n'était pas impliquée dans la politique, mais seulement dans les œuvres de charité. Pleine d'humanité, elle n'en gardait pas moins un sens de la mesure. Qian Zhuolun saisissait pleinement la portée de ses paroles.

Cependant, s'entretenir avec le Généralissime n'était pas chose aisée, en tout cas moins qu'autrefois. En outre, très souvent, il jouait ses propres cartes en dépit de toute logique. Mais pour sauver son fils et sa bru, Qian Zhuolun n'avait d'autre choix que de prendre le risque.

Il était préférable de demander à K.C. Wu de plaider son cas devant Chiang Kai-shek. Il s'agissait d'une manœuvre périlleuse, car tout le monde savait que Wu ne s'entendait guère avec Chiang Ching-kuo, avec lequel il entrait régulièrement en conflit : lorsqu'il était maire de Shanghai, il avait fortement critiqué la campagne anticorruption menée par ce dernier, la jugeant irréaliste et précipitée ; en outre, il abhorrait l'arrogance de Chiang Ching-kuo, qui l'avait petit à petit privé de tous ses pouvoirs. K.C. Wu était néanmoins apprécié par le Généralissime, car il avait étudié aux États-Unis, où il avait noué des liens étroits avec de hauts dirigeants politiques, et plus encore parce qu'il n'appartenait à aucune faction et qu'il s'était montré tout à fait loyal. C'est pourquoi Chiang Kai-shek accordait du crédit à ses opinions et suggestions.

En bon ami, K.C. Wu accepta d'aider Qian Zhuolun à organiser aussi vite que possible une rencontre avec Chiang Kai-shek. Lorsque Zhuolun fut informé par le chambellan que le Généralissime acceptait de le recevoir, il sentit qu'il subsistait une chance.

La conversation fut directe. Sans politesses. Dans son dialecte cru de Ningbo, Chiang Kai-shek, furieux, réprimanda vertement Qian Zhuolun, le traitant même d'« enculé ». Après un laïus sur son manque d'autorité parentale et sur son indulgence coupable, il l'attaqua sur sa veulerie et sa nonchalance. Il alla même jusqu'à questionner ses motifs et l'accuser de duplicité et de trahison envers le Parti et l'État.

« Deux communistes dans la famille d'un lieutenant général, c'est tout bonnement ahurissant ! Sous l'Empire, toute la famille aurait été décapitée, jusqu'à la cinquième génération ! Rentre chez toi réfléchir à tes fautes, et ne fais pas de conneries ! »

Même si se faire réprimander de la sorte était tout sauf agréable, Qian Zhuolun se sentait quelque peu rasséréné. Les proches de Chiang Kai-shek savaient que le Généralissime ne parlait jamais en bien de ses généraux préférés. Dai Li, par exemple, fut l'un de ceux qui subirent le plus la mauvaise humeur de Chiang, lequel n'hésitait pas à l'agonir d'injures voire à le frapper à coups de pieds et de mains lorsqu'il était mécontent. L'intéressé, pourtant, avait toujours accepté ces « privilèges ». Si, au contraire, Chiang Kai-shek traitait soudainement quelqu'un de son entourage avec courtoisie et politesse, c'en était définitivement fini de lui.

« Pas de conneries » : cela voulait-il dire que l'affaire était déjà réglée et qu'il fallait éviter de faire trop de bruit pour le laisser gérer la situation ?

Effectivement, le lendemain, un message arriva du bureau du chambellan : Qian Zhuolun était autorisé à se rendre le jour même à la prison spéciale de Machangding, près du Jardin botanique de Taipei. Dans son message, le président de la République espérait que son cher Qipei ferait preuve de suffisamment de vertu pour persuader ses deux parents détenus de se repentir et de lui remettre une liste de leurs contacts communistes, en échange de quoi il assurait qu'ils auraient la vie sauve.

Qian Zhuolun eut un vertige et faillit tomber à terre. Il réalisait maintenant que la seule faveur qui lui avait été accordée était de rencontrer son fils et sa belle-fille avant leur exécution.

En effet, pour les sauver, deux conditions étaient requises. Or, tel qu'il connaissait Kexian et Yaojun, tout « repentir » était exclu, et dénoncer les membres de leur cellule encore plus chimérique.

En lisant le message de Chiang Kai-shek, il vit les catastrophes s'enchaîner : s'il ne parvenait pas à persuader son fils et sa bru d'accepter ces conditions, non seulement ils seraient exécutés, mais lui-même voire tous les siens seraient éclaboussés.

Ses membres étaient devenus glacés, et il se sentit extrêmement faible tout d'un coup. Bien que lui-même eût été plusieurs fois au feu et qu'il fût à plusieurs reprises passé entre les mailles du filet, ce qui était en jeu aujourd'hui n'était plus seulement la vie de son fils et de sa bru, mais très probablement celle de sa famille entière.

Depuis quelques jours, Keshun n'était pas rentré à la maison. Quand il l'appelait au téléphone, on lui répondait qu'il n'était pas disponible et on raccrochait immédiatement. Par la suite, il découvrit que le jour où Kexian et Yaojun avaient été arrêtés, Keshun avait également été placé en résidence surveillée.

Une hypothèse était que Keshun était innocent, qu'il n'avait pas trahi son frère et sa belle-sœur ; une autre était que les « autorités » l'avaient délibérément assigné à résidence pour le protéger.

Qian Zhuolun avait l'esprit en ébullition. De toute sa vie, il n'avait jamais été plongé dans une telle confusion. Quand il sortait, il remarquait des passants à l'allure suspecte rôdant aux alentours. Il comprit que lui aussi était surveillé.

À l'heure prévue, il rendit visite à son fils. Après seulement deux jours, les séances de torture avaient laissé Kexian couvert de sang, la chair à vif ; ses yeux caves, profondément enfoncés dans ses orbites, ressemblaient à deux trous noirs.

Zhuolun rapporta douloureusement à son fils, dans des mots soigneusement choisis, les deux conditions émises par Chiang Kai-shek. Bien qu'il eût essayé d'être aussi doux et subtil que possible, Kexian n'attendit même pas qu'il termine pour l'interrompre en ricanant : « Père, même si vous et moi ne partageons pas les mêmes opinions, pourriez-vous accepter que votre fils trahisse et vende ses camarades ? »

Qian Zhuolun savait que la pièce était sur écoute : « Pense à tes enfants ! Il ne s'agit pas que de toi ! »

Kexian sourit douloureusement : « Le jour où nous avons rejoint le Parti, Yaojun et moi savions que nos vies ne nous appartenaient plus. »

Un ange passa. Aucune parole ne pouvait l'inciter à faire amende honorable. De leurs ancêtres, les membres de la famille Qian avaient hérité une détermination chevillée au corps et un esprit combatif qu'ils savaient déployer dans les moments critiques. Une main de fer dans un gant de velours.

Les larmes aux yeux, Zhuolun laissa échapper un long soupir : « Mon fils, je suis désolé pour toi et pour Yaojun, je ne peux pas vous sauver ! »

Kexian se jeta soudainement à genoux et se mit à sangloter : « Père, Yaojun et moi ne pourrons jamais vous remercier pour votre bonté et votre amour. Pardon, pardon. Prenez bien soin de vous. »

Des deux mains, Zhuolun releva son fils et l'étreignit une dernière fois. Le corps tremblant de Kexian était brûlant. Telle est la dernière image que Zhuolun garda de lui.

Pour sa visite auprès de Yaojun, la direction de la prison avait réservé une petite salle de conférence, avec un canapé et une table basse ; on lui avait même préparé une tasse de thé. Assurément, les autorités pénitentiaires étaient conscientes du statut de la détenue et de son poids au sein du Parti communiste.

Elle entra dans la salle avec une démarche titubante. Apparemment, elle aussi avait été torturée, mais les séquelles étaient moins visibles. Zhuolun savait que les autorités attendaient davantage d'elle.

Pour commencer, ils parlèrent de la famille. Yaojun voyait clair : elle savait que le temps était compté. Il lui fallait exposer à son beau-père des détails pratiques qu'il ignorait. Par exemple, dans quelle banque et sur quels livrets Kexian et elle avaient déposé le peu d'économies qu'ils avaient réalisées ; où trouver certains de leurs documents d'assurance ; à quels amis ils avaient emprunté de l'argent et lesquels avaient des dettes à leur égard. Comme elle craignait qu'il ne se souvînt pas de tous les anniversaires de ses enfants, elle les lui énuméra.

Puis, il y avait ses parents. Elle demanda à Zhuolun de leur envoyer un message pour leur dire combien elle était désolée de ne pas pouvoir être à leurs côtés dans leurs vieux jours. Elle espérait aussi qu'ils pourraient participer à l'éducation de leurs enfants orphelins.

À mesure qu'il écoutait, des larmes roulaient sur ses joues, sans qu'il pût les retenir. Comment pouvait-il encore essayer de la convaincre de se repentir ?

« Père, il y a encore une chose que je voudrais vous demander. Si un jour vous rentrez au pays, s'il vous plaît, emportez mes cendres et celles de Kexian. »

Puis elle prononça ces derniers mots : « Père, je vous reverrai dans une prochaine vie. »

Il ne put s'empêcher d'éclater en sanglots.

Il comprenait ce qui se cachait derrière les paroles de sa bru. Alors même que tous deux savaient que la salle était sous écoute, elle le poussait toujours à regagner le Continent.

Il savait en effet que, dans la pièce d'à côté, un groupe d'espions attendait qu'il essayât de la convaincre de son erreur, voire qu'un miracle se produisît. Tout ce qu'ils disaient, Chiang Kai-shek et son fils pouvaient l'entendre. Il devait dire quelque chose pour sauver les apparences, pour satisfaire le Généralissime.

Mais pas un mot ne sortait de sa bouche. Il avait beau savoir quelles en seraient les conséquences, il se refusait à parler. À ce stade, il ne pouvait plus rien pour son fils et sa bru, et il ne voulait pas les ébranler alors qu'ils regardaient la mort en face.

Le visage pâle de Yaojun affichait une grande sérénité. Maintenant qu'elle avait dit tout ce qu'elle avait à dire, elle était heureuse, et elle souriait. Elle se leva, s'inclina devant Zhuolun, puis se retourna et quitta la salle.

C'était la dernière fois qu'il voyait Yaojun sourire. Rien ne semblait différent de l'habitude.

Tôt le lendemain, il reçut la nouvelle que Kexian et Yaojun avaient été exécutés à une heure du matin à Machangding. D'un ton glaçant, la prison l'informa qu'il devait récupérer les corps.

Ce même jour, il fêtait son soixante-troisième anniversaire.

Quand Qian Xiuling arriva à Taipei, tout était déjà terminé.

Son frère Zhuoru et son cousin Zhuolun voulaient tous deux la voir.

Zhuoru accompagna sa sœur pour rendre visite à leur cousin. Non pas chez lui, mais à l'hôpital. En effet, Qian Zhuolun était tombé malade après les funérailles de son fils et de sa bru.

Inutile de dire qu'à l'issue de ce malheur, c'est toute une famille qui s'était effondrée. Les quatre enfants de Kexian et Yaojun, deux garçons et deux filles, se retrouvaient seuls. Le plus vieux avait douze ans ; le plus jeune, à peine six.

Quand Zhuolun vit Xiuling, les larmes lui montèrent aux yeux. Il avait pourtant déjà réussi à s'extraire de son chagrin : même s'il tenait difficilement debout, son esprit, malgré toute la souffrance qu'il avait endurée, n'était pas brisé. En dépit des insomnies, il gardait l'esprit éveillé.

En arrivant chez Zhuoru, Xiuling avait préparé de la bouillie de riz, qu'elle avait placé dans un thermos pour l'apporter à son cousin alité. En accompagnement, elle lui servit des radis en saumure que l'épouse de Zhuoru avait marinés elle-même. C'était ce qu'ils mangeaient au petit déjeuner quand ils étaient jeunes. Lorsqu'il goûta l'épaisse bouillie blanche et mâcha un radis croquant, les images de leur pays natal défilèrent devant les yeux de Zhuolun. Tout le repas, Xiuling resta auprès de lui pour lui faire la causette. Et à mesure qu'ils parlaient, la chaleur remplit peu à peu leurs cœurs.

Xiuling avait l'impression qu'on les épiait. Du mandarin elle passa au dialecte de Yixing, sa langue maternelle, mais elle continuait à se sentir mal à l'aise. Elle demanda qu'on lui apporte un fauteuil roulant, et elle conduisit son cousin jusqu'à la pelouse en bas de l'hôpital.

Le temps à Taipei était chaud et moite toute l'année. Le ciel était d'un gris terne. Bien que ce fût l'automne, il faisait aussi étouffant qu'en plein été et l'air était chargé d'humidité.

Zhuolun évoqua cette nuit où Keshun était rentré à la maison sans crier gare. Pour lui, cet épisode restait une énigme. Quand il avait demandé à la servante ce qui s'était passé, elle avait répondu, l'air un peu nerveux, qu'elle s'était couchée tôt cette nuit-là. Quand on y repensait, il était possible que Keshun eût entendu leur conversation alors qu'il se trouvait à la porte du petit bureau. Il devait déjà tout savoir lorsqu'il était entré.

Keshun était un militaire. Ne pas enfreindre la loi pour ses intérêts personnels, faire passer le devoir avant les liens du sang : tout cela faisait partie de sa formation.

S'il s'avérait que Keshun les avait dénoncés, il avait marqué la famille Qian du sceau de l'infamie ; mais même si c'était le cas, du point de vue du « parti-État », Keshun aurait-il eu tort ?

De toute manière, la famille Qian ne pouvait pas se permettre une autre tragédie. Enterrer ses enfants était contre nature. Qian Zhuolun était dans un abîme de désespoir.

Il indiqua également à Xiuling que le maire de Taipei, K.C. Wu, avait pris le risque de venir le voir et lui avait conseillé d'effacer au plus vite toute cette histoire de sa mémoire. Et surtout, de ne pas chercher à savoir qui avait dénoncé le couple.

Était-ce un indice caché ?

Après un long silence, Xiuling lui répondit :

« À mon avis, Zhuolun, cessez de vous interroger sur Keshun. Laissez les choses couler, arrêtez de vous tourmenter. Chez les Qian, on n'est pas de nature rancunière, encore moins envers la famille. En l'absence de preuves, le mieux à faire est de considérer que rien ne s'est passé. Je préfère imaginer que Kexian et Yaojun sont partis en Afrique ou ailleurs, pour ne jamais revenir. Rassure-toi, Zhuolun, ils ne seront plus jamais seuls, ils sont ensemble pour toujours. Tu as encore tes petits-enfants. Maintenant, tu dois prendre soin de toi : c'est la meilleure chose que tu puisses faire pour leur rendre hommage. »

En finissant de parler, elle avait les larmes qui perlaient.

16
Où est passé le paysage de Zhang Daqian ?

Le 16 octobre 2018, revenus d'Écaussinnes, nous nous sommes rendus, comme convenu, dans un appartement au numéro 72 de la rue Saint-Lambert à Woluwe, pour rendre visite à Qian Xianhe, un neveu de Qian Xiuling, et à Qian Weiqiang, le fils de celui-ci.

La première question que nous leur avons posée était la suivante : pourquoi Qian Xiuling, tout auréolée de son succès lors du procès du général von Falkenhausen, n'avait-elle pas profité de cette occasion pour regagner l'Université catholique de Louvain et poursuivre son rêve de devenir une nouvelle Marie Curie ? D'après les informations que nous avions pu récolter, l'« héroïne nationale » avait en effet quitté la scène publique pour ouvrir un restaurant en partenariat avec des amis chinois. Pourquoi avait-elle donc choisi d'emprunter cette voie ?

Expert mondial dans la pétrologie des carbonatites, Qian Xianhe, un vieux monsieur aux cheveux argentés, âgé alors de quatre-vingt-deux ans, avait été professeur à la National Taïwan University. Fils de Qian Zhuoru, il était l'ultime témoin du passage de son père et de sa tante Qian Xiuling à l'Université catholique de Louvain, histoire dont on a tant glosé depuis près d'un demi-siècle. Après avoir décroché son diplôme en Belgique, Qian Zhuoru était retourné en Chine, pour gagner l'île de Taïwan après la guerre. Après que son fils Xianhe eut terminé ses études de premier cycle à la NTU, il lui demanda de l'aider à réaliser l'un de ses rêves, en acceptant d'intégrer l'Université catholique de Louvain pour y poursuivre une licence puis un doctorat en paléontologie. Obéissant aux désirs de son père, Xianhe continua donc son parcours académique en Belgique. Le jour où il reçut le grade de docteur, sa tante Qian Xiuling tint à assister en toge à la cérémonie de remise des diplômes. Elle lui avait semblé encore plus excitée que lui.

Voici comment Qian Xianhe explique les raisons pour lesquelles sa tante a ouvert un restaurant :

En 1951, ma tante a été introduite par son mentor dans un institut international de recherche en énergie nucléaire à Bruxelles, où elle a travaillé en qualité de chimiste. Elle s'y est bien intégrée et y a publié plusieurs articles influents. Cependant, l'année suivante, comme elle est à nouveau tombée enceinte, elle a dû quitter le laboratoire pour rester chez elle et s'occuper de ses enfants. Quand une femme regagne ainsi le foyer familial, il est difficile pour elle d'en sortir à nouveau. Quant au restaurant, comme elle était connue et respectée en Belgique, de nombreux Chinois venaient lui demander de l'aide ; certains, qui éprouvaient des problèmes financiers, lui empruntaient même de l'argent. Elle ne pouvait supporter de rester impuissante devant les miséreux. Cependant, à cette époque, son mari Grégoire était le seul dans le ménage à travailler, et avec leurs cinq enfants, leurs dépenses étaient élevées. C'est à ce moment-là qu'elle a rencontré le père Chen et son épouse, un couple originaire de la province de l'Anhui qui avait immigré de France en Belgique. Ces amateurs de bonne chère venaient toujours manger chez ma tante, parce qu'ils appréciaient les plats traditionnels de sa région dont ils n'étaient pas familiers. Un jour qu'ils discutaient, je ne sais qui a eu l'idée, mais ils ont décidé d'ouvrir un restaurant chinois ensemble. Ma tante était très enthousiaste, car en ouvrant un restaurant, elle pourrait manger de la cuisine chinoise tous les jours, rencontrer beaucoup de compatriotes, ou encore attirer des étrangers amateurs de la gastronomie chinoise. Mais le plus important, c'était qu'elle pourrait de la sorte percevoir un revenu qu'elle mettrait à profit pour aider ses compatriotes dans le besoin.

Le récit de Qian Xianhe nous fait revivre la rue Saint-Lambert à la fin des années 1950. Des ténèbres du temps, nous voyons peu à peu surgir, dans cette rue de Bruxelles alors plutôt tranquille, la devanture d'un restaurant. L'établissement reste discret, tant par sa taille que par sa façade. Sur l'enseigne, on lit le nom « Confucius », calligraphié en noir de jais dans le style puissant et vigoureux de Wang Xizhi ; un portrait de Confucius, peint en or avec une longue traîne flottante derrière lui, attire le regard. Le jour de l'ouverture, il faisait grand soleil et le temps était très doux. De nombreux badauds étaient venus fêter l'événement, notamment des habitants d'Écaussinnes, et même Roger d'Herbeumont en compagnie de son épouse et de ses enfants. Dans la foule, on reconnaissait de nombreuses autres silhouettes familières : Maurice Doclot, Raymond Maucq, ainsi qu'un survivant qui ne figurait pas sur la photographie officielle des quatre-vingt-seize otages sauvés par Qian Xiuling, l'ex-pasteur Lu Zengxiang.

Comme le veut la coutume chinoise, le vestibule est orné, sur le mur faisant face à l'entrée, d'un portrait souriant de l'esprit de la richesse ; sur la table, en dessous, repose un brûleur d'encens. Accroché au centre de l'établissement, un élément de décoration attire l'œil : un paysage du célèbre peintre Zhang Daqian. Qian Xianhe croit se souvenir que c'est à lui que sa tante Qian Xiuling avait emprunté cette œuvre. C'est son père qui la lui avait offerte. Le tableau, de grande dimension, était imposant. Qian Xiuling racontait que dans le passé chaque résidence particulière devait disposer d'une pièce d'exception. Avec cette peinture de Zhang Daqian, son restaurant avait tout pour prospérer !

Du père Chen et de son épouse, qui avaient collaboré avec Qian Xiuling pour ouvrir son établissement, Qian Xianhe ne se souvenait pas des noms exacts. Il savait seulement qu'ils étaient originaires de la province de l'Anhui et que le père Chen avait d'abord travaillé comme prêtre à Paris, puis à Anvers. Apparemment, lorsqu'ils vivent à l'étranger, les Chinois ne peuvent exercer que deux métiers : soit, s'ils sont beaux parleurs, ils deviennent prêtres ; soit ils ouvrent un restaurant – après tout, qui d'autre que les Chinois accordent autant de soin et d'attention à la cuisine ? En outre, apparemment, bon nombre d'étrangers apprécient la gastronomie chinoise.

Un jour qu'il était au restaurant Confucius, Qian Xianhe a commandé un plat de tofu poilu qu'avait préparé la femme du père Chen. Ce plat, qui l'avait grandement marqué, consistait en du tofu presque moisi, recouvert de poils blancs, que l'on passait rapidement au wok avant de le frire dans un bain d'huile. Il se souvenait que Grégoire de Perlinghi avait alors manifesté son inquiétude de manger de la nourriture avariée, qui risquait de causer des maux d'estomac. Mais tout le monde s'était précipité sur le plat, sans que personne n'en tombe malade. La fois suivante que Mme Chen avait préparé du tofu poilu, Grégoire, goûtant un petit morceau du bout des lèvres, avait finalement reconnu que c'était délicieux.

Le tofu poilu était resté l'un des plats signatures du restaurant Confucius.

Qian Xianhe explique également comment il a dégusté, dans le même établissement, une perche puante, une spécialité de la cuisine de l'Anhui. Le poisson, de première qualité, est mariné soixante-sept jours dans la saumure, jusqu'à ce qu'il dégage un parfum nauséabond. Il est alors mélangé et cuit dans une sauce épaisse à base de sauce soja, mais surtout de vin de riz et de gingembre. Ce plat empeste, mais s'avère en fait incroyablement délicieux. Qian Xianhe se souvient de la fois où sa tante, après y avoir goûté, s'était étonnée : « Mais où avez-vous trouvé de la perche en

Belgique ? » avait-elle demandé à la femme du père Chen. Celle-ci avait répondu en souriant que, si on pouvait trouver à Anvers un poisson qui ressemblait à la perche, il était impossible de s'en procurer à Bruxelles. Sur un marché, elle avait donc acheté une daurade ; avec sa chair ferme et savoureuse, associée aux bons ingrédients, cela faisait tout à fait l'affaire. L'illusion était parfaite.

Bien sûr, Qian Xianhe confirmait que les plats les plus appréciés au restaurant Confucius n'étaient ni le tofu poilu ni la perche puante, mais le canard mariné de Canton, le poulet cantonais de Wenchang, les crevettes au gratin de riz, le pigeonneau braisé, ainsi que la cuisine du Jiangnan dont Qian Xiuling était la spécialiste.

L'un des mets préférés de Qian Xiuling, typique de sa région, pour ne pas dire de sa ville natale de Yixing, était le *toucai*, un bouillon riche à base, notamment, de boulettes de viande, de poisson et de pousses de bambou, servi dans une soupière ou directement dans la cocotte. Si les Belges ne jurent que par Noël, Qian Xiuling gardait une affection toute particulière pour le Nouvel An chinois. Lorsqu'elle était enfant, ce bouillon était le plat servi au réveillon. Dans son souvenir, toutes les familles en consommaient, même si chacune en avait sa propre recette.

Riche en saveurs, le *toucai* est un plat convivial et copieux où chacun peut trouver son compte. Dès qu'il paraît sur la table, c'est toute l'atmosphère du Nouvel An qui se dégage. Qian Xiuling avait expliqué à Qian Xianhe que le *toucai*, littéralement « plat de tête », s'appelait de la sorte non seulement parce qu'il est le premier plat à être servi les jours de fête, mais aussi parce qu'il comprend une très grande variété d'ingrédients, viande et légumes, si bien que tant les végétariens que les amateurs de viande ou de produits de la mer peuvent y trouver chaussure à leur pied. Un plat parfait pour de chaleureuses retrouvailles familiales.

De fait, dans le *toucai*, il y en a pour tous les goûts : peau de porc croustillante, lard salé, tendons fondants, boulettes de viande et de poisson, crevettes séchées, concombre de mer, noix de cajou, champignons noirs, pousses de bambou, ail vert… Le tout dans une seule grande marmite.

Hormis les pousses de bambou, tous ces ingrédients pouvaient être achetés sur les marchés de Bruxelles. Bien sûr, le plus important était de préparer un bouillon gras de viande authentique, avec pour unique assaisonnement de l'huile de sésame pressée maison. À la place des pousses de bambou, les chefs agrémentaient ce plat de champignons frais bien tendres, tels qu'on en trouve dans les supermarchés de Bruxelles, coupés en gros morceaux. La peau de porc croustillante était préparée maison. Pour ce plat, on fait d'abord sécher la couenne avant de la frire dans une poêle. Ainsi plongés dans un bain d'huile bouillante, les petits morceaux de peau augmentent rapidement en volume. Une fois refroidie après trempage dans de l'eau froide, la couenne devient moelleuse. On la recoupe en fines tranches et la met à nouveau à frire dans le wok. À l'issue de cette cuisson à haute température, la peau, lorsqu'elle est ajoutée au bouillon, en aspire tous les parfums. Elle en ressort à la fois extrêmement goûteuse et d'une grande tendreté, tout en conservant de la consistance. Un vrai délice !

Les boulettes de poisson étaient également confectionnées sur place. Après avoir sélectionné soigneusement la meilleure partie du poisson, dénuée de toute arête, on la hache finement avec le dos d'un couteau avant de l'assaisonner. Puis, on fait bouillir le tout quelques instants dans une marmite de bouillon brûlant jusqu'à obtenir de petites boulettes. Attention de ne pas laisser le poisson trop longtemps à cuire, sans quoi la chair devient terne et caoutchouteuse.

Au début, Qian Xiuling mitonnait tous ces plats elle-même. De la sélection des ingrédients à la mise en cuisson en passant par la confection du bouillon, elle mettait du cœur à l'ouvrage. Comme si elle réalisait une expérience dans un laboratoire, chaque étape de la préparation constituait pour elle un nouveau défi, une nouvelle source de plaisir. Par la suite, elle demanda aux cuisiniers de suivre scrupuleusement ses recettes, non sans leur apporter son concours de temps à autre.

Effectivement, le père Chen et son épouse ne tarissaient pas d'éloges sur le *toucai* de Qian Xiuling. C'est donc naturellement qu'ils l'inscrivirent sur la carte du restaurant, sous le nom de « plat de tête du Jiangnan » – « plat de tête » pour souligner la qualité exceptionnelle du plat, et le qualificatif « du Jiangnan » pour ne pas le restreindre à la ville de Yixing dont il était originaire.

Qian Xianhe se souvient que le week-end, lorsqu'il rentrait à Bruxelles après l'école, il se rendait d'abord dans le restaurant Confucius pour y dîner. Ce n'est qu'à l'heure de la fermeture qu'il rentrait chez lui avec sa tante.

Le souper de Qian Xiuling était frugal, mais non moins sophistiqué : une soupe *wonton* et des rouleaux de printemps. Les raviolis *wonton*, qu'elle confectionnait elle-même, étaient servis dans un savoureux bouillon de viande ; tout aussi faits maison, les rouleaux de printemps étaient, pour une moitié, farcis de viande et, pour l'autre, remplis d'une garniture végétarienne à base de radis coupés en fines lamelles ou écrasés en purée. Pendant qu'elle cuisinait, elle fredonnait un petit air d'un ton guilleret. À la voir ainsi s'activer aux fourneaux, elle avait moins l'air d'une double docteure en sciences que d'une pure femme au foyer.

Lorsque le restaurant a ouvert ses portes, un seul cuisinier y travaillait : le chef Mak, qui venait de Hong Kong. Expert de la gastronomie cantonaise – son canard mariné avait un goût authentique, tout comme son pigeonneau au sel et au poivre était à se damner –, il peinait à reproduire les plats du sud-Yang Tsé que lui proposait Qian Xiuling. Peut-être tenait-il en piètre estime ces mets familiaux manquant de décorum : de simples recettes de grand-mère, en somme. Qian Xiuling, pourtant, tenait à conserver cette authenticité. À force d'insistance, le chef Mak finit par commencer, non sans mal, à cuisiner ces petits plats du Jiangnan que Qian Xiuling appréciait tant, notamment les brioches à la vapeur et le riz sucré en casserole. Un jour, deux Chinois âgés vinrent des Pays-Bas pour déguster le « plat de tête du Jiangnan », dont ils avaient entendu le plus grand bien. Le bouche-à-oreille avait donc fait son effet. L'un d'eux était originaire de Wujin, une ville du Jiangsu à côté de Yixing, tandis que l'autre venait de Taicang, près de Suzhou, deux régions proches du pays natal de Qian Xiuling où, non content de partager les mêmes goûts culinaires, on parle un patois *wu* – sa langue maternelle – avec des intonations similaires à son propre dialecte. Pendant que Qian Xiuling et ses invités discutaient à bâtons rompus, on servit une marmite de bouillon brûlant qui exhalait un fumet d'oignon de printemps et d'huile de sésame. L'un des vieillards, à la chevelure d'argent, éclata en sanglots : « J'ai l'impression de sentir la cuisine de ma mère. »

Couleur et saveur, rien ne manquait. En un rien de temps, la soupière fut vidée. Qian Xiuling servit alors à ses nouveaux amis une portion de rouleaux de printemps frits, l'un farci de légumes et de viande et l'autre farci de lamelles de radis. Le ventre bien repu et le visage radieux, les invités, un brin confus, rotèrent de satisfaction. Leurs visages étaient aussi satisfaits que ceux d'enfants. L'autre client, un homme chauve qui jusque-là n'avait pas pipé mot, demanda un stylo et du papier, car il souhaitait laisser quelques mots. Qian Xiuling se tapa la tête, se sentant stupide de ne pas disposer d'un livre d'or. Elle pressa un des serveurs d'aller vite en acheter un.

Au final, l'invité chauve écrivit un poème en l'honneur du restaurant. Il s'appelait Kong, issu d'une famille de précepteurs et de professeurs originaire de la province du Shandong. Bien entendu, il était un descendant de Maître Kong, Confucius en personne ; ce n'est que pendant la dynastie des Song du Sud que ses ancêtres avaient migré à Wujin. Dans son poème, deux lignes touchèrent le plus Qian Xiuling et le père Chen, car elles éveillaient en eux un sentiment de nostalgie :

Dans mon exil je goûte à des saveurs sincères
De retour au Jiangnan, rends hommage à ma mère.

Dans le souvenir de Qian Xianhe, le restaurant Confucius semblait très bien marcher, car il accueillait toujours un grand nombre de clients. Mais cet état de grâce n'a pas duré très longtemps : moins de deux ans plus tard, l'établissement dut fermer ses portes et fut vendu. Il n'était tout simplement pas rentable.

Durant toute sa vie, Qian Xiuling n'avait jamais connu que les joies de l'enfance et de l'étude : comment aurait-elle pu gérer correctement un commerce ? À l'ouverture du restaurant, de nombreux amis étaient venus soutenir son entreprise, mais Qian Xiuling avait toujours refusé leur argent, si bien que beaucoup de clients mangeaient et buvaient à l'œil. Même si le père Chen et son épouse ne s'y connaissaient guère en matière de gestion, les largesses de Qian Xiuling ne manquaient pas de les inquiéter. Chaque fois qu'ils lui en parlaient, elle répondait que, lorsqu'elle était enfant, dans son pays natal, quand un magasin ouvrait, il proposait toujours des rabais pendant plusieurs jours ; en échange, des amis venaient soutenir les tenanciers ou leur apporter de petits cadeaux. Dans de telles conditions, comment pouvait-on exiger des clients qu'ils paient leurs consommations ?

Au fil du temps, les problèmes s'étaient accumulés. Le restaurant, bien qu'à Bruxelles, était assez excentré. Les clients étaient pour la plupart issus de la classe moyenne ou à faible revenu, et l'établissement était trop petit pour accueillir de grands groupes. Qian Xiuling avait en outre insisté pour que les prix restent inférieurs à ceux des autres restaurants, de peur de faire fuir les convives qui venaient de loin. La plupart d'entre eux étaient des Chinois d'un certain âge, nostalgiques de leur pays natal, qui venaient au Confucius les larmes aux yeux pour y rester tout l'après-midi à radoter sur leurs malheurs. Quand ils évoquaient auprès de Qian Xiuling leur dure vie de travailleur en exil, la patronne se laissait facilement émouvoir par les trémolos dans leur voix, si bien qu'elle déliait parfois sa propre bourse pour leur offrir le repas. Dans ces conditions, les pertes étaient inévitables.

Était-ce à dire que Qian Xiuling et le couple Chen avaient trop insisté sur le « caractère chinois » de leur restaurant jusqu'à en exclure les étrangers ?

Non pas. Qian Xianhe, en tout cas, avait l'impression que les étrangers étaient même plutôt nombreux.

Quoi qu'il en soit, peut-être Qian Xiuling avait-elle initialement trop insisté sur ce fameux « caractère chinois », ou du moins sur ce « goût du Jiangnan » dont elle ne pouvait se défaire. Tous ces plats familiaux qu'elle avait ajoutés à la carte, même s'ils étaient appréciés par la plupart des habitués chinois, ne plaisaient guère aux locaux. En effet, les Européens préfèrent les aliments riches en calories et les saveurs fortes, comme le filet de poulet, le steak de bœuf, le vin rouge et le café. Et le steak du chef Mak n'était certainement pas aussi bon que son canard mariné.

Une autre raison de cet échec est à trouver dans les désaccords entre les partenaires initiaux du projet. Qian Xiuling était celle qui avait investi la plus grande partie du capital dans l'affaire ; mais, au moment de partager les dividendes, le père Chen et son épouse exigeaient bien davantage que ce que Qian Xiuling pouvait se permettre. Même s'il était dans son caractère de ne pas demander des comptes à ses amis, elle se retrouva vite confrontée à une dure réalité : son restaurant ne lui permettait pas de joindre les deux bouts. Qian Xiuling tint bon pendant un moment, mais au final elle n'eut d'autre choix que de fermer boutique.

Malgré tous leurs déboires, Qian Xiuling et le père Chen restèrent en bons termes. Après tout, le prêtre et son épouse avaient travaillé tout autant qu'elle. Comme ils avaient besoin d'argent pour s'installer à Paris, où ils avaient l'intention de rejoindre leurs enfants, Qian Xiuling leur donna une partie de son capital en guise de cadeau d'adieu. Elle restait très reconnaissante de l'aide qu'ils lui avaient accordée dans cette aventure. C'est donc non sans tristesse qu'elle leur dit au revoir.

La peinture de Zhang Daqian qui ornait le restaurant avait été empruntée à l'origine par Qian Xiuling à son neveu Xianhe. Cependant, lors de la revente, une réglementation locale imposait aux propriétaires de ne rien emporter. Tout devait être laissé sur place, même les deux livres d'or remplis par les clients. Qian Xiuling se sentait coupable envers son neveu : « Comment pourrais-je te rendre ton bien, un cadeau de ton père ? Il me reste quelques tableaux accrochés à la maison. Prends celui qui te plaira, en guise de compensation. »

Naturellement, Qian Xianhe refusa cette offre. Comparé aux soins que sa tante lui avait prodigués, que valait cette peinture ? À ses yeux, sa tante Xiuling s'était occupée de lui autant que sa propre mère. Le week-end, elle l'appelait pour qu'il vienne chez elle et lui préparait son plat préféré. Lorsqu'il avait intégré l'Université catholique de Louvain, il était arrivé sans bourse, alors que tous ses camarades chinois bénéficiaient d'une allocation allant de trois à cinq mille dollars. Qian Xiuling, apprenant cette injustice, l'avait aidé à contacter des amis, jusqu'à ce qu'elle trouve l'un de ses anciens condisciples qui, grâce à son influence, lui avait permis d'obtenir une bourse.

Cependant, l'allocation qu'elle avait réclamée était la plus basse : deux mille cinq cents dollars seulement. Elle n'avait pas expliqué les raisons de ce choix. Plus tard, Qian Xianhe entendit un condisciple dire que sa tante avait toujours peur de recevoir plus que les autres, ce pour quoi elle demandait moins.

Par la suite, Qian Xiuling mentionna régulièrement l'histoire du tableau perdu de Zhang Daqian. L'un de ses éternels regrets.

Lors de notre visite impromptue dans le bâtiment qui avait abrité autrefois le restaurant Confucius, nous avons eu la surprise de découvrir l'un des deux fameux livres d'or.

Voici les notes que nous avons prises à l'issue de notre enquête sur place, le 18 octobre 2018 :

Ce midi, notre interprète nous a emmenés dans une rue de Bruxelles où avait été situé le premier restaurant ouvert par Qian Xiuling et ses associés, le Confucius.

Le portrait de l'esprit de la richesse est encore suspendu dans l'entrée, tel que Qian Xianhe nous l'a décrit. En dessous, on trouve une console de style Ming en bois, dont la patine révèle le grand âge. Sur la table se dresse, couvert de poussière, un brûleur en forme de lingot, où subsistent quelques bâtonnets d'encens encore fumants. Une femme blonde aux yeux verts est assise au comptoir, apparemment la gérante. La propriétaire des lieux, une Taïwanaise d'une quarantaine d'années, nous accueille chaleureusement en nous versant une tasse de thé oolong. Nous commandons quelques plats : des nouilles de riz sautées, des lamelles de pommes de terre aux poivrons verts, des œufs brouillés aux tomates. Nous demandons aussi un « plat de tête du Jiangnan », mais le serveur, un Vietnamien, ne comprend pas ce que nous recherchons. Nous commandons alors des rouleaux de printemps, mais il secoue la tête. Pour finir, nous demandons du porc braisé à la sauce de soja. « OK! » répond-il d'un air grandiloquent.

Nous observons les quelques clients en train de manger : les étrangers forment la plus grande part. La plupart des plats sur les tables sont assez simples : une tasse de café, quelques tranches de gâteau ; un steak ou un morceau de poisson. Quand je regarde autour de moi, je ne vois ni entrées ni plats de résistance dignes de ce nom.

Ce n'est plus un restaurant chinois authentique. Peut-être la seule façon de subsister est-elle de proposer une cuisine fusion qui plaise à une large clientèle.

Orné de quelques tableaux abstraits de troisième ordre, dans une disposition qui se veut chic et racée, le mur sur lequel avait pu être accroché le paysage de Zhang Daqian est bien loin de ces parois blanchies à la chaux requises pour les peintures chinoises.

Subrepticement, je découvre une porte arrière donnant sur une petite cour. En son centre, à l'ombre d'un platane, posé sur un guéridon en céramique, trône un service à thé en argile violette de Yixing. La théière toute ronde, de facture simple, mais assez bien faite, n'a manifestement pas été utilisée depuis longtemps, et n'a été placée là qu'à titre de décoration. Je note sur le fond du récipient une gravure maladroite, que je ne parviens à déchiffrer qu'après un long moment : le « Vieillard plein de sagesse », une référence claire à la fable où le personnage du même nom se moque de Yugong qui prétend, panier de terre après panier, niveler les deux montagnes qui s'élèvent devant son domaine. Par cette inscription peu banale, l'artisan qui a confectionné cette théière se moquait ainsi certainement de lui-même.

D'après la glaçure recouvrant le guéridon et le tabouret à ses côtés, je suis sûr que ces meubles émaillés ont été fabriqués à Yixing. Je suis tout ébaubi, car je ne peux pas imaginer comment ces objets ont pu atterrir en cet endroit.

Je me rappelle soudain quelques notes d'histoire. Au début du seizième siècle, lorsque les navires de la Compagnie néerlandaise des Indes orientales ont apporté pour la première fois des céramiques chinoises dans le port d'Amsterdam, on comptait plus de trois mille pièces de céramique en argile violette. Sous la dynastie Ming, les guéridons et les tabourets marquetés, très à la mode, étaient monnaie courante, et il était naturel d'y associer une théière en argile. D'où l'exportation subséquente de ce type d'objets dans le sillage des tables émaillées.

La cour comprend également un carillon et une balancelle. Tous ces objets pleins de caractère, j'aimerais croire que c'est Qian Xiuling qui les a laissés. Entre ses périodes de travail, elle faisait une sieste à cet endroit, et pouvait aussi y recevoir ses invités. Le soir, la vision du clair de lune tamisé par les frondaisons des platanes apaisait certainement son mal du pays.

Cette cour est un lieu propice à la rêverie.

En attendant nos plats, je discute un peu avec la propriétaire. Je lui demande si elle sait qui a fondé le restaurant. Sans hésiter, elle répond : « Oui, Qian Xiuling. »

Elle semble en être assez fière. Après m'avoir quitté un instant, elle revient avec un livre recouvert de plastique noir : selon ses dires, l'un des livres d'or que Qian Xiuling laissait à la disposition de ses clients. Dans l'autre livre se serait trouvé un avis rédigé par un haut fonctionnaire du gouvernement venu en compagnie d'invités. Résultat : l'ouvrage a été acheté par un collectionneur. Bien sûr, ce n'est pas Qian Xiuling qui s'est défaite du livre. Je ne sais pas non plus quel dignitaire avait laissé un parafe aussi précieux.

Cette belle surprise semble tombée du ciel. Dans ce livre épais, chaque page est protégée par une chemise en plastique. La première s'ouvre sur un poème écrit par un vieux Chinois :

Des mets inattendus flattent mon dur palais ;
Sans contrainte je goûte à ce banquet sacré
Ma langue me transporte à mille lieues d'ici.
Tels les héros mongols chassant vers l'infini.
En ce jour solennel, Confucius célébrons.

Le ciel de mon pays en rêve retrouvons.
– Zheng Wanli, Singapour.

Au fil des pages, je vois des messages en anglais, en français, en allemand, en japonais et en coréen, mais peu en chinois finalement. Ma vision du restaurant s'en trouve bouleversée. Je prends des photos et les envoie par WeChat à des amis en Chine qui connaissent les langues étrangères.

L'un des messages est inhabituel, car à côté du texte l'auteur a dessiné au stylo-bille un drapeau américain, accompagné d'un profil de femme orientale aux longs cheveux. Puis un pouce levé, avec l'inscription USA.L.

Sans doute un client américain a-t-il réalisé cette caricature pour faire l'éloge d'une belle femme rencontrée à l'hôtel. Qian Xiuling ? Rien n'est moins sûr. En tout cas, l'auteur semblait charmé et le drapeau américain, qui sert à la fois de fond et d'ornement autour du portrait, l'a inspiré autant que les plats qu'il a pu goûter en ces lieux.

Autrement dit, le restaurant Confucius a accueilli des clients du monde entier, dont la plupart n'étaient pas chinois. Quand j'y pense, même si de nombreux compatriotes sont partis à l'étranger, c'était d'abord pour y travailler, et peu sont sortis du lot. Pour beaucoup, aller au restaurant était un luxe que l'on ne pouvait s'accorder que rarement. À l'inverse, lorsque de riches voyageurs étrangers voient le mot « Confucius », ce nom attise leur curiosité tout comme les Chinois sont attirés par le nom de Jésus ou de Shakespeare, et ils sont tentés d'y entrer pour goûter à de nouvelles saveurs.

Je comprends dès lors mieux pourquoi Qian Xiuling avait choisi le nom de « Confucius » pour son restaurant : il pouvait incarner la Chine à l'étranger, mieux que toute autre appellation.

Les messages traduits par mes amis arrivent les uns après les autres. Voici ce que dit celui en japonais :

Aujourd'hui, loin de mon Japon
À dix mille kilomètres de distance
Dans cette Europe étrangère
Je me languis de mon épouse restée au pays
Ici j'ai eu l'impression de rentrer chez moi.
Un délice, une merveille
Des parfums si familiers
Comment pourrais-je l'oublier ?
– Shōryō Fuyuki, Shōwa Denkō K.K.
Bruxelles, en l'an 43 de l'ère Shōwa [1968]

Ce message touchant de sincérité nous informe que son auteur a dégusté au restaurant Confucius un délicieux plat de sa ville natale. En d'autres termes, l'établissement proposait également une cuisine japonaise authentique.

Le mot est daté de l'année 1968, bien plus tard que ce dont se souviennent les membres survivants de la famille Qian. Au moins dix ans après que Qian Xiuling avait mis sa carrière entre parenthèses pour s'occuper de son mari et de ses enfants.

Un avis en coréen :

« Bonjour ! Ici Yangguk, de Corée. Quand j'ai rencontré la patronne de ce restaurant, c'est comme si je voyais ma propre mère !
Je suis si content d'avoir mangé et chanté ici.
Que l'avenir vous soit prospère ! »

Puis cette courte note en allemand :

« Notre-Dame de l'Orient ! L'Allemagne vous aime.
– Erich et Johanna, Bavière. »

Tous ces messages confirment que le restaurant Confucius fonctionnait à plein régime, et qu'il jouissait d'une excellente réputation, mais pas seulement pour la qualité de sa nourriture et de son service : le charme de la patronne impressionnait aussi grandement les clients. Il est incroyable que le restaurant ait dû fermer faute de rentabilité.

Pourtant, dans le souvenir de Qian Xianhe, sa tante lui avait dit avec un grand sérieux que le Confucius avait fermé parce qu'il enregistrait trop de déficit.

Une autre interprétation se fait jour : Qian Xiuling avait peut-être ouvert le restaurant à des fins purement pragmatiques, tout simplement pour survivre, mais au fil de temps l'affaire a dépassé les simples considérations commerciales. C'était une femme audacieuse qui n'en faisait qu'à sa tête, mais, pour elle, l'amitié n'en était pas moins essentielle. Elle pouvait supporter toutes les pertes, mais ne pouvait souffrir d'avoir une dette envers ses amis ou son propre cœur.

C'est pourquoi elle se résolut à fermer le Confucius.

17
Un océan insondable

Et après ?

Un nouveau restaurant chinois.

En s'appuyant sur les relations et le prestige qu'elle avait à l'époque, Qian Xiuling aurait tout à fait été capable de décrocher une belle position digne de ses compétences, qui lui aurait permis de briller dans la haute société belge. Pourtant, elle choisit de faire un pas de côté.

Gérer un restaurant est certes un travail très fatigant, mais, de l'avis de Qian Xiuling, c'est aussi une merveilleuse aventure. Parce que chaque jour pose un nouveau défi. Plus que de trouver un moyen de subsistance, il s'agissait en fait pour elle de trouver une façon d'échapper au tumulte du monde et de se faire oublier – d'abord en abandonnant tous ses biens, puis en laissant sa nouvelle vie effacer petit à petit des souvenirs profondément ancrés en elle. Elle aspirait à une vie de liberté, sereine et sans contrainte.

Elle changea donc d'emplacement pour s'installer sur une rue fréquentée aux abords de la Grand-Place de Bruxelles. Elle opta également pour un nouveau nom, *Xin Ya* « Nouvelle Élégance ».

Fallait-il voir dans ce choix une sorte de « retrait stratégique » ? Indubitablement, Qian Xiuling avait ajusté quelque peu son concept commercial. On ne peut exclure qu'elle ait suivi les conseils de certains de ses amis. À l'époque, *Xin Ya* était un nom à la mode en Chine. Dans sa jeunesse, Qian Xiuling avait étudié à Shanghai, une ville dont elle avait grandement apprécié l'atmosphère. En ce temps-là, la mégalopole comptait déjà une rue, un restaurant cantonais et un hôtel du nom de *Xin Ya*. Partout au bord de la mer, à Hong Kong, à Taïwan, à Macao, elle avait vu des rues et des établissements porter ce nom. Ainsi, elle était convaincue que son restaurant raviverait de magnifiques souvenirs à ses compatriotes chinois qui comme elle avaient vécu dans une grande ville.

Le quartier de la Grand-Place est l'un des plus fréquentés de Bruxelles. Les imposantes bâtisses médiévales qui y sont préservées resplendissent de beauté. Aux alentours, d'innombrables boutiques attirent le chaland. Dans ce lieu d'exception, ce n'est pas chose aisée de trouver un emplacement où se poser. En face de l'hôtel de ville, le bâtiment le plus célèbre, se dresse la « Maison du Cygne », dans laquelle, comme le rappelle une plaque commémorative apposée sur la porte, vécut et travailla Karl Marx.

Ouvrir un restaurant dans un endroit aussi prestigieux que celui-là, à son image, avait un côté excitant.

L'ancien restaurant Xin Ya se trouvait dans une rue à l'arrière de la Maison du Cygne. Dans cet établissement, plus petit que le Confucius, tout « goût chinois » avait disparu : le style européen avait entièrement pris le dessus, et il n'y avait pas de petite arrière-cour ensoleillée.

Pourtant, dans ce lieu plein d'histoire où rayonne encore toute la splendeur de la Grand-Place, chaque centimètre carré vibrait d'une énergie palpable. Aujourd'hui, le restaurant est devenu une boulangerie. Lorsque nous y entrons, les gaufres viennent de sortir du four, et leur odeur sucrée nous met l'eau à la bouche. J'en achète deux et en donne une à mon épouse. Le sourire aux lèvres, le boulanger nous rappelle que les gaufres doivent être mangées chaudes. Cette gaufre achetée dans les rues de Bruxelles, si délicieuse que je n'ai pu m'empêcher de l'engloutir en quelques bouchées, a radicalement transformé ma perception de ce dessert.

Lorsque, par l'intermédiaire de notre interprète, j'ai demandé au patron ce qu'il savait de l'ancien restaurant qui occupait les lieux, celui-ci a secoué la tête : il n'était au courant de rien. J'ai alors prononcé le nom de Qian Xiuling ; il s'est tourné vers un petit vieux, vraisemblablement le propriétaire, et lui a marmonné quelques mots. Le vieillard avait l'air confus.

– Y aurait-il un livre d'or laissé par les précédents propriétaires ?

– Non, désolé, nous n'avons jamais entendu parler de quoi que ce soit de ce genre.

Un poème de Cui Hao (704–754) me vient à l'esprit :

Les Anciens sont partis, chevauchant la Grue jaune
Ici demeure en vain l'antique pavillon.

D'après les récits de ses descendants, Qian Xiuling ne conserva ce restaurant qu'un an ou deux. Le reste de l'histoire se perd dans la brume du passé.

En me promenant un moment dans la boutique, j'essaie d'imaginer le nombre de tables que l'on pouvait installer dans un si petit espace. Au mieux, cinq ou six. Le loyer devait être très élevé, mais le restaurant devait marcher très bien. De part et d'autre de la porte, en terrasse, on peut disposer de petites tables pour les clients. Aux heures d'affluence, les convives, en attendant qu'une place se libère à l'intérieur, pouvaient s'y asseoir et siroter une tasse de café ou une boisson fraîche avant de manger, tout en discutant et en observant les allées et venues des piétons. Un petit cocon bien confortable. Que demander de plus ?

Dans quelques instants, la patronne viendra saluer ses clients l'un après l'autre avec son sourire habituel. Dès qu'elle vous parle, elle vous met à l'aise, car elle reste à l'écoute, avec respect et empathie. Malgré la barrière de la langue, la nourriture et le service suffisent pour donner aux convives cette sensation de lâcher-prise : laisser la gastronomie prendre le pas sur les mots, et l'atmosphère chaleureuse des lieux nous envelopper complètement. Quand Qian Xiuling avait ouvert le Confucius, elle avait clamé de sa voix forte que les clients qui n'étaient pas satisfaits de la nourriture pouvaient partir sans payer. Quand elle l'a fermé, cette phrase l'a accompagnée. Le Xin Ya avait-il son livre d'or comme le Confucius ? Les messages laissés par les clients, j'en suis sûr, recèleraient autant d'histoires savoureuses. Mais celles-ci, malheureusement, sont perdues dans les abysses du passé.

Assurément, l'ouverture du Xin Ya n'était pas le but ultime de Qian Xiuling. Il était temps pour elle de viser plus haut. La Fontaine de Jade allait constituer l'apogée de sa carrière de restauratrice. Mais il lui fallut attendre jusqu'en 1971.

1971, l'année où la République populaire de Chine et le Royaume de Belgique établirent leurs relations diplomatiques. Après une longue parenthèse, une porte venait de se rouvrir.

Lorsque Qian Xiuling vit pour la première fois le drapeau rouge à cinq étoiles flotter devant les grilles de l'ambassade de la République populaire de Chine, elle en ressentit une intense émotion. Bien qu'elle ne sût pas grand-chose du Parti communiste, le fait que ses aînés et ses proches avaient été plus ou moins affectés par les soubresauts politiques en Chine continentale faisait indubitablement planer une ombre dans son esprit. Néanmoins, elle ne pouvait totalement imputer ses malheurs au pays qui lui avait donné naissance. Quand elle vit le drapeau, elle sentit son cœur battre. Même si elle avait opté entre-temps pour la nationalité belge et renoncé à sa citoyenneté chinoise, sa patrie occuperait toujours la première place dans son cœur.

Un jour, elle accueillit dans son restaurant un groupe de Chinois à l'air affable. Il s'agissait de fonctionnaires de l'ambassade de Chine. L'un d'entre eux, tout comme elle, était originaire de la province du Jiangsu. Ils sympathisèrent immédiatement avec Qian Xiuling, l'appelant même « grande sœur », ce qui lui mit les larmes aux yeux. Les fonctionnaires, qui avaient appris la notoriété qu'elle avait acquise en Belgique, la félicitèrent pour cette bravoure et cette intrépidité qui lui avaient permis de sauver les otages pendant la guerre. Ils la complimentèrent également pour avoir ensuite joué profil bas et conservé son indépendance à l'issue du conflit. Qian Xiuling n'avait pas réalisé que l'un des convives, un homme d'un certain âge, était Li Lianbi, le premier ambassadeur chinois en Belgique. Ce dernier invita poliment la patronne à lui rendre visite à sa meilleure convenance, tout en lui annonçant que, à la suite de l'établissement de relations diplomatiques entre la Chine et la Belgique, de plus en plus de compatriotes viendraient ici. En jetant un regard circulaire, l'ambassadeur conclut avec humour : « Vous devriez songer à agrandir votre restaurant. Sinon, comment accueilleriez-vous tous ces compatriotes qui viendront manger ici ? »

On ignore si c'est à la suite de cette visite des fonctionnaires chinois et de la réflexion de l'ambassadeur que Qian Xiuling décida de déménager de la Grand-Place à l'avenue de Tervuren et d'y installer la Fontaine de Jade. En tout cas, jamais l'ambassade ne cessa de lui offrir un soutien.

Quelque temps après l'ouverture de la Fontaine de Jade, une femme aux cheveux blancs et au visage fin, qui semblait avoir la soixantaine, se présenta au restaurant. Elle voulait voir Qian Xiuling. Prise par ses affaires, celle-ci n'était pas encore rentrée. La visiteuse déclara qu'elle pouvait attendre. Elle commanda un repas léger et se mit à manger sans hâte.

Il s'agissait de Cécile Vent.

Quand Qian Xiuling la revit, elle la serra dans ses bras. Un long moment, les deux femmes furent incapables de parler.

Une fois remise de ses émotions, Cécile Vent expliqua à Qian Xiuling que le général von Falkenhausen était mort en 1966, à l'âge de quatre-vingt-huit ans. Dans ses dernières années, ses souvenirs et ses regrets lui avaient régulièrement causé des insomnies. Bien qu'il fût retiré du monde, son esprit était resté actif. Il avait écrit ses mémoires durant plusieurs années, plus de deux cent mille mots. Il y exposait ses réflexions sur les traditions culturelles et sur l'idéologie du peuple allemand, mais y évoquait aussi et surtout les raisons pour lesquelles son pays avait engendré des démons va-t'en-guerre à l'image de Hitler. Ses pensées étaient remplies d'amertume. Toutefois, selon lui, ce n'est qu'en acceptant la douleur du souvenir que l'on peut remonter à la racine du mal.

Elle donna à Qian Xiuling un exemplaire de ces *Mémoires d'outre-guerre*. Le manuscrit, non publié, était dédicacé par le général lui-même.

« Il est mort de façon paisible. Il a dit plusieurs fois combien il souhaitait vous remercier. »

Le livre épais dans les mains, Qian Xiuling resta sans voix. Elle ressentait tant d'émotions qu'elle ne savait comment l'exprimer. Elle répondit qu'elle ne manquerait pas de lire l'ouvrage, car elle imaginait parfaitement toute l'énergie et tout le cœur que von Falkenhausen y avait mis.

Elle demanda ensuite à Cécile Vent si elle comptait s'installer en Belgique.

La veuve secoua la tête d'un air déterminé : « Je vais retourner en Allemagne pour passer le reste de ma vie dans sa demeure familiale. Car je ne me suis pas réconciliée avec ma famille, qui ne m'a jamais pardonné. Quand je mourrai, je serai enterrée avec lui et je resterai à ses côtés pour toujours. »

Qian Xiuling soupira : « Après toutes ces années, vous avez gardé la même force de caractère. Vous ne pouvez savoir combien je vous admire. »

Au moment des adieux, elle voulut donner de l'argent à Cécile Vent, mais celle-ci déclina ce cadeau. Son amie insista : « Prenez-le, en gage de ma reconnaissance. Ne soyez pas trop dure envers vous-même. À votre âge, vous aurez besoin d'argent. J'aimerais vous aider davantage. Ne refusez pas ce modeste cadeau. »

Après avoir quitté Cécile Vent sur le pas de la porte, Qian Xiuling n'arrivait pas à recouvrer son sang-froid. Elle savait que, dans ce monde, on fait de merveilleuses rencontres, sans qu'on puisse toujours rendre la pareille à tous ceux qui nous apportent de la lumière. Elle était certaine que le général von Falkenhausen n'avait pas trop souffert avant de mourir, car il avait Cécile Vent à ses côtés ; sans elle, il n'aurait jamais été capable d'écrire un ouvrage aussi dense. Qian Xiuling en fut soulagée. Peut-être était-ce une bénédiction que, dans ses vieux jours, il ait rencontré une femme aussi honorable que Cécile Vent.

Mais d'où vient le nom « Fontaine de Jade » ?

Qian Xiuling expliqua un jour à son petit-neveu Qian Weiqiang que ce terme, qui paraît très ordinaire, signifie en fait beaucoup pour les Chinois. Le jade symbolise la noblesse de cœur, si bien que les Chinois aiment parler de « l'esprit du jade » ; quant à la fontaine, bien sûr, elle renvoie au long écoulement du temps, à une source qui jamais ne se tarit.

Qian Weiqiang, le petit-fils de son frère, était le premier parent de Qian Xiuling à venir en Belgique pour rencontrer sa « famille d'outre-mer », notamment parce qu'il avait bénéficié de son concours.

À la fin des années soixante-dix, la Chine s'est ouverte au monde extérieur et beaucoup de Chinois ont commencé à voyager à l'étranger. Qian Xiuling, la sœur de mon grand-père, est venue à Shanghai pour nous retrouver. À cette époque, nous ne savions pas ce qu'elle faisait en Belgique. Lorsque mon grand-père et elle se parlaient, ils se cachaient parfois pour que les plus jeunes ne surprennent pas leur conversation. Un jour, ma grand-tante m'a demandé si je voulais aller en Belgique avec elle pour travailler dans son restaurant. Son idée était que j'apprenne à cuisiner dans son restaurant avant d'ouvrir mon propre établissement. C'était ce que faisaient beaucoup de Chinois à l'époque pour s'installer à l'étranger. En ce temps-là, je travaillais comme ouvrier dans une usine chimique à Shanghai, un travail très usant. Bien sûr, j'étais ravi à l'idée de partir avec ma grand-tante. Cependant, ma famille et moi-même pensions qu'il faudrait un an ou plus pour régler toutes les formalités avant ce grand voyage.

Qian Weiqiang n'avait jamais imaginé que, à peine un mois plus tard, il recevrait un avis du consulat de Belgique à Shanghai lui demandant de se rendre à un entretien pour l'obtention d'un visa. Quand il reçut le feu vert, tout se déroula très vite.

D'aussi loin qu'il se souvienne, presque tout le monde, que ce soit au consulat ou à l'ambassade, accordait un grand crédit au nom de Qian Xiuling. Celui-ci semblait ouvrir toutes les portes.

Il ne se doutait pas que le restaurant de sa tante était situé dans un des quartiers les plus huppés de Bruxelles, l'avenue de Tervuren, à moins de cinq cents mètres du parc du Cinquantenaire. Dans cette rue large, animée et bordée de verdure, la Fontaine de Jade avait trouvé l'emplacement rêvé. Sur l'enseigne, le nom du restaurant était imprimé en écriture des clercs, dans une calligraphie élégante et arrondie qu'on aurait dite sortie d'une stèle des Tang.

Dans le hall d'entrée, un paravent-écran incrusté d'ivoire, dans un style chinois de la plus belle eau, cachait la vue de la pièce principale, divisée en sept ou huit salles privées ; quelques tables étaient également disposées à l'étage. Qian Weiqiang n'avait jamais imaginé que la Fontaine de Jade avait tant de succès. Le restaurant était toujours plein, même à midi ; aux quatre serveurs d'origine, quatre s'étaient ajoutés, et aucun n'avait le temps de s'accorder la moindre pause. Le week-end, le restaurant était encore plus bondé : il arrivait fréquemment que de nombreux clients attendent devant la porte que leur table soit « retournée » – c'est-à-dire que les convives précédents aient fini de manger et que les serveurs aient pu changer la nappe et la vaisselle. Les affaires marchaient si bien qu'il fallait employer deux ou trois serveurs supplémentaires aux moments de plus grande affluence. Pour le premier jour de Qian Weiqiang, sa grand-tante l'envoya travailler en cuisine, où elle l'encouragea à bien suivre les indications du chef, en commençant par le maniement du couteau. À l'époque, la brigade en cuisine comptait quatre membres. Le chef, le Taïwanais Peter Chan, était spécialiste du canard laqué. De nombreux clients réclamaient ce plat, si bien que l'offre ne répondait jamais à la demande. Peter Chan, qui avait une très haute opinion de lui-même, s'adressait à son équipe avec condescendance. Mais en face de Qian Xiuling, il apparaissait soumis. Il répondait sans cesse : « Sauf si tu demandes à Madame de venir me parler. »

Au fil du temps, Qian Weiqiang apprit l'histoire qui se cachait derrière cette phrase mystérieuse. Auparavant, Peter Chan avait officié comme chef dans un autre restaurant chinois, où l'on était très content de ses services. Un jour, il avait dû retourner à Taïwan pour une affaire urgente, mais il avait omis de prévenir son patron. Manque de chance, ce week-end-là, un vieux Chinois avait réservé huit tables pour le mariage de sa fille. La disparition soudaine de Peter Chan tombait donc très mal. Après des efforts désespérés, le patron avait finalement réussi à joindre son cuisinier, mais celui-ci venait d'atterrir à Taipei. Comment était-ce possible ? Le patron avait failli avoir une attaque d'apoplexie. Pressé par le temps, il avait dû en désespoir de cause faire appel à un chef incapable qui avait bâclé son travail, tout en mettant la cuisine sens dessus dessous. Les clients, furieux, avaient refusé de payer. En un soir, le restaurant avait perdu toute sa réputation. Le propriétaire avait porté l'affaire devant la justice, mais en l'absence du cuisinier, le tribunal s'était estimé incompétent, se contentant d'interdire au dénommé Chan de repasser la frontière. Qian Xiuling, qui ne connaissait rien de cette histoire, avait entendu le plus grand bien du canard laqué de Peter Chan. Apprenant qu'il était retourné à Taïwan, elle l'avait appelé pour lui demander s'il souhaitait travailler à la Fontaine de Jade. Peter Chan lui avait répondu que c'était impossible, car la police des frontières ne le laisserait jamais entrer en Belgique. Qian Xiuling, étonnée, lui rétorqua qu'elle allait voir ce qu'elle pourrait faire. Elle contacta les autorités responsables. Apparemment, son nom suffit pour débloquer la situation, et Peter Chan put rentrer à Bruxelles.

Quelques jours après l'arrivée du cuisinier à la Fontaine de Jade, son ancien patron découvrit le pot aux roses et se présenta au restaurant de Qian Xiuling. Non content de poursuivre son ex-cuisinier, il voulait désormais traîner Qian Xiuling devant la justice. Ce n'est qu'alors que celle-ci apprit le fin mot de l'histoire. Que faire ? Elle exigea de Peter qu'il s'excusât auprès de son ancien patron et qu'il lui versât une somme d'argent. S'il ne pouvait pas se le permettre, elle lui avancerait les fonds. En fait, cette proposition revenait à ce que ce soit elle qui paie pour les erreurs de son employé. Ensuite, elle s'excusa auprès du patron lésé, car elle ne connaissait vraiment pas la vérité.

À la suite de cet incident, Peter Chan fit profil bas à la Fontaine de Jade. Peu après, le restaurant où il avait travaillé fit faillite. L'ancien patron, sans ressources, vint trouver Qian Xiuling et lui demanda de l'employer à n'importe quel poste, pour n'importe quel salaire. Qian Xiuling lui confia la caisse à la réception. Au début, il était enthousiaste, mais au fil des jours, il se sentit lésé et se mit à se plaindre, au point de gêner le reste du personnel dans son travail. Prenant les devants, Qian Xiuling le rassura avec douceur : si un jour il souhaitait ouvrir un nouvel établissement, elle le soutiendrait. Sa tolérance et sa bonté n'avaient pas d'égales.

Les employés de la Fontaine de Jade travaillaient très dur. Ce rythme soutenu s'accordait avec la personnalité de Qian Xiuling, mais était dû aussi au mécanisme de rétribution en vigueur dans le restaurant. À son arrivée, Qian Weiqiang apprit que le personnel était payé sur une base quotidienne. Qian Xiuling avait une règle : chaque soir après la fermeture, le préposé à l'accueil apportait les caisses et les déposait sur une table, où tout le monde comptait la recette et rangeait les billets. La patronne prenait ensuite un boulier, totalisait la recette, en déduisait les frais, et payait à chaque employé un salaire journalier dépendant de sa position, de son ancienneté et de son service du jour. Elle octroyait en outre des parts de l'entreprise à tous ceux qui travaillaient chez elle depuis au moins trois ans, car elle estimait qu'après ce délai l'employé faisait presque partie de sa famille et devait donc pouvoir bénéficier des avantages de ce statut. Toutes les parts étaient distribuées en présence des autres, en toute transparence. Comment ces employés, qui rentraient chez eux les poches bien remplies après une longue journée de travail, auraient-ils pu ne pas être contents ? La promesse de recevoir immédiatement leur dû leur donnait de la motivation. Selon Qian Weiqiang, aucun autre restaurant à Bruxelles ne procédait de la sorte.

Spontanée, généreuse, gentille avec tout le monde, toujours souriante, Qian Xiuling ne semblait jamais triste. Les employés connaissaient tous sa devise : « Un sourire ne coûte pas un centime. »

Une seule fois, ils la virent en colère. Une colère noire.

C'était, une fois de plus, l'ancien patron du chef Chan qui posait problème. Après son arrivée à la Fontaine de Jade, sans doute parce qu'il regrettait son ancienne position, souvent il se plaignait et provoquait les autres employés, mais Qian Xiuling le laissait faire, car elle comprenait son amertume. Bien que le salaire qu'il touchait fût supérieur à celui des autres employés, il pensait toujours que c'était trop peu. Si bien qu'un jour, en présence de tous, il dit ouvertement à Qian Xiuling que sa rétribution n'était pas à la hauteur de son rang.

Cette nuit-là, après la fermeture, Qian Xiuling convoqua une réunion de tout le personnel. Au début, elle resta calme, écoutant sans sourciller ce qu'on avait à lui dire. Finalement, elle demanda au fâcheux combien il désirait en plus.

Celui-ci, dénué de toute retenue, exprima une demande exorbitante, qui fit rire l'assistance.

Alors, Qian Xiuling, incapable de contenir sa colère, tapa du poing sur la table et se leva : « Allez voir dans tout Bruxelles et demandez à tous comment Qian Xiuling traite son personnel. J'ai accepté de vous aider, car j'espérais sincèrement que vous vous relèveriez. Après tout, nous sommes tous deux chinois et nous savons combien il est dur de trouver du travail pour nos compatriotes. Mais je suis déçue par votre attitude. Vous accorder la moindre faveur supplémentaire serait terriblement injuste pour tous les autres employés de ce restaurant ! »

Dès qu'elle eut fini, tout le monde se leva et applaudit.

Qian Xiuling pensait que se montrer bonne envers les mauvaises gens équivalait à se monter mauvaise envers les bonnes gens. Si elle n'était pas juste dans cette affaire, le restaurant serait voué à péricliter.

Elle demanda donc à l'importun de partir sur-le-champ.

L'homme, se faisant mielleux, la supplia de lui accorder une autre chance, et lui promit de ne plus jamais rien demander.

Elle le coupa d'un geste : « Vous connaissez la sortie ! »

Pendant un certain temps, la Fontaine de Jade fut une attraction à ne pas manquer dans l'avenue de Tervuren. Les Bruxellois de souche étaient honorés d'y être invités à déjeuner par des amis. Des simples citoyens aux plus hauts fonctionnaires, le restaurant récoltait les faveurs de toutes les classes sociales. Tout dans l'établissement, la nourriture exquise, l'atmosphère conviviale, sans parler du service sans faille, enchantait les clients. Qian Xiuling arrivait une demi-heure avant le début du service de midi pour tout vérifier personnellement dans le moindre détail. Les cuisines, le hall d'entrée et les salles privatives, les fleurs, les nappes, les serviettes, les couverts et même les sanitaires : tout était passé au crible. Puis, quand arrivaient des invités importants, elle les accueillait à la porte. Les invités qu'elle ne connaissait pas étaient reçus avec d'autant plus d'attention : non contente de les saluer, la patronne leur demandait si la nourriture était à leur goût ; et, s'ils étaient accompagnés d'enfants, elle faisait préparer un repas spécialement pour eux. Aux clients qui venaient pour la première fois, elle offrait également un plat spécial ou une soupe de bienvenue. Tout était fait pour qu'on se sente à l'aise.

Quant aux habitués, ils racontaient à l'envi à leurs invités comment Qian Xiuling avait, pendant la guerre, sauvé nombre d'otages. Certains allaient alors la trouver pour lui demander si c'était la vérité. Qian Xiuling répondait en souriant : « Tout ça, c'est du passé. Mon cousin connaissait le général von Falkenhausen. C'est eux qui ont sauvé ces gens. Moi, je n'ai été qu'une intermédiaire. »

Un jour, un journaliste allemand qui mangeait dans le restaurant l'interrogea sur ses hauts faits. Elle rétorqua : « C'était il y a si longtemps que je ne m'en souviens presque plus. Ce n'était pas grand-chose. Quand vous marchez sur la route et que vous voyez un enfant tomber à terre, vous l'aidez à se relever. C'est la même chose. »

Qian Weiqiang sentait que sa grand-tante se méfiait particulièrement des médias. Elle fuyait tout battage médiatique et refusait même qu'on parle d'elle. Elle s'en expliquait ainsi : « Tout cela s'est passé il y a des décennies. Pourquoi toujours revenir là-dessus ? Si un jour quelqu'un t'en parle, dis que tu ne sais rien. »

Ce n'est qu'après le coup de feu qu'elle-même prenait son dîner, généralement avec son mari. Désormais retraité, Grégoire s'était habitué à la cuisine de sa chère Xiuling. Ainsi, la soupe *wonton* et les rouleaux de printemps ne manquaient jamais à leur table. Aux yeux de Qian Weiqiang, le docteur de Perlinghi, avec sa silhouette élancée, apparaissait comme un vrai gentleman : poli, courtois et toujours tiré à quatre épingles, il venait au restaurant en costume-cravate. Peu disert, il riait avec Qian Xiuling, mais intervenait rarement dans les conversations, ce qui ne faisait qu'accentuer l'énergie de son épouse.

Avec l'âge, Qian Xiuling était devenue pesco-végétarienne, et ses raviolis étaient désormais farcis de crevettes et de légumes. D'aussi loin que Qian Weiqiang se souvienne, sa grand-tante avait toujours pris plaisir à cuisiner un plat végétarien typique de sa ville natale : les nouilles *guoji*. Pour le préparer, elle mélangeait un grand nombre d'ingrédients : des légumes en saumure (qu'elle préparait elle-même), des germes de soja (frais cueillis dans le jardin), de la peau de tofu, du chou-fleur, des champignons noirs… Puis elle faisait sauter le tout dans un wok et l'arrosait d'huile de sésame. Les petits morceaux de légumes croquaient sous la dent, tout en restant frais et goûteux.

La résidence de Qian Xiuling, un appartement au septième étage d'un immeuble très chic, se trouvait à un jet de pierre de son restaurant. Après avoir traversé la rue, on marchait quelques minutes et on était arrivé. À son arrivée à Bruxelles, Qian Weqiang accompagnait sa tante chez elle presque tous les soirs après la fermeture du restaurant. Elle lui préparait alors une tasse de café, puis s'asseyait et lui enseignait le français selon une méthode qu'elle avait elle-même élaborée. Elle l'enjoignait à maîtriser la langue le plus rapidement possible, sinon il lui serait difficile de s'intégrer en Belgique. Cette routine dura plus d'un an. Parfois, elle s'arrêtait et lui racontait de vieilles histoires de sa région natale, de son père surtout, à qui elle aurait tant souhaité demander pardon. Tandis qu'elle ressassait ses souvenirs, des larmes coulaient sur ses joues. En ces moments-là, Qian Weiqiang voyait combien sa grand-tante était une femme sensible.

Qian Xiuling et Grégoire de Perlinghi avaient eu cinq enfants, qui chacun avaient fondé leur propre famille. L'un était devenu médecin, un autre galeriste, un autre encore était actif dans les affaires. Certains d'entre eux ont eu un parcours exceptionnel, d'autres une vie plus terne. D'aussi loin que Qian Weiqiang se souvienne, Qian Xiuling aimait particulièrement son petit-fils aîné, Jérôme. Un jour, elle lui avait offert un appareil photo Leica en guise de cadeau d'anniversaire. Chaque mercredi, après la fin de l'école, Jérôme téléphonait à sa grand-mère et emmenait certains de ses camarades de classe au restaurant. Il avait appris à ses amis à se servir de baguettes, et commandait en connaisseur quelques-uns des plats phares de la Fontaine de Jade. Qian Weiqiang se souvient encore de l'enthousiasme avec lequel mangeaient les enfants. Qian Xiuling était toujours très contente lorsque Jérôme venait lui rendre visite. Elle aimait qu'il amène de la compagnie dans son restaurant, car lorsqu'elle parlait aux enfants, c'était comme si elle-même était transportée dans ses jeunes années. Un jour, une petite fille timide appelée Martha vint la trouver. Qian Xiuling était si heureuse de la voir qu'elle demanda à l'un de ses employés de se rendre au centre commercial voisin pour lui acheter un petit cadeau.

En privé, Qian Xiuling disait à son petit-neveu Weiqiang: « Aucun de mes enfants et de mes petits-enfants n'est attiré par la Chine, sauf Jérôme. Quand il était petit, je lui faisais manger des plats chinois avec des baguettes et je lui racontais des histoires de notre pays. Maintenant, je suis convaincu qu'il aimera la Chine comme il apprécie sa cuisine. »

Un jour, un vieil ami chinois de Qian Xiuling, Jiang Zhushan, invita toute sa famille à la Fontaine de Jade. Originaire de Shanghai, il vivait en Belgique depuis plusieurs décennies. Son fils et son petit-fils ne parlaient pas chinois. Jiang déplorait cet état de fait : comment pouvait-on être chinois si on ne parle pas la langue ? Il craignait que, dans une génération ou deux, ses descendants oublient tous de leurs ancêtres.

Cette plainte remua profondément Qian Xiuling : « Pourquoi ne pas créer une école chinoise pour les enfants des Chinois d'outre-mer, proposa-t-elle, afin qu'ils puissent apprendre la culture traditionnelle de notre pays et qu'ils se rappellent leurs racines ? »

Elle dressa la liste de son cercle d'amis chinois, pour constater que la quasi-totalité d'entre eux était des immigrés de la deuxième et de la troisième génération qui connaissaient très mal leur langue d'origine. Tous se montrèrent favorables à la fondation d'une école destinée aux membres de la diaspora.

Pendant un moment, Qian Xiuling ne sut où donner de la tête, car lorsqu'elle avait décidé quelque chose, elle tenait toujours à s'y astreindre. Les vieux investisseurs qui se réunirent autour de son projet l'élurent directrice de l'école chinoise. Elle se mit alors à chercher un bâtiment, et se chargea de tout : l'introduction d'une demande d'autorisation, la prise de contact avec des enseignants potentiels, l'engagement du personnel, l'achat du matériel pédagogique, l'aménagement des salles de classe… Partout où elle se rendait, Qian Weiqiang notait combien elle était respectée. Quand il lui demanda pourquoi elle bénéficiait d'autant d'égards, elle répondait en souriant : « Je ne sais pas, peut-être parce qu'il y a encore des gens bien dans ce monde. »

Weiqiang se souvient encore d'une conversation avec sa grand-tante. Il lui avait demandé pourquoi elle voulait diriger l'école, et pourquoi elle voulait y investir tant d'argent. Qian Xiuling lui répondit que, lorsqu'elle était jeune, elle voulait être une scientifique comme Marie Curie, mais que le destin en avait décidé autrement. Plusieurs fois elle avait voulu retourner servir son pays, mais à chaque fois elle avait raté l'occasion. Maintenant qu'elle prenait de l'âge, tous ces regrets s'estompaient, mais pas sa fierté d'être chinoise, qui au contraire se renforçait de jour en jour. Si elle avait décidé de fonder cette école, c'était parce qu'elle voulait entendre plus souvent parler chinois, et rencontrer plus de ses compatriotes. Voir tous ces enfants renouer avec leurs racines la comblait de joie, et elle aspirait à ce que cet héritage précieux perdure pour des générations encore.

« Que puis-je faire d'autre ? » Qian Weiqiang se souvient des larmes qui perlaient aux yeux de sa grand-tante lorsqu'elle prononça cette phrase.

Quant à l'argent, Qian Xiuling disait que, dans une vie, l'argent n'a d'autre valeur que celle qu'on lui donne. Ce qu'elle avait épargné devait être dépensé pour des causes qui la touchaient, et diriger l'école chinoise était la chose la plus gratifiante qu'elle eût faite depuis son arrivée en Belgique.

Débordant d'énergie, elle se battait sur tous les fronts. Chaque fois qu'au restaurant elle entendait parler de son école chinoise, elle laissait entendre un claquement de langue et son visage s'animait d'un air particulier. Pendant un certain temps, on l'a rarement vue à la Fontaine de Jade, car elle concentrait ses efforts sur l'école. Tout le monde savait que, si elle ne se trouvait pas au restaurant, elle était soit à école, soit sur le chemin de celle-ci.

Un jour, elle revint tout enjouée, car le conseiller culturel de l'ambassade de Chine avait visité son école et lui avait glissé de nombreux mots d'encouragement. L'ambassade lui avait également offert un certain nombre de livres : une anthologie des poèmes des Tang et des Song, un florilège des textes des grands penseurs des Printemps et Automnes, les *Analectes* de Confucius, le roman *Le Rêve du pavillon rouge*… Tous des ouvrages qu'elle avait lus dans son enfance, avec lesquels elle avait grandi !

Notes du 20 octobre 2018 :

Presque deux semaines après notre arrivée en Belgique, notre visa arrive bientôt à échéance.

J'ai finalement pu interviewer le bourgmestre d'Écaussinnes, M. Xavier Dupont, deux jours seulement après son entrée en fonction. La quarantaine, ce grand barbu bien bâti, avec son jean usé qui recouvrait ses longues jambes, ressemblait à un basketteur. Jusqu'ici proviseur d'une école secondaire locale, il est entré en politique par passion. Grâce à l'aide financière de son patron et ami, le directeur de l'agence de développement local (un proche également de Raymond Maucq), il a réussi à s'imposer contre neuf autres candidats. L'opposition, récusant sa nomination, manifeste tous les jours sur la grand-place de la ville pour exprimer son mécontentement. Après avoir initialement refusé tout entretien, il a finalement accepté de nous recevoir sur l'insistance de son ami.

Tout récemment installé dans son nouveau rôle de bourgmestre, il ne semblait pas encore totalement à l'aise avec sa fonction, car il ne cessait de se frotter ses mains et de regarder constamment sa montre, comme s'il me pressait d'en finir rapidement. Je lui ai posé une question :

« Qui à Écaussinnes se souvient de Qian Xiuling ? En tant que bourgmestre, ferez-vous quelque chose pour perpétuer sa mémoire ? »

M. Dupont a répondu en toute franchise :

« Je suis de la région, et depuis que je suis tout petit, mes parents me racontent comment madame Qian a sauvé tous ces otages. De nos jours, peu de jeunes connaissent ce pan de la mémoire locale, mais cela ne signifie pas que Qian Xiuling a été oubliée, car l'histoire retiendra ses mérites. Quand quelqu'un sauve la vie de quelqu'un, tout le monde l'applaudit, parce qu'on perçoit la difficulté de la chose. Que dire alors de madame Qian, qui a sauvé plus de cent personnes en pleine guerre ? C'est tout bonnement incroyable. Lorsque je prendrai officiellement mes fonctions, je ferai en sorte que l'histoire de Qian

Xiuling soit incluse dans les livres des écoles communales, afin qu'ils sachent les bonnes actions que cette grande dame a accomplies, à une époque certes lointaine, mais dont nous devrions toujours nous souvenir. »

J'ai offert à M. Dupont une théière d'argile violette. En retour, il m'a offert une petite tasse à café joliment emballée, en me disant qu'Écaussinnes, la cité de l'amour, attirait de nombreux jeunes mariés étrangers qui venaient y échanger leurs vœux et passer leur lune de miel.

Quand je repense à ce périple, mon grand regret est de ne pas avoir pu interviewer Dimitri, le fils aîné de Qian Xiuling. Plusieurs fois, j'ai prié Qian Weiqiang de le contacter dans l'espoir qu'il accepte de nous rencontrer, mais toujours il a décliné nos invitations.

Qian Weiqiang estime que Dimitri, qui ne s'est jamais rendu en Chine et qui ne comprend rien à sa culture, a été choqué de voir la série télévisée Chinese Woman Facing Gestapo's Gun *en 2002, qu'il trouvait irréaliste, voire insultante. À la suite de ce manque de communication, il refuse depuis lors d'avoir affaire à des Chinois.*

Il serait aujourd'hui âgé de quatre-vingt-trois ans.

Qian Xianhe me confie une histoire que sa tante lui avait racontée : à Herbeumont, Dimitri, alors tout jeune, avait un jour été traité de « Chinetoque » par ses petits camarades, ce qui l'avait profondément bouleversé. Malgré les efforts déployés par sa mère pour le consoler, cette expérience l'avait marqué durablement. Dans son esprit, la « Chine » était une zone grise. En grandissant, il avait vu de lointains parents chinois de Qian Xiuling venir vivre avec eux, travailler dans son restaurant et gagner de l'argent. Voir sa mère les traiter mieux que ses propres enfants – du moins, le pensait-il – l'avait meurtri psychologiquement.

En vraie mère chinoise, Qian Xiuling s'était toujours montrée très stricte envers ses enfants. Mais quand ceux-ci, à leur entrée dans le secondaire, et puis à l'université, ont commencé à être confrontés au mode de pensée occidental, ils se sont en quelque sorte « rebellés » contre elle. Tous ces éléments mis ensemble expliquent pourquoi Dimitri manifeste si peu d'affection et d'intérêt pour la Chine.

18
Car tu es poussière, et tu retourneras dans la poussière

ɞ

Ma chère cousine Xiuling,

J'ai bien reçu tes deux dernières lettres. Depuis le mois de mars, je suis accablé par un accès de fièvre, et pendant ma convalescence j'ai été dans l'incapacité de répondre à tes missives. Sache que j'en suis profondément désolé.

En décembre dernier, j'ai finalement reçu ma pension militaire et me suis retiré du monde, chez moi, auprès des miens, évitant tout contact avec mon ancien supérieur. En reconnaissance de mes nombreuses années de service, le gouvernement, par l'intermédiaire du ministère de l'Économie, m'a nommé conseiller auprès de la Compagnie chinoise de Fabrications textiles, un poste vacant. Ce poste creux, qui n'implique aucune tâche particulière, me permet à peine de subvenir à mes maigres besoins. Quelle déchéance !

De ma longue maladie, il me reste des blessures, non pas sur mon corps, mais dans mon cœur. Depuis des décennies, tu es celle qui me connaît le mieux. Mon épouse et moi nous sommes convertis l'année dernière au christianisme, et nous prions matin et soir. Devant nous, la lumière brille chaque jour d'un éclat plus vif. Bonheur ou tristesse, je m'en remets désormais au Seigneur. Amen.

Je vous souhaite le meilleur, à toi et à Grégoire.

Ton cousin Qipei.

Le 15 mai, an 43 de la République de Chine.

Écrite en 1954, cette lettre d'apparence anodine reflète en fait les préoccupations de Qian Zhuolun dans ses dernières années.

Après sa mise à la retraite, il avait recouvré une certaine quiétude. Sa modeste pension était versée par une société publique relevant du ministère de l'Économie. L'identité de cet « ancien supérieur » évoqué par Qian Zhuolun est évidente. En effet, on se souviendra que Soong May-ling avait joué un rôle important pour empêcher Chiang Kai-shek de le faire exécuter. Le Généralissime savait aussi la profonde déchirure que lui avait causée la perte de son fils et de sa belle-fille. Quel gouffre est assez profond quand on souhaite venger la mort de son enfant ? N'importe qui connaissait cette vérité. Si Qian Zhuolun finit par être dépouillé de son grade et de son uniforme, les autorités devaient donc continuer à l'entretenir, non seulement pour éviter qu'il commette l'irréparable, mais aussi en guise d'exemple pour les autres fidèles qui suivaient le Généralissime depuis des décennies. La « conversion » de Qian Zhuolun traduisait à la fois un besoin d'apaiser sa douleur et une forme de protection.

En écrivant cette lettre, Qian Zhuolun injectait un peu de lumière et de chaleur dans son cœur froid et meurtri. Cette espérance a traversé tous les membres du clan Qian pendant des décennies. Cette feuille de papier jauni, en reflétant le quotidien banal de ces années extraordinaires, livre un témoignage précieux pour les générations futures.

Notes du 5 décembre 2018 :

Je prends un vol spécial pour Taipei.

Le 4 décembre, à deux heures de l'après-midi, je me rends au café Dante, au rez-de-chaussée du First Hotel de Taipei.

Enfin, j'ai pu obtenir un rendez-vous avec Qian Yuxuan et Shen Yijiang, les petits-fils de Qian Zhuolun, et avec Qian Xianxing, le fils cadet de Qian Zhuoru.

J'avais beaucoup de questions à poser aux descendants du général Qian Zhuolun.

Tout d'abord, Qian Xiuling est-elle venue souvent à Taïwan dans les années 1950 et 1960 ? Et quand elle revoyait son cousin, lui parlait-elle des otages qu'il avait contribué à sauver en Belgique ?

À plus de soixante-dix ans, Qian Yuxuan avait la tête chenue, mais il respirait encore la santé. Lorsque son père Qian Kexian et sa mère Wang Yaojun avaient été exécutés, il n'avait que dix ans ; il restait seul avec deux sœurs de douze et six ans, et avec un frère de quatre ans son cadet. Voici sa réponse :

Je n'avais jamais entendu parler de ma tante Qian Xiuling et des otages qu'elle avait sauvés en Belgique. Avant que la fameuse série télévisée ne soit diffusée sur le Continent, notre famille ne savait rien d'elle. Bien sûr, quand nous étions petits, ma tante est venue rendre visite à mon grand-père à Taïwan, mais ils se cachaient de nous, les enfants, quand ils discutaient de leurs histoires d'adultes. Mais mon grand-père ne nous en a jamais parlé non plus. Je pense que pour eux, ces exploits extraordinaires ne représentaient en fait pas grand-chose, ou en tout cas, rien qui vaille qu'on en parle à des enfants.

Qian Xianxing est le fils cadet de Qian Zhuoru. Malgré la faible différence d'âge (il a quatre-vingts ans), il est censé appartenir à la génération précédant celle de son petit-cousin Qian Yuxuan. Comment voyait-il l'affaire ?

J'ai été quelquefois présent lorsque ma tante venait à Taipei pour rendre visite à mon père et à mon oncle Zhuolun. Quand ils étaient ensemble, ils essayaient simplement de rattraper le temps perdu en parlant de leurs familles respectives, de leurs enfants et aussi du bon vieux temps dans leur ville natale de Yixing. Je n'ai jamais entendu Qian Xiuling parler d'un quelconque sauvetage qu'elle aurait effectué en Belgique. Autant que je me souvienne, ni mon père ni mon oncle n'en ont jamais parlé non plus.

En d'autres termes, si la télévision centrale chinoise n'avait pas diffusé la série *Chinese Woman Facing Gestapo's Gun*, ses lointains parents à Taïwan n'auraient jamais eu connaissance de ses faits glorieux pendant la guerre.

Ce n'est pas difficile à concevoir. En fait, ils ne faisaient pas grand cas de l'affaire. Ils faisaient partie d'une génération où nombreux étaient ceux qui avaient dû abandonner leur maison, voire leur famille entière, pour le bien de leur patrie et pour leurs convictions. Pour eux, sauver la vie de quelqu'un était aussi simple et normal que de saluer un vieil ami et demander de ses nouvelles. Quelle valeur attribuer à un acte si banal ?

Tel était le point de vue de Shen Yijiang, petit-fils de Qian Zhuolun, qui avait passé toute son enfance avec son grand-père. D'aussi loin qu'il se souvînt, quand sa tante Xiuling venait chez eux, ce dont elle parlait le plus, c'était des enfants. Tant les siens que tous ceux de la famille.

Alors, quel était l'état d'esprit du général Qian Zhuolun dans ses vieux jours ?

Parmi les quelques documents qui m'ont été envoyés par Qian Yuxuan figure un essai de Qian Keshun, le fils aîné du général, intitulé « La vie de mon père, Qian Zhuolun ». Voici comment il décrit la vie de son père vieillissant :

Dans ses dernières années, mon défunt père et ma belle-mère, qui avaient embrassé la foi chrétienne, priaient matin et soir et se rendaient régulièrement à la messe pour réciter l'Évangile et participer aux offices, qu'il vente ou qu'il neige. Depuis lors, il s'était imposé une abstinence totale à l'égard de l'alcool et du tabac. Mon défunt père, profondément attaché à sa ville natale, souffrait constamment de nostalgie. Dans son jeune âge déjà, lorsqu'il était en poste à Nankin ou à Chongqing, il s'était attaché à se rapprocher de ses compatriotes sur place, ce pourquoi il avait contribué à fonder l'Association des citoyens de Yixing. La salle de l'association Yixing, dans l'allée Meihua à Nankin, a de même été créée par mon père. Après son arrivée à Taipei, il a formé, en compagnie de Zhang Yulin et de Xie Shaohong, la branche locale de son association. Le bulletin d'information de la société porte encore dans son titre l'une de ses calligraphies.

En écoutant le récit des descendants de Qian Zhuolun, j'imagine ce vieil homme à la silhouette dégingandée disparaître, un parapluie à la main, sous les frondaisons des arbres tropicaux de Taipei. Ses cheveux, autrefois noirs et denses, étaient devenus blancs et clairsemés, et ses yeux, enfoncés dans son visage émacié, n'étaient plus aussi brillants et perçants qu'autrefois ; son dos, qu'il avait toujours tenu bien droit, s'était légèrement voûté. Quand il regardait autour de lui, il paraissait lent à la détente, mais il restait toujours courtois. Son cercle de connaissances s'était certes lentement rétréci au fil des années, mais il avait conservé ses plus proches amis. S'il avait abandonné l'alcool et la cigarette, il lui était difficile d'abandonner le thé. Quand il était seul chez lui, il en buvait volontiers une tasse. À la maison, il portait toujours des vêtements usés, mais confortables. Lorsqu'il envoyait des lettres à ses amis, il utilisait de vieilles enveloppes, qu'il ouvrait, retournait et recollait. Ses amis connaissaient sa routine, qu'ils résumaient en trois points : sa maison, son église et son association.

Qian Zhuolun était déterminé à s'éloigner de ses anciens collègues. Plus aucune nouvelle à demander, plus aucune question, plus aucune relation. Pour le reste de vie qui lui était accordé, il souhaitait faire ce qu'il aimait.

Avec l'âge, bon nombre de souvenirs s'étaient évanouis, mais chaque fois que Qian Zhuolun revoyait ses compatriotes de Yixing, il n'avait que cette ville à la bouche. À l'époque, le détroit de Taïwan était fermé, et les deux Chine étaient officiellement encore en guerre, de sorte que toute communication avec le Continent était presque impossible. Lorsque Qian Zhuolun rencontrait de vieux amis, il faisait contre mauvaise fortune bon cœur en glanant quelques bribes sur Yixing. Quand il était encore jeune, à Nankin, il avait dirigé l'association Yixing locale, qui se trouvait dans une auguste résidence ancienne donnant sur la ruelle Meihua, dans la vieille ville. C'est lui qui organisait toutes les réunions. Au milieu de toutes ces célébrités et ces personnes distinguées, il régnait là-bas une atmosphère à la fois solennelle et enfiévrée. Pendant la guerre, Qian Zhuolun s'était installé à Chongqing, la capitale provisoire de la République de Chine, où il avait continué à s'occuper des activités de l'association. Il avait toutefois commencé à se faner après son arrivée à Taipei, touché par le mal du pays. Toujours il cherchait à parler avec ses compatriotes pour ranimer un peu l'espoir dans sa vie ordinaire.

Lorsqu'il reprit entre ses mains la direction de la branche taïwanaise de l'Association des citoyens de Yixing, celle-ci passa, en l'espace d'à peine un an, de presque rien à une machine de taille. Son siège social, bien que n'ayant pas l'envergure de celui de Nankin, respirait l'élégance et le raffinement. Non content d'en présider le Conseil d'administration, Qian Zhuolun lança un bulletin d'information, dont il était le rédacteur en chef. Totalement dévoué à sa tâche, il était plus en forme que jamais et avait presque recouvré toute la vigueur qui l'animait lorsqu'il était arrivé à Taïwan. Sa famille en était quelque peu rassurée.

Shen Yijiang se souvient que son grand-père ne cessait d'appeler des amis depuis son bureau, chez lui, pour leur demander des articles. Il disait que la direction d'un journal était comparable à la gestion d'un magasin : les affaires ne peuvent être florissantes que si on offre un nombre suffisant et un éventail assez large de produits. Le premier numéro du bulletin d'information de l'Association des citoyens de Yixing avait souffert d'un manque d'articles. Faute de contributeurs, le journal dépérissait et devenait de plus en plus mince. C'est pourquoi Qian Zhuolun se résolut à prendre lui-même la plume. Sous le pseudonyme de « Maître Fangyuan » (« angle et arrondi »), il lança une rubrique intitulée « Mémoires du pays natal ». Son premier article, intitulé « Chronologie de la libération de Yixing lors de la révolution Xinhai », marqua les esprits. Il y racontait comment la vieille ville de Yixing avait été libérée par les pionniers de la révolution républicaine de 1911 dans le sillage du soulèvement de Wuchang. Le texte, clair et concis, relatait des données historiques correctes et détaillées. Dans l'un des paragraphes, Qian Zhuolun relatait comment lui-même avait vécu les bouleversements de la révolution à Yixing en 1911 :

Ma ville natale est située au carrefour des provinces du Jiangsu, du Zhejiang et de l'Anhui. Coincée entre des montagnes du côté nord et des lacs vers le sud, elle était jadis assaillie par des bandits de tout acabit. À cette époque, alors que le pays traversait des heures sombres, les notables locaux, soucieux de mettre fin à ces rapineries et de pacifier les environs, demandèrent solennellement à Zhang Huanqi de prendre la tête d'une milice et d'élaborer une stratégie d'autodéfense. Lauréat du concours impérial, Zhang Huanqi revenait tout juste de son dernier poste de mandarin, jusqu'ici il ne s'était jamais mêlé des affaires locales. Mais en ces temps troublés, il était nettement déterminé à entreprendre ce qui lui semblait juste et accepta donc la noble tâche qu'on lui avait confiée. Avec le soutien enthousiaste des habitants, il rassembla des effectifs pour défendre la ville contre les brigands. Tous les jeunes gens partis étudier dans d'autres villes furent rappelés à Yixing pour protéger leurs familles en intégrant la milice. Le quartier général avait été installé dans la résidence des Yu, derrière la ruelle de la Perle de l'Orient. Zhang Huanqi nomma Wu Yuwan commandant et instructeur principal des troupes ; ce dernier était assisté par Cheng Hongxiang et Qian Zhuolun. Les jeunes intellectuels rejoignirent le groupe avec enthousiasme. Les soldats, répartis en escouades, patrouillaient jour et nuit ; d'autres volontaires étaient envoyés acheter des armes et des uniformes auprès de marchands étrangers à Shanghai. En un mois, la milice s'était muée en force de frappe et se chargeait du maintien de la sécurité dans la ville.

Un texte simple, clair et concis, sans fioritures. En l'espace de quelques années, Qian Zhuolun écrivit ainsi plus de soixante articles retraçant l'histoire et les légendes de sa ville natale : « Comment Zhou Chu (236–297) terrassa le Dragon du fleuve », « L'histoire du général Wu Zixu (559–484 av. J.-C.) et de la lavandière Shi Zhennü », « Les exploits du héros national Lu Xiangsheng (1600–1639) », ou encore « Des origines de la stèle de Guoshan ». Pour lui, l'écriture s'apparentait à un voyage de rêve vers son pays natal. En explorant l'histoire de sa région, il effectuait en fait son propre cheminement spirituel.

Qian Zhuoru, qui travaillait dans l'industrie charbonnière, avait lui-même une grande famille : toutes générations confondues, on y comptait plus de dix membres. Zhuoru venait souvent rendre visite à son cousin Zhuolun. Parfois, ce dernier lui posait des questions sur leur pays natal. Pour ce faire, il l'invitait à déjeuner pour se remémorer le bon vieux temps sur le Continent.

Calligraphe à ses heures, Qian Zhuolun, qui ne voyait dans cet art qu'un simple passe-temps, était reconnu pour la qualité de ses œuvres dans les cercles huppés de Taipei. L'ancien général était néanmoins très économe et ne gaspillait pas son encre pour de simples commandes. Recevoir l'un de ses rouleaux constituait donc un honneur insigne. Le grand maître Yu Youren disait de Qian Zhuolun que sa calligraphie ressemblait à celle de Wang Xizhi et de son fils Wang Xianzhi, mais que, par son trait pur et élégant, dépouillé et clairsemé, elle s'inspirait également du style des dynasties Ming et Qing. Sous leur air faussement décontracté, les productions puissantes, relevées et limpides de Qian Zhuolun impressionnaient par leur fraîcheur et leur spontanéité.

Lorsqu'il discutait de calligraphie avec des amis, Qian Zhuokun avait toujours une façon unique de considérer cet art. Dans le bulletin d'information de l'Association des citoyens des Yixing, il publia à plusieurs reprises des critiques des grands maîtres calligraphes du passé. Voici ce qu'il écrit par exemple de Zheng Banqiao (1693–1766) :

Zheng Banqiao avait une vision toute personnelle de la calligraphie. Pour lui, celle du début de la dynastie Qing, sous l'influence de Zhao Mengfu et de Dong Qichang, était encore ronde et élégante. Mais par la suite, les lettrés se tournèrent en masse vers la calligraphie Tang en marge des grands maîtres comme Ouyang Xun et Yu Shinan. Ce faisant, ils dévoyèrent la calligraphie, qui en devint sèche et sans saveur. La critique que Zheng Banqiao donne des productions de son temps, bien que biaisée, n'est pas sans fondement. À partir du moment où tout le monde se met à imiter un même style, les écueils ne sont jamais loin. Les productions de Zheng Banqiao, empreintes de lucidité, allaient à l'encontre de la mode de l'époque, car il mêlait habilement dans son tracé l'écriture des clercs et l'écriture régulière, de la même manière que Jin Nong a choqué par ses œuvres peu orthodoxes résonnant d'une énergie sauvage.

Un jour, alors qu'il sirotait un thé avec son cousin Zhuoru, il poussa un soupir d'étonnement :

Hier est inaccessible, demain est imprévisible. La seule chose que l'on puisse contrôler, c'est le présent. Toute personne, riche ou pauvre, doit vivre au jour le jour. On ne peut se complaire éternellement dans le passé ou dans l'avenir. Aujourd'hui est la seule chose qu'on puisse nous enlever. Quand on en prend conscience, on n'a plus rien à perdre ni plus rien à gagner. Et peu importe que l'on vive longtemps ou non.

Zhuoru était interloqué : « Que voulez-vous dire par là ? » Sans répondre, Zhuolun esquissa un sourire.

Zhuoru comprit plus tard que son cousin était en paix avec lui-même. Ému par cette révélation divine, il avait saisi que dans ce monde, toute quête, toute haine et toute affection étaient vaines.

Quelque temps après, Qian Yuxuan, alors en pension, reçut un appel téléphonique de chez lui : son grand-père était tombé gravement malade et souhaitait qu'il lui rendît immédiatement visite à l'hôpital général des vétérans de Taipei.

Qian Yuxuan n'avait que peu côtoyé son grand-père. Quand ses parents avaient été exécutés, il n'avait que dix ans. Il se souvenait nettement que, ce jour-là, les deux cercueils avaient été installés dans la maison et que les photos de ses parents avaient été encadrées de noir. Ses oncles et tantes, terrifiés, se cachaient la tête pour pleurer à chaudes larmes. Quand Qian Zhuolun était venu le prendre dans ses bras, il n'avait pu s'empêcher de sangloter.

À partir de là, il avait vécu chez ses grands-parents maternels avec son frère et ses sœurs. Ils ne pouvaient retrouver leur grand-père paternel Qian Zhuolun que pendant les vacances du Nouvel An chinois. Dans son souvenir, son grand-père s'était toujours montré doux et bienveillant envers lui, mais une distance subsistait entre eux. Ce n'est que plus tard qu'il s'était rendu compte que le général était surveillé. S'il ne les avait pas pris chez lui et se montrait réservé, ce n'était donc pas pour des raisons familiales, mais pour assurer la sécurité de ses petits-enfants.

C'était le dernier jour de ses examens de licence. L'épreuve terminée, Qian Yuxuan se précipita vers l'hôpital. Quand il entra dans la chambre, son grand-père était allongé sur un lit, le visage très maigre et le corps hérissé de tuyaux. Un sourire se dessina sur le visage de Qian Zhuolun quand il vit son petit-fils. Après s'être levé à grand-peine, il demanda d'une voix forte à l'infirmière de venir lui retirer tous les tuyaux, car il voulait manger.

Qian Yuxuan comprit que son grand-père n'avait pu ni manger ni boire depuis plusieurs jours. Son arrivée était la flamme qui ravivait ses derniers instants, l'ultime lueur dans son agonie. Jusqu'ici, il avait refusé de pousser son dernier souffle, car il l'attendait avant de s'endormir pour toujours.

Prenant un bol de porridge, Qian Yuxuan en donna quelques cuillères à son grand-père. Celui-ci déglutit avec difficulté. Après un long moment, haletant, il lui chuchota lentement à l'oreille : « Yuxuan, comme tu ressembles à ton père ! » À ces mots, de grosses larmes perlèrent dans ses yeux voilés. Puis il lui tourna tristement le dos.

En ce jour, bienheureux, je monte vers le Ciel.
Veillez sur vos parents et attendez la paix.

Ces quelques vers, qui résonnent comme une élégie, furent les derniers mots de Qian Zhuolun.

Derrière ce couplet se cachait un sens profond, que Qian Yuxuan ne comprit que plus tard. Son grand-père savait qu'après sa mort, Chiang Kai-shek enverrait à sa famille un poème panégyrique en son honneur, comme c'était la coutume dans les temps anciens. Il demanda à ses proches de ne graver que ses propres vers sur sa tombe. Ce furent ses dernières volontés.

Était-il ainsi parvenu à oublier tous ses tourments ? En fait, jusqu'au dernier moment, ils avaient continué de l'accabler.

Le 5 mars 1967, à la suite de complications dues à son diabète et à son affection cardiaque, tous deux chroniques et incurables, Qian Zhuolun, à l'âge de soixante-dix-sept ans, s'est éteint à Taipei.

Notes du 7 décembre 2018 :

Ce matin, j'ai acheté des fleurs au marché et j'ai accompagné Qian Yuxuan pour me recueillir devant la tombe de Qian Zhuolun, dans le parc national de Yangmingshan. Dans ce paysage verdoyant, les cimetières se succèdent, et l'on voit défiler les dernières demeures de nombreux hauts dignitaires de la République de Chine : le Premier ministre Sun Ke, le général Chen Cheng, le seigneur de la guerre Yan Xishan, le président Yan Chia-kan… Tout le monde est là. Des bosquets de roseaux parsèment les collines, et dans la brise montagnarde les ombres paraissent tout aussi mornes et blanches que les nuages flottant entre les cols.

Après m'être incliné devant la pierre tombale de Qian Zhuolun, je dépose mes fleurs. La tombe, très sobre, ne repose sur aucune estrade : une simple plaque de granit, dénuée de toute décoration. De part et d'autre de la pierre tombale se dressent, en granit vert et blanc, deux stèles gravées reprenant les derniers vers récités par le défunt, tracés dans une calligraphie vigoureuse, mais non moins gracieuse. En les relisant, je ne peux m'empêcher de ressentir de l'affliction.

Un léger crachin poussé par le vent apporte un peu de fraîcheur. Sous la pluie, j'écoute le discours sans fin de Qian Yuxuan :

« Mon grand-père connaissait trop bien Chiang Kai-shek : il savait que ce dernier nous enverrait ses condoléances sous la forme d'un panégyrique. C'est pourquoi il a écrit son propre poème à l'avance pour le faire graver sur sa tombe. Le jour suivant sa mort, comme de juste, un émissaire du président est venu à la maison pour nous transmettre un message de la main du Généralissime. Mais mes oncles et mes tantes ont rétorqué que leur père s'était déjà chargé de faire graver son propre message sur sa pierre tombale. Bien que polie, ce n'était ni plus ni moins qu'une rebuffade. L'émissaire a posé le message sur la table et s'en est allé sans rien dire.

– Que disait la lettre ? L'avez-vous conservée ?

– Nous l'avons jetée depuis longtemps. »

À la question de savoir si son grand-père était au courant qu'il était constamment surveillé par les autorités, Qian Yuxuan pense qu'il s'en rendait bien compte. Pourtant, il avait tout abandonné et ne s'en souciait aucunement. Une seule chose lui avait échappé : non contentes de le surveiller personnellement, les autorités espionnaient également ses enfants et ses petits-enfants ; pas un membre de sa famille ne fut épargné. Les enfants de Qian Kexian, bien sûr, étaient au sommet de la liste. Ce n'est qu'à l'âge de quarante ans, soit trente ans après l'exécution de ses parents, que Qian Yuxuan fut un jour abordé par un inconnu prétendant appartenir au ministère de la Sécurité publique, qui lui annonça que lui et son frère Qian Yucheng étaient officiellement, avec effet immédiat, libérés de la surveillance sous laquelle ils avaient été placés.

Trente ans ! Cette révélation fait froid dans le froid.

« La plus grande injustice que mon grand-père a subie dans sa vie fut d'avoir vu exécuter mes parents sur ordre de Chiang Kai-shek et de son fils. Dans ses vieux jours, il a beaucoup réfléchi et écrit à ce sujet. Mais avant de mourir, il a brûlé tous ses documents compromettants, de peur de nous impliquer. Quant à mes parents, ils ont été reconnus par le Parti communiste comme des martyrs de la Révolution. Sur le site web de la Place des Héros inconnus de Xishan à Pékin, qui recense plus de mille cinq cents martyrs morts à Taïwan sur le front secret du Parti communiste, on peut lire les noms de mon père Qian Kexian et de ma mère Wang Yaojun. Dans le cimetière révolutionnaire non loin de là se dressent également les pierres tombales de mes parents, mais séparées l'une de l'autre. »

Sous des dehors impassibles, le récit de Qian Yuxuan cache une profonde amertume.

Discrètement, j'ai ouvert mon téléphone portable pour consulter le site web de la Place des Héros inconnus de Xishan, qui dépend du département politique général de l'Armée populaire de libération. Comme annoncé, j'y ai trouvé les noms de Qian Kexian et Wang Yaojun, placés respectivement dans le 32e et le 38e groupe.

Liste des noms de martyrs inscrits sur le monument de la Place des Héros inconnus de Xishan

(avec l'aimable autorisation du département de liaison de l'Armée populaire de libération de Chine)

[…]

Groupe 32 (seize noms) :

Peng Xiaosheng / Hubei (1053), Peng Youchang, **Qian Kexian / Jiangsu**, Qiu Agui, Qiu Chuiben, Qiu Chuihe, Qiu Panzai, Qiu Gangyao, Qiu Jintu, Qiu Kunqi, Qiu Lianqiu (auteur présumé de l'attentat du lycée de Keelung), Qiu Mushun, Qiu Shunan, Qiu Shui, Qiu Shunxing (1009), Qiu Tong.

[…]

Groupe 38 (quinze noms) :

Wang Yanshan, **Wang Yaojun / Jiangsu**, Wang Yaodong, Wang Yiyu / Shandong, Wang Youshi / Guangdong (photo), Wang Yuguang / Guangdong, Wang Zaihuan, Wang Zhengjun / Fujian (photo, lieutenant-colonel, complice dans l'affaire Wu Shi), Wang Zhongxian, Wei Dewang, Wei Ruluo, Wei Wenxian (1071), Wen Ganqun / Fujian, Wen Shengwan (1038), Wen Wanjin.

19
Une dette impayable

Un jour, Qian Xiuling annonça à son petit-fils Jérôme qu'elle retournait en Chine, dans sa ville natale.

Elle avait soixante-six ans. Débordante d'énergie, elle en faisait quinze de moins.

Douze heures de vol, et elle rentrait chez elle. Elle avait attendu un demi-siècle pour entreprendre ce voyage. Combien de fois n'avait-elle pas revu son pays en rêve ? Cette fois, elle s'y rendait pour de vrai. Son ticket indiquait qu'elle arriverait en Chine le 3 mai 1979. Un jour à marquer d'une pierre blanche.

Bien des fois auparavant, elle avait eu envie de rentrer, mais ses innombrables occupations l'en avaient empêchée. Pour expliquer son mal du pays, elle disait que c'était comme lorsque la ficelle d'un cerf-volant se casse : au moment où l'on croit, plein d'espérance, toucher du doigt l'objet perdu, il disparaît dans l'horizon lointain.

Grégoire l'accompagnerait-il ?

Elle réfléchit un instant : cette première fois, elle souhaitait se rendre seule sur place. Il y aurait d'autres occasions pour qu'il visite la Chine.

Les doutes l'assaillaient. Plus de cinquante ans s'étaient écoulés, et le monde avait changé. Elle pouvait tout supporter, mais ce n'était pas le cas de Grégoire, car l'image qu'il s'était forgée de la Chine reposait avant tout sur les descriptions et les récits qu'elle lui en avait faits des décennies plus tôt : un pays lointain, mystérieux et magnifique.

Apprenant qu'elle était sur le point de partir, ses amis de l'ambassade de Chine l'aidèrent à accomplir toutes les formalités. Jusque-là, chaque fois qu'elle avait mentionné son souhait de retourner en Chine, on lui disait que la « conjoncture politique » n'était pas favorable. Ce n'est que lorsque le pays commença à s'ouvrir sur le monde en 1978 qu'on l'incita à rentrer au pays : la Chine avait beaucoup changé, il fallait qu'elle le voie par elle-même.

Elle savait que le passage du temps, comme la ronde des constellations dans le Ciel, était normal. Les nouvelles qui lui venaient de diverses sources indiquaient que de grands changements étaient à l'œuvre en Chine, à mesure que se mettait en place la « politique de réforme et d'ouverture ». Cette évolution touchait même la Belgique, car elle avait remarqué que les fonctionnaires de l'ambassade ne s'habillaient plus et ne réfléchissaient plus comme avant.

Les derniers jours avant son départ, elle se surprenait parfois à rêvasser au pont de la mère Wang, dans ces années sombres et troubles des décennies précédentes. Ses parents, ses frères, ses sœurs, un par un, se dirigeaient vers elle. Soudain elle eut l'impression d'avoir pris un coup de vieux.

Ses amis de l'ambassade vinrent la saluer, mais elle comprit qu'il s'agissait d'une visite de courtoisie. Selon la réglementation en vigueur à l'époque, elle devait signaler et détailler son voyage aux autorités chinoises, en indiquant notamment la date de son départ, son aéroport d'arrivée, les personnes qu'elle rencontrerait et son lieu d'hébergement. Elle n'était pas autorisée à loger chez des proches, mais devait séjourner dans un hôtel spécifiquement dédié aux étrangers. Sa destination finale était sa ville natale de Yixing, mais elle ne pouvait pas passer la nuit dans ce modeste chef-lieu de comté, car celui-ci ne possédait pas ce type d'hôtel. Elle demanda toutefois à l'ambassade de contacter les autorités afin qu'elle puisse passer ne fût-ce qu'une nuit dans sa ville natale. Faute de quoi, elle préférait renoncer à son voyage.

L'ambassade l'aida à négocier avec le ministère chinois des Affaires étrangères, qui accepta finalement qu'elle passe une nuit à Yixing, dans l'hôtel de la ville.

Elle s'envola donc pour Shanghai, où elle rejoignit son frère Zhuochai et sa famille. Ensuite, en compagnie de l'un de ses neveux, elle visita Pékin. Puis elle se rendit à Hangzhou, où elle passa une demi-journée au bord du lac de l'Ouest, avant de faire un détour par Lin'an, où elle souhaitait se recueillir devant les reliques de Qian Liu, le fondateur du clan Qian. C'était aussi le vœu de son cousin Zhuolun. En effet, lorsqu'il avait été gravement malade l'année précédente et qu'elle s'était rendue à Taipei pour lui rendre visite, il avait évoqué tous ses regrets, notamment celui de n'avoir jamais visité le temple dédié à leur auguste ancêtre, qu'il ne connaissait qu'à travers le récit de leurs aînés, afin d'y brûler un bâton d'encens. Zhuolun avait alors formulé à sa cousine une requête poignante : puisque lui-même ne pourrait jamais revenir au pays natal, si elle avait un jour l'occasion de retourner en Chine, elle devait se rendre à Lin'an pour se recueillir sur la tombe de leur vieil ancêtre, se prosterner devant elle et brûler de l'encens en sa mémoire.

Arrivée dans la petite ville, elle demanda son chemin à plusieurs personnes, mais aucune n'était en mesure de lui confirmer l'emplacement exact de la tombe. Elle se tourna alors vers le bureau local des reliques culturelles, où elle fut accueillie par le directeur adjoint, un certain M. Qian. Celui-ci, qui était également un descendant de Qian Liu, connaissait naturellement très bien l'histoire de son ancêtre. Comme Lin'an ne disposait d'aucun moyen de transport public, il la conduisit sur sa vieille bicyclette branlante, assise sur le porte-bagages aménagé en siège. C'était la première fois de sa vie qu'elle montait sur un tel véhicule, mais elle s'installa sans hésitation à l'arrière et le trouva fort confortable. En levant la tête, elle vit défiler des rues grouillantes et des marchés animés. Bien que les maisons le long de la route fussent toutes décrépites, et que les passants fussent tous vêtus de gris, de blanc et de noir, il flottait dans la ville une atmosphère chaleureuse et accueillante. Lorsqu'elle arriva, conduite par M. Qian, à la tombe de leur ancêtre, un triste tableau l'accueillit : le site, laissé à l'abandon, était couvert de branches et de feuilles mortes et jonché d'ordures. Le directeur expliqua qu'un typhon avait frappé la région quelques jours auparavant, et qu'on n'avait pas encore pu nettoyer l'endroit.

Elle resta sans voix. M. Qian murmura qu'il n'avait pas été facile de préserver la tombe de leur ancêtre. Mais à l'avenir, la situation ne pourrait que s'améliorer.

Dans une boutique voisine, elle acheta deux bâtons d'encens et s'inclina devant la tombe.

Le directeur lui demanda : « Vous êtes venue seule, pourquoi avez-vous besoin de brûler deux bâtons d'encens ? » Elle répondit : « C'est pour mon cousin. » Puis elle se tut.

Elle croisa solennellement les mains et marmonna quelque chose ; le souvenir des défunts lui fit monter les larmes aux yeux.

M. Qian emmena également sa lointaine parente visiter le temple ancestral des Qian, où étaient conservées de nombreuses reliques précieuses. Elle comprit que les villes de Hangzhou et Suzhou, que les Chinois qualifient de « paradis sur Terre », devaient leur beauté et leur raffinement à l'œuvre de Qian Liu. Grâce à son intervention, le lac de l'Ouest avait en effet été par trois fois élargi. Son œuvre visionnaire, couronnée de succès, avait grandement permis aux générations futures de préserver et d'embellir ce paysage exceptionnel. Quant aux jardins de Suzhou, c'était son fils, suivant en cela son souhait, qui en avait assuré la construction pendant de nombreuses années. Cet héritage était probablement méconnu des jeunes générations.

Sur une stèle ancienne, Qian Liu avait légué son testament, écrit dans une calligraphie mouchetée :

Depuis des générations, dans l'enceinte de notre ville, nous veillons sur les dernières demeures de nos ancêtres. Aujourd'hui glorieux et prospères, nous avons fait de la nation notre famille. Puissent nos enfants et nos petits-enfants ne jamais oublier d'où ils viennent !

Comme lorsque le beau temps succède à la pluie, Qian Xiuling se sentit libérée d'un poids, car elle était désormais convaincue que l'histoire et les mots peuvent vaincre le temps et transmettre un message aux générations futures.

Maintenant qu'elle s'apprêtait à fouler le sol de sa région natale, son cœur s'emballait. Derrière le carreau de sa voiture, des champs de toutes les couleurs, jaune d'or, turquoise, violet, rouge, défilaient devant ses yeux. Elle savait qu'il s'agissait de plantations de colza, de semis de blé et d'astragales. Elle se souvenait que, lorsqu'elle était enfant, elle aimait cueillir ces astragales d'un rose tendre – qu'elle appelait les « lotus brillants » – et les mélanger dans une cuve à vin avant de les faire sauter. Un vrai délice !

Un hiver, un printemps, je fus coupé des miens
Privé de tout contact au-delà des montagnes
Aujourd'hui je prends peur : je vais rentrer chez moi
Mais n'ose m'enquérir du chemin qu'il me reste.

Dans ses oreilles résonnait ce vieux poème de la dynastie Tang, comme si elle entendait encore son précepteur, M. Gao, le réciter devant ses élèves. La salle ancestrale des Qian s'était perdue dans les profondeurs du temps, mais elle percevait encore distinctement la petite plante se balancer vers elle sur le rebord de la fenêtre.

Comme prévu, la personne qui vint la chercher était l'un de ses petits-neveux, nommé Jiaji. Elle savait que, pour des raisons historiques, il avait changé son nom de famille pour adopter celui de Lu ; cependant, ce changement de patronyme n'avait pas changé son identité : il restait un membre du clan Qian.

Jiaji était le chef comptable de l'hôtel local de Yixing. Le fait qu'il ne s'appelle plus Qian avait contribué à lui faire acquérir ce statut de « fonctionnaire », que lui seul possédait dans la famille. Dans la communauté locale, il apparaissait comme une figure « haut placée ». Afin d'accueillir Qian Xiuling, Jiaji avait usé de ses contacts pour réserver une semaine à l'avance une camionnette au bureau logistique du comté. Cependant, le véhicule, inutilisable, devait subir de grosses réparations ; de plus, l'essence était rationnée. Mais Jiaji avait trouvé une solution pour faire réparer le véhicule et avait déniché deux cents litres d'essence.

Le jour de la rencontre avec sa grand-tante, il partit tôt en voiture pour l'attendre devant les grottes de Shanjuan, une des principales attractions de Yixing. L'arrivée de Qian Xiuling représentait un événement important pour la famille Qian. Trente ans plus tard, Jiaji en garde encore un souvenir vivace :

À deux heures de l'après-midi, j'ai garé ma camionnette sur le parking à l'entrée des grottes et j'ai brandi un panneau avec le nom de Qian Xiuling. Au bout d'une demi-heure environ, une femme qui semblait avoir la cinquantaine est arrivée. Elle était habillée de manière très inhabituelle. Son maquillage léger mettait en valeur ses longs cheveux permanentés ; elle avait la peau blanche comme du lait et les lèvres rehaussées de rouge. En ce début du mois de mai, il ne faisait pas trop chaud. Aussi portait-elle une robe vert foncé surpiquée de motifs dorés, qui semblait très coûteuse ; une broche en diamant étincelante était épinglée sur sa poitrine. Elle était enfin chaussée de longs bas de soie et de chaussures à talon de couleur crème. On voyait rarement ce type de tenue. En s'approchant de moi, elle m'a dit en dialecte: « Tu dois être Jiaji ! » Quand je l'ai appelée Tatie, elle m'a serrée dans ses bras, muette d'émotion. J'ai vu des larmes couler sur ses joues.

Tandis que la camionnette entrait dans Yixing, Qian Xiuling annonça qu'elle voulait descendre et se promener pour observer les changements dans la vieille ville. Jiaji ne s'attendait pas à ce que, dès qu'elle sortirait de voiture, une foule s'amassât tout au long de leur parcours, du pont Taige à leur hôtel, le quartier le plus animé et le plus prospère de Yixing. Dans cette petite ville du sud du fleuve Yang Tsé, qui ne s'était pas encore ouverte à l'extérieur, non seulement les rues, mais aussi les esprits restaient étroits et conservateurs. Le spectacle inédit de cette grande dame parée de beaux atours qui se pavanait dans la rue ne pouvait donc manquer d'attirer les curieux. Se prenant au jeu, Qian Xiuling saluait les badauds étonnés avec un sourire, osant même serrer la main des plus téméraires qui s'approchaient d'elle. L'excitation était à son paroxysme, si bien que beaucoup de passants pensaient que l'on tournait un film. Certains croyaient reconnaître en Qian Xiuling les vedettes Bai Yang ou Wang Danfeng et criaient leurs noms. Jiaji rétorquait : « Ce n'est pas une actrice, c'est une dame native de Yixing, qui revient de l'étranger ! Laissez-nous passer. » En chemin, Qian Xiuling demanda à Jiaji, qui marchait à côté d'elle, si le lycée pour filles existait toujours ; de son temps, il se trouvait à moins d'un kilomètre au sud. Quand elle arriva à un carrefour, elle s'arrêta : « C'est bien la ruelle de l'Académie, qui donne sur la porte nord ? Mon cousin Zhuolun vivait ici, au numéro cinq. Sa maison est-elle toujours debout ? Qui y vit maintenant ? »

Toutes ces questions, Jiaji ne pouvait y répondre ; parfois, il semblait même mal à l'aise. Quand elle comprit sa gêne, elle cessa de l'importuner.

Ils arrivèrent à un pont en béton au milieu de la ville. Qian Xiuling regarda autour d'elle, hésitante : « Serait-ce le pont Jiao ?

Avant, il y avait ici un grand pont de pierre en arc avec une statue de lion. Je l'empruntais souvent quand j'étais enfant. »

Jiaji lui expliqua que le pont avait été démoli et reconstruit pendant la « Révolution culturelle ».

Elle jeta un œil vers le fleuve : « L'eau est moins profonde aussi. À l'époque, elle était très claire, si bien que le fleuve paraissait plus large. »

Bien que très enthousiaste dans l'ensemble, Qian Xiuling ne pouvait toutefois pas cacher une part de tristesse. Après moult arrêts, ils arrivèrent à l'hôtel Yixing. Des slogans à la mode étaient placardés sur les murs : « À bas la Bande des Quatre », « Libérer les idées », etc. Toutes sortes de bannières rouge vif complétaient le décor. Jiaji expliqua à sa grand-tante que c'était le plus grand hôtel de la ville, qui offrait donc naturellement le service de la meilleure qualité. Cependant, à cette époque, le concept de « suite privée » n'existait pas et la famille de Qian Xiuling avait organisé en son honneur un banquet de bienvenue dans le grand hall, sur une large table ronde à l'extrémité sud de la salle, autour de laquelle pouvaient s'asseoir douze personnes. Quand enfin Qian Xiuling revit ses proches, elle n'assista pas, comme elle l'attendait, à des effusions de larmes, mais découvrit des sourires discrets sur les visages. Tous, jeunes et vieux, saluèrent la venue de leur « tante » et « grand-tante ». L'émotion fut à son comble lorsque, au moment des présentations, Qian Xiuling reconnut dans les visages de ses nièces et neveux les traits de son père ou de sa mère. L'échange des cadeaux finit de dérider les plus réticents. De temps à autre, des éclats de rire masquaient la tristesse du deuil qui avait accablé chacun des invités. En fait, les plus anciens étaient tous disparus, et Qian Xiuling savait plus ou moins ce qui leur était arrivé, mais elle n'osait pas demander les circonstances exactes de leur décès. Ses cousins et cousines soit avaient quitté Yixing, soit étaient décédés prématurément. Ceux qui l'accueillirent ce jour-là étaient surtout des nièces et des neveux, et tous semblaient sur le qui-vive. Alors qu'ils s'asseyaient autour de la table, on réalisa soudain que celle-ci n'était pas assez grande pour tous les invités, et encore moins pour que les serveurs puissent correctement effectuer le service. Jiaji alla immédiatement trouver le directeur de l'hôtel pour libérer la salle de comptabilité du premier étage et la convertir promptement en salle privée. Toute l'assistance s'apprêta alors à migrer dans cette direction. Qian Xiuling ne cessait de rire : « Pourquoi devrions-nous nous déplacer ; moi, je m'en moque. » Tous ses parents aidèrent à porter la table et les chaises, dans un joyeux brouhaha. Bien que le banquet commençât avec plus d'une demi-heure de retard, lorsque le *toucai* fut servi, Qian Xiuling s'écria avec joie : « Ah, je retrouve enfin le vrai goût du *toucai.* » Des larmes tremblèrent sur son visage.

D'après les souvenirs de Jiaji, les plats servis au banquet ce jour-là avaient en effet été préparés avec le plus grand soin. Le chef, un certain Ye Zuren, jouissait d'une grande expérience, puisqu'il avait été à la barre lorsque les dirigeants provinciaux étaient venus à Yixing. Aujourd'hui, il s'était surpassé, choisissant les ingrédients de saison les plus frais et les plus typiques de la gastronomie locale, comme l'avait demandé Jiaji, et les cuisinant à la bonne franquette, sans fioritures. Il proposa ainsi du « dragon intrépide », des « crevettes gingko » et du « poisson mandarin à l'aigre-douce », tous plats traditionnels de la région. Dans sa « marmite précieuse », une soupe maigre de champignons (satyres voilés, shiitakés, champignons termites, cèpes de Bordeaux) servie dans une espèce de cocotte en argile violette, le chef avait faire cuire de la poule, des pétoncles, du jambon et des crevettes séchées, et avait laissé tous ces ingrédients mijoter à feu doux pendant une demi-journée. Les plats de poisson, tels que le dos d'anguille rôti et la soupe d'éperlan, étonnaient par leur tendreté, leur croustillant et leur délicatesse. Quant aux pousses d'ail et aux fèves sautées à la sauce soja, d'un vert brillant et bien croquantes, elles transportaient Qian Xiuling dans son enfance à la campagne. Contemplant chaque plat avec attention, l'invitée d'honneur réussit sans erreur à en donner le nom. Dès la première bouchée, elle multiplia les compliments au cuisinier. Le dernier mets, servi dans une gigantesque casserole en terre cuite, était une soupe à la tête de poisson d'un blanc laiteux. La fragrance de tous les ingrédients, coriandre, champignons et pousses de bambou, était tout bonnement envoûtante. De l'avis de Qian Xiuling, cette soupe aurait fait tourner toutes les têtes si elle était servie à Bruxelles.

Au milieu du repas, elle se leva et demanda de quoi écrire, car elle souhaitait consigner tous les plats de ce banquet pour pouvoir les préparer à son retour. Jiaji, qui apparemment avait prévu une telle demande, lui tendit le menu. Elle le saisit et, dans un éclat de rire, le glissa dans son sac. À la fin du repas, elle demanda à rencontrer le chef et à jeter un coup d'œil dans la cuisine.

Jiaji appela immédiatement Ye Zuren. Qian Xiuling s'inclina devant lui « Maître Ye, les plats que vous nous avez cuisinés aujourd'hui étaient succulents. Voilà des dizaines d'années que je ne suis pas revenue ici, et ce repas a comblé toutes mes attentes. »

Ye Zuren, qui avait à peine la trentaine, resta un instant gêné par tant de compliments.

Elle lui demanda ensuite quel était son salaire mensuel. « Trente-deux yuans », répondit le chef en toute honnêteté. « Accepteriez-vous de travailler avec moi dans un restaurant en Belgique ? Je vous offrirais un salaire équivalant à trois mille yuans. »

Ye Zuren resta interdit. Trois mille yuans, il fallait ici dix ans pour les gagner. Il ne savait pas où se trouvait précisément la Belgique, à part que c'était dans la lointaine Europe. Il n'avait même jamais mis les pieds dans une grande ville. Une question très pratique lui vint soudain à l'esprit : « Oui, mais est-ce que je ne perdrais pas ma dizaine d'années d'ancienneté ? »

Qian Xiuling ne comprenait pas.

Après les explications de Jiaji, elle rassura le jeune chef : « Ne t'inquiète pas pour ça, je contracterai pour toi une assurance pension et me porterai garante. »

Personne dans la salle ne comprit ce qu'était l'« assurance pension ».

Le visage en sueur, Ye Zuren remercia Qian Xiuling et s'empressa de prendre congé.

Que le chef Ye décline sa proposition ne fut toutefois pas l'unique regret de Qian Xiuling.

Elle ne comprit pas pourquoi, le lendemain matin, tout le monde lui déconseilla de visiter le pont de la mère Wang et la résidence ancestrale des Qian. Le refrain qui revenait le plus souvent était la route, en travaux, impraticable. Ce à quoi elle répondait que, quand elle était enfant, elle avait l'habitude d'aller en ville avec son père sur un bateau à voile. Pourquoi ne pas y aller de cette manière ? De plus, elle se souvenait que la vue sur le fleuve était magnifique. Elle pria alors Jiaji de vite lui louer un bateau. Mais son petit-neveu lui rétorqua que les bateaux ne pouvaient pas passer, on était en train de draguer le fleuve. À voir tous les regards consternés, Qian Xiuling demanda ce qui se cachait derrière ces refus, mais personne ne daigna lui répondre. Un ange passa. Elle voulut dire quelque chose, mais elle se retint. Impatiente et troublée, elle ne saisissait pas la raison de ce malaise.

Elle aurait tant aimé dire qu'elle souhaitait rentrer chez elle, sur la tombe de ses parents, auprès de ses ancêtres, qui tous attendaient son retour ! Mais elle retint ses mots.

Jiaji, qui n'était pas sot, détendit finalement l'atmosphère en proposant habilement à Qian Xiuling de partir : « Ma tante, ce n'est que partie remise. Avec les réformes et l'ouverture du pays, la situation ne pourra que s'améliorer. La prochaine fois que vous viendrez, la route vers le pont sera dans un parfait état, et je vous y conduirai dans ma voiture. »

Qian Xiuling réaliserait plus tard que l'organisation de ces retrouvailles avec ses lointains parents était loin d'avoir été une sinécure. Chacun avait reçu des instructions précises sur ce qu'il fallait dire ou ne pas dire. Quant au pont de la mère Wang et à la résidence ancestrale des Tang, ces lieux restaient interdits aux « invités étrangers ». C'est pourquoi tout le monde avait été obligé de refuser poliment sa « demande », conformément aux directives des autorités.

Huit ans plus tard, Qian Xiuling retourna dans sa ville natale. Elle se rendit compte à quel point la Chine avait changé. Non seulement les routes étaient plus larges, les bâtiments plus hauts et les vêtements plus colorés, mais les mentalités avaient évolué. La prudence et la nervosité de ses parents, la réserve et la rigidité des fonctionnaires locaux, tout cela avait disparu. Les visages paraissaient plus rayonnants et détendus. Chaque nouvelle qu'elle recevait, au hasard des conversations, lui apportait un soulagement. Certains de ses parents étaient entrés à l'université, d'autres étaient devenus directeurs d'entreprises du comté, d'autres encore s'occupaient de l'approvisionnement et du marketing, ou suivaient des cours du soir en vue d'être titularisés. Tout le monde semblait pressé. Cette fois, Qian Xiuling avait emmené Grégoire, comme elle le lui avait promis. Lui, d'habitude si calme et posé, était encore plus excité qu'elle, et ne cessait de lui poser des questions. Depuis leur départ, il devait chaque soir prendre un somnifère. Avec sa haute taille, sa silhouette gracile et son air distingué, il fit l'unanimité lorsqu'il rencontra pour la première fois la famille et les amis de son épouse, qui tous l'appelèrent « mon oncle ». Grégoire était aux anges, car en fait il avait appris un peu le chinois : en plus de « bonjour », « merci » et « délicieux », il savait dire « Je m'appelle Ge Lixia ! »

Qian Xiuling compta sur ses doigts et lui rappela non sans humour que cela faisait cinquante ans qu'elle lui avait attribué ce nom, sans que jamais il ne pût s'en servir. Sans la guerre et tous les accidents de la vie, il serait devenu depuis longtemps plus chinois que les Chinois.

Ce voyage avait bizarrement une connotation plus « officielle » que le précédent. En effet, même si Qian Xiuling l'ignorait elle-même au début, son statut de « Chinoise d'outre-mer » lui valait d'être désormais traitée avec beaucoup d'égards et de bénéficier d'un traitement préférentiel.

L'organisation qui accueillait Qian Xiuling et Grégoire de Perlinghi était le Bureau des affaires des Chinois d'outre-mer de la municipalité de Yixing. Quelque temps auparavant, cette entité administrative avait reçu, transmis par les autorités provinciales, un document urgent issu de son équivalent national : une lettre officielle de l'ambassade de Chine en Belgique les avait informés qu'une Belge d'origine chinoise nommée Qian Xiuling avait l'intention de se rendre dans le pays le mois suivant, et que sa destination principale était la ville de Yixing. On y expliquait que Qian Xiuling était une « héroïne nationale » qui avait sauvé plus de cent otages pendant la Seconde Guerre mondiale et qu'elle jouissait d'une très grande réputation en Belgique, notamment au sein de la communauté chinoise locale. Par conséquent, la municipalité de Yixing était invitée à réserver un accueil chaleureux à cette hôte de marque et à faciliter au mieux son séjour.

Aussi une voiture fut-elle dépêchée pour aller chercher les invités, qui furent accueillis par le gouverneur du district en personne, et toute une équipe fut constituée pour organiser un banquet et des activités dignes de ce nom.

Qian Xiuling n'était pas habituée à tant de décorum. Elle aurait de loin préféré des retrouvailles sans toutes ces civilités. Mis à part ses proches, elle ne voulait déranger personne.

On lui conseilla gentiment d'accepter l'invitation des autorités officielles. En effet, grâce à elles, elle pouvait obtenir le feu vert pour tout ce qu'elle souhaitait faire.

Comme de juste, Qian Xiuling demanda alors de visiter le pont de la mère Wang et de pouvoir retourner à la résidence ancestrale des Qian. Le directeur du Bureau des affaires des Chinois d'outre-mer accepta immédiatement et se proposa même de les accompagner. En privé, on confia à Qian Xiuling qu'il s'agissait là d'un privilège très rare.

Par une matinée pluvieuse d'automne, une camionnette les déposa donc, Grégoire et elle, près de pont de la mère Wang. Après un bref parcours sur une piste boueuse balisée par de nouveaux poteaux électriques, ils arrivèrent en vue du pont. À l'horizon, les champs venaient tout juste d'être moissonnés ; les pousses de riz étaient encore humides de leur suc qui dégoulinait, et le parfum des grains embaumait l'air. Le paysage offrait quelque chose d'enivrant. Un léger bourdonnement continuait cependant de résonner dans les oreilles de Qian Xiuling, comme si les champs répercutaient des pleurs et les cris accumulés dans ces lieux au fil des âges. Elle entendait les soupirs de son père, les exhortations de sa mère, les récitations de M. Gao, et même le son de ses propres pas et de ceux de ses frères et sœurs. Soudain, elle ne put plus bouger. Derrière son calme apparent, elle avait l'impression troublante que tout cela appartenait à sa vie antérieure, et n'avait plus rien à voir avec son présent.

Grégoire appréciait beaucoup toutes les histoires que son épouse lui avait ressassées des milliers de fois à propos du pont de la mère Wang. Constellé de taches, l'ouvrage d'art se dressait devant eux tel un vieillard décati. Les roseaux qui poussaient follement des deux côtés ondulaient sous la brise ; des milliers de chatons blancs voletaient délicatement dans l'air. Grégoire demanda quelles étaient ces fleurs. Des fleurs de roseau, lui répondit Qian Xiuling. Un bateau passa sous l'arche du pont. Le son clair de la godille ravit Grégoire, de même que l'allure des rameurs et les murmures de la rivière sinueuse. Au bord de l'eau, les simples chemins de terre offraient un tableau enchanteur.

Qian Xiuling confia qu'au temps de sa jeunesse, souvent elle embarquait avec son père dans un voilier comme celui-là (quoiqu'un peu plus petit) pour se rendre rapidement en ville. Grégoire répondit que cet endroit lui rappelait un peu Herbeumont, la beauté de la rivière en plus. Il reprocha à son épouse de ne pas lui avoir parlé de la beauté des lieux. Ils auraient dû venir plus tôt.

Ces derniers mots la frappèrent en plein cœur.

Quand elle entra dans le village, l'émotion fut encore bien plus intense qu'elle ne l'avait imaginé. Après plus d'un demi-siècle, le hameau, bien que perdu dans la grisaille, dégageait toujours la même chaleur. Quelques nouvelles demeures, visiblement plus confortables, dénotaient avec les maisons basses plus anciennes, qui à côté paraissaient décrépites. Les cris des habitants, les aboiements des chiens et le chant du coq réveillaient tout un pan de souvenirs oubliés. Partout on sentait le véritable esprit de la campagne. Quelques aînés, reconnaissant Qian Xiuling, la serrèrent dans leurs bras et la saisirent de leurs mains grêles, sans plus vouloir la lâcher. Le cœur battant à tout rompre, elle restait silencieuse. Étonnamment, les chemins de village, bourbeux et vaseux, enthousiasmaient Grégoire. Bien que ses chaussures de cuir fussent toutes maculées de fange, il ne cessait de sautiller joyeusement dans les flaques. Il déclara qu'il souhaiterait ouvrir ici une clinique pour soigner les simples fermiers. Fuyant les élucubrations de son mari, Qian Xiuling cherchait désespérément leur ancienne demeure et le temple ancestral des Qian. Mais en vain.

« Où est ma maison ? »

Elle regardait autour d'elle d'un air perdu.

Les proches qui l'accompagnaient lui expliquèrent que le village avait beaucoup changé au cours des décennies écoulées. Conformément aux politiques en vigueur, certaines vieilles bâtisses avaient été démolies pour ouvrir de nouvelles terres agricoles. Sa maison de même que le temple ancestral des Qian avaient cédé la place à des rizières.

Un instant, Qian Xiuling ne put contenir sa tristesse. Elle voulait demander où se trouvait la tombe de ses parents, mais les mots restaient coincés dans sa gorge. Tandis qu'elle empruntait un chemin étroit, elle s'arrêta devant une clôture : quelques petits bâtiments bien ordonnés lui barraient la route. Sa petite-nièce, Tangna, lui montra du doigt un vieil édifice à moitié détruit : « Regarde, Tatie, il y a une autre maison qui n'a pas été complètement abattue. »

Levant la tête, elle l'examina avec soin, pour finalement s'apercevoir qu'il s'agissait du petit bureau de son père.

La résidence familiale comportait initialement trois cours intérieures en enfilade. Ce bureau se trouvait sur le côté droit de la deuxième cour, à côté des appartements de Xiuling. Mais toute trace de la demeure avait disparu. Si personne n'avait attiré son attention sur cet endroit, elle ne l'aurait jamais reconnu.

Ce petit bureau constituait le cœur de la maison. De nombreuses décisions familiales, y compris ses études en Belgique, avaient été prises dans cette pièce. Aujourd'hui, le bâtiment faisait office d'entrepôt pour l'équipe de production, qui y entassait pesticides, engrais et articles divers. La porte était fermée à clé, sans que personne ne pût l'ouvrir. Qian Xiuling jeta un coup d'œil à l'intérieur par la fenêtre où il manquait une vitre. Ce qu'elle y vit lui fendit le cœur : « Partons », conclut-elle d'une voix forte.

Tout le monde sentit son changement d'humeur. Il y eut un silence gêné, comme si chacun voulait s'excuser. Qian Xiuling regretta aussitôt le ton avec lequel elle avait prononcé ce mot.

Qui était-elle ? Elle qui depuis trop longtemps avait quitté ces lieux, elle visitait aujourd'hui le site dans la précipitation. Le destin de sa maison, de son village, avait été intimement lié aux soubresauts de la Nation. Après tant d'avanies, celle-ci n'avait-elle pas enfin tourné la page des heures sombres ? Loin des troubles qui avaient agité la Chine, Qian Xiuling n'avait rien connu de ses errances à marche forcée, de ses avancées difficiles et de ses questionnements douloureux. Elle ne connaissait rien des épreuves traversées par ses compatriotes. Alors, elle pouvait pleurer et se lamenter en elle-même, mais elle n'avait pas le droit d'exprimer le moindre mécontentement.

Un profond regret l'étreignait : pourquoi n'avait-elle pas essayé de revenir au cours des dernières décennies ? Elle fuyait : telle est la triste vérité qui s'imposait à elle. Jamais elle ne pourrait compenser ce manque, et cette pensée lui fendait le cœur.

Dans un silence de mort, Grégoire et elle quittèrent le village.

Juste après, elle introduisit une requête auprès du directeur du Bureau des affaires des Chinois d'outre-mer : elle voulait acheter un terrain pour ériger un cénotaphe en l'honneur des ancêtres de la famille Qian.

L'affaire fut prestement réglée. Le département du Front uni du comté, qui était également impliqué dans la visite, agit comme intermédiaire. Le lendemain, Qian Xiuling se rendit une nouvelle fois au village du clan Qian. Elle repéra un terrain en pente situé à l'arrière du village, orienté vers le sud, qui servait normalement de réserve aux agriculteurs locaux. Sur l'insistance des autorités, les propriétaires acceptèrent immédiatement l'offre de Qian Xiuling et les deux parties convinrent d'un prix. Les travaux commencèrent le jour même. Le cénotaphe devait être décoré avec des photos des défunts, ou, à défaut, d'un objet personnel, tel qu'un porte-cigarette ou un dé à coudre. Ensuite, on fit venir un vieux tailleur de pierre de la campagne pour qu'il sélectionne le meilleur matériau et qu'il travaille sur le monument toute la nuit, sans oublier d'y graver les noms de tous les ancêtres de la famille Qian par ordre d'importante.

La veille de son départ de Yixing, Qian Xiuling emmena tous ses proches au cénotaphe. Quand elle vit le résultat, elle se mit à genoux et versa des torrents de larmes.

Sur le chemin du retour, elle dirait à Grégoire qu'elle n'avait pleuré comme cela qu'une seule fois dans sa vie : quand son père était mort sans qu'elle pût être à ses côtés. Après avoir pleuré tout son saoul, elle se sentit beaucoup mieux.

Elle remplit un petit bocal avec la terre près du monument et le mit dans ma poche. Le tout, sans un mot.

Sa nièce Tangna se souvient :

Notre tante Xiuling avait un caractère très fort, elle savait ce qu'elle voulait. Par exemple, quand elle a décidé de faire construire le cénotaphe, l'affaire s'est conclue en quelques jours à peine. Lorsqu'elle a vu le monument, elle était de bien meilleure humeur que la fois précédente : débordante de joie, elle ne cessait de nous parler de ses enfants restés en Belgique. Toutefois, pendant ce séjour, elle n'a jamais évoqué ce fameux fait qu'elle avait sauvé des otages. Nous ne savions pas qu'en Belgique elle était vue comme une « héroïne ».

Jiaji confirme :

Elle nous a dit, à nous les jeunes : « Voulez-vous faire un tour en Belgique avec votre tante ? Les jeunes gens comme vous ne devraient pas rester cloîtrés ici : vous devez avoir de plus grandes ambitions. Maintenant que la Chine s'ouvre sur le monde, vous devriez voir ce qui se passe ailleurs, découvrir de nouveaux horizons. » Selon elle, si nous le voulions, nous pourrions travailler dans son restaurant en Belgique pour y apprendre à cuisiner avant de nous mettre à notre compte. Et même si nous n'y arrivions pas, nous pourrions toujours gagner notre vie en ouvrant une boutique de plats à emporter. Il est vrai que plusieurs membres de notre famille sont allés travailler pour elle et que son établissement, la Fontaine de Jade, a été un véritable tremplin pour nombre de chefs et de restaurateurs.

De retour de leur visite au cénotaphe, Qian Xiuling et Grégoire furent invités par un cadre du Parti à visiter la briqueterie locale. En cours de route, le responsable confia à ses hôtes que son grand-père avait étudié dans le temple ancestral de la famille Qian en compagnie de Qian Xiuling. Que le monde était petit ! Il expliqua ensuite que, lors des turbulences de la « Révolution culturelle », le temple, vu comme un symbole des « quatre vieilleries », avait été démoli pour laisser la place à des entrepôts. Quelle évolution aujourd'hui ! Il ne cessait de jacasser comme s'il cherchait à se moquer de lui-même ou à s'excuser. Qian Xiuling ne répondit pas. Escortés par le directeur de l'usine, les visiteurs traversèrent plusieurs ateliers où on leur montra toutes sortes de produits finis sur lesquels ils ne pouvaient que s'extasier. Qian Xiuling déclara avec émotion : « Jamais je n'aurais imaginé qu'une usine de cette envergure puisse être installée dans ce village ! » Le cadre du Parti abonda dans ce sens : aujourd'hui, de telles usines essaimaient partout, et plus personne ne restait à végéter chez soi.

Le groupe se rendit ensuite jusqu'au bureau du directeur, qui invita tout le monde à s'asseoir sur son canapé en similicuir pour boire du thé. Un peu gêné, l'hôte sortit une grosse poire, le seul fruit, expliqua-t-il, qu'on lui avait rapporté du marché. Qian Xiuling rétorqua en souriant : « Mais cette poire est si grosse ! »

Elle expliqua à Grégoire que, d'après la coutume chinoise, une poire ne devait jamais être partagée (*fenli*) avec des invités, parce que la couper serait un symbole de désunion et de séparation (*fenli*).

« Que faire, dans ce cas ? » demanda Grégoire en écartant les mains. Qian Xiuling enchaîna : « Aujourd'hui, c'est vous l'invité, car vous venez en Chine pour la première fois. À vous de la manger. »

Grégoire rétorqua : « Pourquoi ne pas conjurer le sort ? Mangeons cette poire tous ensemble, elle n'en sera que plus douce pour chacun d'entre nous. » Seigneur ! Grégoire, d'habitude si taciturne, était devenu un vrai moulin à paroles. Même Qian Xiuling s'en étonnait.

La poire, qui pesait près d'une livre, fut donc divisée en huit morceaux. Toutes les personnes dans la salle s'accordèrent pour dire qu'elle était effectivement très goûteuse et sucrée.

Réception de Qian Xiuling et de Grégoire de Perlinghi à Yixing

20
Ma grand-mère est-elle une héroïne ?

Le 4 septembre 2000, le journal local d'Écaussinnes annonça que Mme Qian Xiuling se voyait décerner le titre de « citoyenne d'honneur » de la ville.

Cette année-là, elle fêtait ses quatre-vingt-huit ans.

Beaucoup d'autres événements s'étaient produits entre-temps, mais ont vite été oubliés. Seules les choses qui touchent au cœur restent gravées dans les mémoires.

Au printemps 1995, Grégoire de Perlinghi était décédé à l'âge de quatre-vingt-six ans. Pendant longtemps, Qian Xiuling resta hébétée, incapable de se souvenir de ce qui s'était passé. Quand elle se réveillait, elle ressentait une vive douleur. Puis elle comprit que Grégoire avait enfin trouvé le repos, et qu'il l'attendrait. Elle avait entendu son appel : « Je sais, mon amour. »

Six mois plus tard, le plus jeune des fils du couple, Nicolas, était mort prématurément à l'âge de cinquante et un ans.

Telle semblait être la destinée de Qian Xiuling. Elle y entrevoyait l'impermanence de l'existence humaine. L'âge importe peu : partir, c'est partir. C'est ce qu'elle se disait pour trouver du réconfort. Au cours de sa vie, elle avait vu tant de naissances et de morts qu'elle savait que la vie n'était finalement qu'une somme de va-et-vient. Néanmoins, chaque fois qu'elle devait dire adieu à un proche, elle avait l'impression qu'une partie d'elle-même s'en allait avec lui.

Elle était cependant heureuse que les Écaussinnois se souviennent toujours d'elle. Chaque fois qu'elle se rendait sur place, elle y revoyait de vieux amis. Le joyeux bourgmestre de la ville,

Jean Dutrieux, l'avait rencontrée plusieurs fois chez elle pour discuter de l'attribution de la citoyenneté d'honneur. Il l'appelait Maman, car si elle n'avait pas sauvé la vie de son père, lui-même n'aurait pas été de ce monde. Malgré ces mots gentils, Qian Xiuling jugeait qu'elle ne méritait pas tant d'honneurs. De plus, en vieillissant, elle devenait encore plus réticente à parler de ce qui s'était passé à l'époque, d'autant que certains détails commençaient à lui échapper.

Le jour de la cérémonie, elle était accompagnée de son fils aîné, Dimitri. Celui-ci, suivant les traces de son père, était devenu un médecin réputé. À Écaussinnes, la mère et le fils ne ressentirent pas les mêmes émotions, car ils ne reçurent pas le même accueil ni la même considération. Qian Xiuling se demandait s'il était bien nécessaire de célébrer de la sorte ce qu'elle avait fait pendant la guerre. Elle trouvait injuste que tant d'autres personnes ou d'événements soient passés sous silence et oubliés. Mais elle savait aussi que la justice était absente de ce monde, même si beaucoup s'étaient sacrifiés pour elle, et pour tout ce qui en découle. Plutôt que d'être ainsi inscrite à jamais dans l'Histoire avec un grand H, elle préférait donc être oubliée, purement et simplement.

Ces mots, elle les prononça lors de la cérémonie. Un moment, l'assistance resta silencieuse, avant que ne fusent de vibrants applaudissements. Quelques rescapés qu'elle avait sauvés, ou des membres de leurs familles, vinrent l'embrasser, la saluer et prendre des photos avec elle. Jean Dutrieux insista pour qu'elle s'assît avant de lui décerner la lourde médaille célébrant sa citoyenneté d'honneur.

L'objectif du photographe captura le moment où Qian Xiuling, assise sur une chaise, reçut la médaille des mains de Jean Dutrieux courbé devant elle.

« L'histoire retiendra ce jour, dit le bourgmestre. La rue qui porte votre nom à Écaussinnes a été renommée *rue de Perlinghi*, avec la particule nobiliaire *de*. Votre mari et vous êtes bien dignes de cette distinction. » Le nom officiel de la fameuse rue se lit donc comme suit : « Rue Qian Xiuling, épouse Grégoire de Perlinghi. »

Dimitri ne ressentait pas les choses de la même manière. Il était certes très fier de sa mère, mais il lui semblait incroyable que tant de gens se souviennent d'elle pour ses bonnes actions des dizaines d'années plus tard. En tant que médecin, c'était son métier de sauver des vies, et il n'était pas rare que certains de ses patients échappent à la mort par son entremise. Pourtant, personne ne se souviendrait de tous ceux qu'il avait sauvés, et il ne s'en vantait pas. Il n'en était pas moins heureux pour sa mère qu'elle pût recevoir un tel honneur.

Cependant, d'aussi loin qu'il s'en souvînt, celle-ci n'avait jamais laissé transparaître un quelconque orgueil par rapport à ses hauts faits : non qu'elle sous-estimât la portée de ses actes, mais elle répétait sans cesse que c'était une vieille histoire et que n'importe qui d'autre aurait agi comme elle. À Dimitri comme à ses frères et sœurs, elle avait raconté d'innombrables histoires ; mais celle sur les otages qu'elle avait sauvés, c'était toujours d'autres qui la relataient. Qian Xiuling avait toujours espéré que tout le monde, tout comme elle, oublie simplement ces événements.

Pourquoi envisageait-elle les choses de la sorte ? Dimitri l'ignorait.

Alors qu'ils étaient sur le point de quitter Écaussinnes, Jean Dutrieux, tout en aidant Qian Xiuling à monter dans la voiture, lui glissa à l'oreille : « Maman, bientôt j'irai en Chine, visiter votre pays. » Qian Xiuling lui répondit : « Oui, vous verrez, les gens chez moi sont très hospitaliers, très prévenants. »

Quand elle passa la main par la vitre ouverte de la voiture pour dire au revoir à l'assistance rassemblée autour d'elle, Qian Xiuling avait les larmes aux yeux. La voiture démarra, mais sa main resta en l'air un long moment. Elle ne cessait de murmurer entre ses dents. Se garant sur le bas-côté, Dimitri tendit l'oreille pour comprendre ce qu'elle disait: «Vous êtes tous charmants, mais oubliez-moi.»

Dimitri resta interdit: pourquoi sa mère disait-elle cela? «Mère, voulez-vous voir la rue?» Il faisait bien sûr référence à la fameuse rue de Perlinghi.

«Non, allons-nous-en!» Appuyée sur le siège arrière, Qian Xiuling ferma les yeux et ne dit plus rien.

Selon Dimitri, sa mère, dans les dernières années de sa vie, surtout après la mort de son père et de son frère, était devenue de plus en plus taciturne, ruminant ses pensées en silence.

Jean Dutrieux, à son retour de Chine, recontacta Qian Xiuling pour lui annoncer qu'Écaussinnes avait conclu un accord de jumelage avec la ville de Yixing. Le bourgmestre se disait particulièrement impressionné par la nourriture locale: «Maman, comment avez-vous pu quitter ce paradis? Tout est si beau là-bas, et la gastronomie si incroyable.»

Elle répondit: «En fait, je me sens coupable, car je n'ai rien fait pour ma ville natale.» Elle expliqua que l'une de ses petites-nièces, Tangna, qui dirigeait l'usine textile du village, voulait vendre ses vêtements en Belgique; si jamais il était intéressé par ce projet, peut-être pourrait-il envisager une collaboration. «Très bien, Maman, je m'en souviendrai», approuva Jean Dutrieux.

Qian Tangna a conservé trois lettres que lui a écrites sa grand-tante. L'une d'entre elles dit ceci:

Ma chère Tangna,

J'ai bien reçu ta lettre, merci! Dans les deux ou trois semaines après mon retour, j'ai demandé à Weiqiang de t'envoyer un grand livre illustré de modèles et deux échantillons de robes européennes, les as-tu bien reçus? Tu y trouveras plusieurs centaines de modèles.

Je suis surprise de ne pas recevoir de tes nouvelles. Comme Jiaxing devait retourner en Chine, j'en ai également profité pour lui demander de t'apporter des magazines de mode. Préviens-moi quand tu les auras reçus. Penses-tu que tout ce matériel sera suffisant pour que tu adaptes ta production ?

J'aimerais aussi aider la Chine à faire des affaires avec l'Europe, mais je n'ai aucune expérience dans ce domaine et je ne sais pas comment m'y prendre. Par exemple, les théières en argile de Yixing sont très populaires auprès des Européens. S'il y a donc un marché pour cela, peut-être y en aurait-il un pour d'autres spécialités de Yixing ? Si tu y vois une opportunité, je veux bien servir d'intermédiaire.

Un grand homme d'affaires spécialisé dans le commerce avec la Chine vient régulièrement dans mon restaurant, où il invite de nombreux clients belges qui souhaitent faire des affaires avec les Chinois. Je lui parlerai certainement de ce projet quand j'en aurai l'occasion. Mais je ne sais pas encore comment l'aborder. Je vais peut-être commencer par les théières ou le prêt-à-porter. Si j'ai des nouvelles, je te le ferai savoir.

C'est bientôt le Nouvel An. Je vous souhaite à tous une nouvelle année heureuse et prospère.

Tante Xiuling

Qian Tangna se souvient de l'enthousiasme avec lequel sa « tante Xiuling » avait répondu à sa demande de l'aider à exporter ses vêtements en Belgique : en effet, elle avait demandé à un fonctionnaire du département du Commerce de l'ambassade de Chine en Belgique de lui écrire afin de lui expliquer tout ce qu'elle devait savoir pour faire des affaires avec les Belges.

Peu après, une délégation de Yixing, conduite par le maire, se rendit à Écaussinnes et fit un détour par Bruxelles pour saluer « Maman » Qian Xiuling à son domicile. Pendant cette entrevue, rythmée par les accents du dialecte de Yixing, les Chinois montrèrent à leur illustre représentante des photos de l'évolution de sa ville natale. « Est-ce bien le lac de Tuanjiu que je vois ici, de nuit ? Pourquoi ai-je l'impression qu'on dirait le lac de l'Ouest de Hangzhou ? »

Ce jour-là fut pour elle rempli d'allégresse.

Un autre jour, elle reçut la visite de l'écrivaine chinoise Zhang Yawen. Elle fut touchée d'apprendre que l'auteure avait emprunté cent mille yuans pour venir seule en Belgique, malgré la barrière de la langue, afin de l'interviewer. Les deux femmes s'entendirent immédiatement. Par la suite, la télévision centrale chinoise adapta le roman de Zhang Yawen en série télévisée, tout en ajoutant beaucoup de fiction à l'intrigue. Une équipe vint en Belgique tourner la série. Au milieu de toute cette agitation, Qian Xiuling se sentit d'abord un peu mal à l'aise : pourquoi, de nouveau, faire tant de bruit autour d'événements si éloignés dans le temps ? Elle avait oublié beaucoup de détails. Mais dès qu'elle évoquait son cousin Zhuolun, elle retrouvait ses esprits et en parlait avec verve. Des calligraphies de la main de celui-ci étaient accrochées en évidence dans sa maison. Elle les décrivait de la sorte : « La structure est solide et le trait puissant. C'est le propre des personnes consciencieuses, comme devrait l'être tout érudit. » Mais lorsqu'elle parlait d'elle-même, la phrase « oubliez-moi » revenait comme un mantra.

La série télévisée fut rapidement diffusée non seulement en Chine, mais aussi à la télévision belge, où elle fit sensation. Beaucoup de curieux venaient dans l'immeuble où habitait Qian Xiuling pour demander si cette « déesse de l'Orient » qui avait sauvé tant d'otages vivait vraiment là. Importunée par tous les médias qui cherchaient désespérément à l'interviewer, elle leur écrivit une lettre pour les avertir qu'elle refuserait tout nouvel entretien.

L'un des metteurs en scène de la série, dans une interview accordée à la presse belge, a déclaré :

Cette histoire était méconnue. Oskar Schindler, par exemple, est devenu célèbre dans le monde entier pour avoir sauvé un grand nombre de Juifs de son propre pays. Qian Xiuling, pour sa part, a sauvé des Belges, et non des Chinois, et c'est pourquoi je pense qu'elle gagnerait, bien plus que Schindler, à être reconnue internationalement.

Les membres de la famille Qian, cependant, avaient des opinions partagées sur la série. Particulièrement, le fait que le général Qian Zhuolun n'y était jamais mentionné. Selon eux, sans lui, cette histoire n'aurait jamais eu lieu. Qian Xiuling elle-même regrettait profondément l'« absence » de son cousin.

Malgré son insatisfaction quant à la mouture finale de la série, on ne peut pas dire que « Tante Xiuling » était en colère. Selon elle, l'équipe de production était en droit de tourner les événements de la manière qu'elle souhaitait, et ses objectifs avaient été clairement arrêtés depuis longtemps. À son âge, elle était consciente de tout ce qui se cachait derrière le qualificatif de « héros », et elle prenait cela avec philosophie. Elle disait : « Ce n'est pas grand-chose, le passé est passé ».

Qian Tongxin, *Ma grand-tante Qian Xiuling*.

Peut-être comprenait-elle qu'aucun artiste ne voulait mentir délibérément, ou inventer des événements contraires à la vérité, mais qu'à certains moments, il fallait accepter que des passages difficiles de l'histoire soient passés sous silence, même si l'artiste le déplorait. Dès qu'on a raconté un récit, on ne peut pas se rétracter ; mais il vaut mieux l'avoir raconté, fût-ce avec des compromis, que de ne pas avoir de récit du tout. Il revient aux générations actuelles de raconter le passé pour rétablir et rectifier les choses, et aux générations futures de replacer les faits présents dans leur contexte historique.

Un jour, sa petite-fille Tatiana l'accompagna lors d'une promenade : « Grand-mère, pourquoi crois-tu qu'ils filment ton histoire ?

– Parce que pendant la guerre, une Chinoise a utilisé les relations de son cousin avec un général allemand pour sauver des otages belges.

– Vous rappelez-vous ce que ce cousin et le général en ont dit ?

– Non, je ne me souviens pas. » [1]

Il y avait des choses dont Qian Xiuling ne se souvenait pas du tout. Elle souhaiterait que les autres l'oublient. « N'oubliez jamais ! » : elle détestait cette phrase. Comment une telle injonction serait-elle possible ? Sans elle, les gens seraient moins fatigués et le monde moins compliqué. Elle préférait lâcher prise, profiter du moment présent et laisser sa vie se dérouler sans qu'elle soit entravée par les douleurs et les chagrins.

La petite-fille de Qian Xiuling, Tatiana, travaillait pour une chaîne de télévision belge comme autrice et réalisatrice de documentaires. Tirant son inspiration des regrets de sa famille, elle estimait de sa responsabilité de donner la parole à sa grand-mère. C'est pourquoi elle capta avec sa caméra un grand nombre de conversations qu'elle eut avec elle. En 2004, elle emmena plusieurs fois une équipe de tournage en Chine, où elle interviewa des lointains parents de Qian Xiuling et des proches de la famille. Un jour, Tatiana se rendit avec ses caméramans dans la campagne de Yixing. Devant le pont de la mère Wang, que rehaussaient les fleurs de colza fraîchement écloses, la réalisatrice retrouva soudain le caractère de Qian Xiuling, cette ouverture réservée, cette bonté sereine, cette beauté, mais aussi cette force, et elle entra en résonance avec les états d'âme de sa grand-mère.

Cependant, Tatiana ne fut pas entièrement satisfaite de son périple en Chine. Lorsque son équipe tourna dans le village autour de l'ancienne résidence des Qian, elle voulut se rendre au

---

1 Qian Tongxin, *Ma grand-tante Qian Xiuling*.

cénotaphe familial. À son arrivée, elle dut constater que le monument avait été détruit, que la stèle votive avait été coupée en trois morceaux et que le cimetière était en ruines. Que s'était-il passé ?

Conformément aux réformes entreprises par les autorités dans le canton, toutes les sépultures situées dans des zones agricoles devaient être déplacées vers un cimetière désigné dans un délai déterminé. Les cadres du village sont allés trouver l'un des neveux de Qian Xiuling pour lui parler de ce déménagement. Cependant, celui-ci, vieux et en mauvaise santé, a oublié l'affaire et n'a pas transmis l'information au reste de la famille Qian dans le délai imparti. Les réformes étaient trop importantes pour souffrir la moindre exception. À l'époque, la campagne n'était pas aussi humaine qu'aujourd'hui : si le délai était dépassé, les autorités avaient le devoir de récupérer les emplacements des tombes en faute pour les rendre à la communauté. C'est pourquoi le cénotaphe de la famille Qian avait été abattu. Pour ce qui est de la stèle, une enquête supplémentaire nous a permis de découvrir qu'elle n'avait pas été délibérément détruite, mais que le village avait engagé des ouvriers âgés pour rassembler toutes les pierres tombales à un même endroit afin que les descendants des défunts puissent les récupérer plus tard. Comme la stèle était trop haute et trop épaisse pour être transportée en l'état, l'un des ouvriers avait eu l'idée de la sectionner en trois parties.

Cette déclaration faite à Tatiana émanait d'un ancien fonctionnaire qui souhaitait rester anonyme. Ce qu'il faut en retenir, c'est que cet incident était avant tout une affaire de politique, à laquelle s'étaient ajoutés de malheureux malentendus.

Mais la caméra de Tatiana a aussi enregistré ces paroles d'un autre responsable local :

[…] Il s'agissait d'une politique nationale visant à aplanir les tombes existantes. Certaines sépultures ont été coulées dans du béton armé ou ont été dynamitées. Beaucoup ont connu le même sort, quels que fussent leur statut ou leur renommée.

Quoi qu'il en soit, de telles explications restaient difficiles à entendre pour la famille Qian. Certes, les sépultures auraient dû être déplacées, comme le voulait la politique nationale. Cependant, traditionnellement, ouvrir la tombe d'un ancêtre constitue un sacrilège, et détruire des stèles est un crime encore plus inacceptable. Dans la Chine contemporaine, la mise en œuvre d'une politique tient toujours compte d'un contexte global et de considérations pratiques de large portée. Si quelqu'un s'était présenté à la famille pour expliquer la raison de l'injustice qui l'avait frappée, et au moins avait tenté de la réconforter, l'affront aurait pu être pardonné.

Au lieu de cela, toutes ces négligences avaient engendré des regrets qui auraient pu facilement être évités. Cet incident rappelait à la famille Qian toutes les avanies qu'elle avait déjà subies. « Chat échaudé craint l'eau froide » : telle est la leçon à retenir. Les cadres du Parti ont une ligne claire à suivre ; dès qu'ils s'en écartent, ils perdent pied, et leur inertie chronique peut leur faire perdre leurs repères. « J'espère que vous pourrez prendre en compte la situation globale » : cette phrase, habituelle dans les milieux officiels, est servie à toutes les sauces pour étouffer dans l'œuf toute demande jugée illégitime.

La série télévisée inspirée de Qian Xiuling rencontra un grand succès en Chine comme à l'étranger, si bien que des fonctionnaires de sa ville natale furent invités au domicile de Qian Xiuling en Belgique. Au vu de ce qui s'était passé au cimetière, une telle visite allait à l'encontre de toute logique. Un invité s'avança pour expliquer que l'incident était l'œuvre de vieux fermiers du village, qui touchaient à peine quarante yuans par jour : comme ils avaient été incapables de soulever la lourde pierre tombale, celle-ci avait été sectionnée en plusieurs morceaux. La ville et le canton n'étaient à l'origine pas au courant de ces événements. Cependant, un autre témoin, qui souhaite rester anonyme, estime que cet argument ne tient pas la route : les vieux agriculteurs en question devraient être familiers de la famille Qian, de même qu'ils connaissaient les coutumes – en tout cas, ils devaient savoir quel mal ils causaient en brisant ainsi une stèle funéraire.

Tatiana avait retiré une impression chaleureuse de son voyage en Chine, surtout au pays natal de sa grand-mère, dont elle avait apprécié la gentillesse des habitants, la richesse des produits et la beauté fascinante des paysages. Pendant plusieurs jours, elle avait frémi d'une excitation qu'elle n'avait jamais ressentie auparavant. Mais la destruction des tombes et, surtout, les déclarations grandiloquentes des fonctionnaires interrogés, lui laissaient un goût amer dans la bouche et lui inspiraient du dégoût. Les lieux lui avaient laissé des souvenirs inoubliables, mais désormais c'était comme si ceux-ci avaient sombré dans des sables mouvants.

Aussi, derrière le documentaire *Ma grand-mère, une héroïne ?* subsiste une interrogation : qu'advient-il de toutes ces personnes et de tous ces événements qui n'ont pas été enregistrés par l'histoire ? Ne sont-ils pas voués à disparaître dans les méandres de l'oubli ?

À travers son film, Tatiana voulait montrer au grand public que sa grand-mère Qian Xiuling n'était pas une héroïne au sens habituel du terme, mais simplement une femme droite avec un cœur d'or. Tous ces événements que l'on évoquait à son propos, elle les avait oubliés depuis longtemps. Aussi, elle ne voulait pas qu'on la place injustement sur un piédestal et qu'on l'enferme *ad nauseam* dans une position qu'elle estimait ne pas mériter.

Elle implorait qu'on l'oublie, que son nom ne soit pas gravé dans la pierre de l'histoire.

Les dégradations qu'avait subies la sépulture des ancêtres Qian furent tues à Qian Xiuling. Ses proches avaient convenu tacitement de ne pas lui en parler, car ils craignaient de bouleverser inutilement la vieille femme qu'elle était.

Cependant, le documentaire de Tatiana comprenait inévitablement une série d'images choquantes, sans compter les terribles propos tenus par le fonctionnaire qu'elle avait interviewé. Pendant très longtemps, Qian Xiuling ne regarda pas le film de sa petite-fille, mais une fois elle tomba dessus par hasard. Quelle ne fut pas sa stupéfaction lorsqu'elle vit les images montrant ses parents chinois offrir des bâtons d'encens et des fruits sur les ruines du cénotaphe abattu et se prosterner devant les décombres pour présenter leurs respects !

Pendant un long moment, elle resta prostrée, se contentant d'essuyer ses larmes sans dire un mot.

Dans l'un des placards, elle trouva la petite bouteille remplie de la terre qu'elle avait ramassée sur la tombe de ses ancêtres. Elle la plaça sur l'une des étagères du salon où elle exposait ses photographies. De la sorte, elle pourrait la voir tous les jours.

Jamais elle n'émit le moindre commentaire à ce sujet.

Après ses quatre-vingt-dix ans, sa santé se détériora.

Toutefois, elle continuait à pratiquer le tai-chi, à chanter, à se promener, à parler à ses enfants et petits-enfants, et à regarder de vieilles photos dans ses albums. Derrière chacun des clichés se cachait une histoire, dont elle déroulait le fil comme sa mère sur son rouet lorsqu'elle était jeune.

Les fonctionnaires de l'ambassade de Chine prenaient soin de lui rendre régulièrement visite. Chaque fois qu'elle fêtait son anniversaire, l'ambassade lui envoyait des fleurs, un gâteau et une carte de vœux.

Elle aimait chanter cette vieille chanson :

Vole, vole, vole, vole, envole-toi bien
Lentement, par ici, par là-bas

Pour monter, lève donc la tête
Pour tourner, remue donc la queue
Pour descendre, incline-toi donc
Oui, continue, vole jusqu'ici

Cet air apparaît dans le documentaire de Tatiana. Qian Xiuling appelait-elle un petit oiseau à monter vers les cieux ? Ou au contraire, l'enviait-elle ? Si elle-même était dépourvue d'ailes, elle avait encore la force de chanter pour encourager les oiseaux à prendre le large. Et pendant au moins un court instant, peut-être pouvait-elle ainsi s'envoler avec eux.

Pourtant, un jour, sans crier gare, ses enfants la placèrent dans une maison de retraite à Bruxelles. Nous avons seulement entendu dire que ses enfants, qui se disputaient son héritage, avaient revendu son appartement. Mais nous n'avons aucun moyen de le confirmer. Dès lors, elle reçut très peu de visites et sa santé se dégrada. Cependant, mon oncle avait l'habitude de lui apporter des petits raviolis, que, d'après lui, elle mangeait avec délectation. [1]

Un dimanche, Qian Tongxin, qui étudiait alors en France, se rendit dans la maison de retraite de l'avenue d'Auderghem pour rendre visite à sa grand-tante Qian Xiuling.

Elle était assise, dos à la porte, dans un lit inclinable jaune entouré d'une barrière pour l'empêcher de tomber. Jamais en vingt ans je n'avais vu une silhouette plus solitaire.

La vieille femme était visiblement heureuse de recevoir une visite. Elle portait une chemise à fleurs couleur pervenche. Malgré ses cheveux blancs coiffés en arrière et sa maigreur squelettique, elle gardait toujours sa prestance et son charme. Le sourire avec lequel elle m'a accueillie était le plus chaleureux que j'aie vu en vingt ans. Mon oncle,

1 Qian Tongxin, *Ma grand-tante Qian Xiuling.*

qui m'accompagnait, lui a sorti ses petits raviolis habituels, qu'elle a dévorés avec plus d'appétit que je n'avais imaginé.

Dans la chambre, j'ai remarqué un tableau noir sur lequel il était écrit en français : « Veuillez apporter des fruits ou, si possible, des raviolis, ainsi que des magazines. »

Sur la table traînaient quelques photos éparses de sa famille, ainsi qu'un cliché où elle posait avec le bourgmestre d'Écaussinnes lorsqu'elle avait reçu sa décoration d'« héroïne nationale ».

Au mur étaient accrochées des photos de ses enfants lorsqu'ils étaient petits. Comment imaginer que cette vieille femme presque éteinte, qui avait tenu tête à la Gestapo pendant la Guerre et avait ensuite traversé fièrement les bouleversements du siècle dernier, retourne finalement, au crépuscule de sa vie, à ses premiers jours heureux ? Cette vision me fit monter les larmes aux yeux.

Des dernières années de Qian Xiuling, son neveu Qian Xianhe se souvient de ceci :

C'était une maison de retraite de second ordre. Au début, ses enfants lui avaient dit que son appartement avait besoin d'être rénové et qu'elle devrait déménager pendant un certain temps. Après quelques mois, je suis allé la voir et je l'ai emmenée faire un tour. Quand la voiture arriva à la hauteur de son ancien immeuble, elle demanda soudain : « Quand ma maison sera-t-elle rénovée ? » J'étais interloqué : « Quelle rénovation ? Je n'en ai jamais entendu parler. » Elle n'a rien dit, et n'en a jamais reparlé. Ma tante était comme cela : jamais un mot de trop, jamais un mot de travers.

Le premier août 2008, Qian Xiuling décéda à Bruxelles à l'âge de quatre-vingt-seize ans.

Ses funérailles furent sobres, mais solennelles. Le cercueil était recouvert du drapeau belge. Des représentants du conseil communal d'Écaussinnes, des descendants des résistants clandestins et des otages qu'elle avait secourus, des représentants du gouvernement belge et une délégation de l'ambassade de Chine se rendirent au funérarium pour lui rendre hommage.

Notes du 9 octobre 2018 :

Ce matin, M. Qian Weiqiang et son épouse nous ont emmenés dans un cimetière de la banlieue de Bruxelles, où nous nous sommes recueillis devant la tombe de feue Qian Xiuling.

Le cimetière était désert. En cette journée d'automne, les arbres gardaient un feuillage touffu. En nous promenant dans le cimetière, nous sommes arrivés dans une zone chargée, où des sépultures magnifiquement restaurées et de véritables œuvres d'art côtoyaient des tombes très simples et dépouillées. Celle de Qian Xiuling, qui se trouvait dans la troisième section, était étonnamment discrète, encore plus petite que la plupart des tombes. Aucune décoration. Elle était si proche des autres sépultures qu'on était obligé d'empiéter sur celles-ci et de se pencher pour s'en approcher ou pour déposer des fleurs. Un spectacle désolant. De plus, Qian Xiuling partageait la tombe avec deux autres défunts : son plus jeune fils et son mari, comme nous l'expliqua Qian Weiqiang.

Sur la pierre tombale étaient gravés les noms des trois disparus :

Nicolas de Perlinghi, 1944–1995,
Grégoire de Perlinghi, 1909–1995,
et son épouse
Siou-Ling Tsien [Qian Xiuling], 1913–2008

J'avais toujours imaginé qu'il y aurait sur la stèle une épitaphe, ou une statue. Ou même simplement un petit parterre devant la tombe. Mais il n'y avait rien.

Ici, nos schémas de pensée habituels se heurtent à un mur.

Mais ainsi en allait-il de Qian Xiuling.

Qian Weiqiang nous expliqua que sa tante n'avait pas voulu de funérailles en grande pompe ni de discours apologétiques. Elle voulait simplement rejoindre son mari et son fils dans leur dernière demeure, sans tambour ni trompette.

Un silence. J'ai le cœur gros. Je pense à cet appel donné à Qian Xiuling, seize ans auparavant, et à notre rendez-vous manqué. Mais maintenant, je suis enfin là, Qian Xiuling. Pardonnez-moi !

« Très bien. Je vous attendrai à Bruxelles. »

Son rire sonore résonne encore à mes oreilles.

Tandis que je m'incline, une larme coule sur la dalle sans que j'en aie conscience.

Le vent se lève. Une feuille d'érable glisse sur la tombe. Dans la lumière brûlante du soleil, elle semble se colorer de rouge, la couleur du sang.

L'auteur se recueille sur la tombe de Qian Xiuling

Épilogue
Jérôme marche dans les pas de sa grand-mère

Jérôme est revenu en Chine.

Le 21 décembre 2019, comme promis, je suis allé à Shanghai pour l'accueillir. Avant ce jour, il avait toujours espéré pouvoir visiter la ville natale de sa grand-mère.

Il s'est rendu dans son petit village, au bord du lac Taihu. Il était très excité. La nuit, explique-t-il, il a vu sa grand-mère s'adresser à lui en rêve : « Quand tu arriveras chez moi et que tu rencontreras tes aînés, tu devras t'incliner devant eux. »

Jérôme attendait le bon moment pour honorer sa promesse. Quand il est entré dans le village, il a été suivi par une encore plus grande foule que la fois où sa grand-mère était venue. Rien ne lui paraissait étranger, comme s'il avait déjà visité cet endroit ; de temps à autre, des passants lui montraient discrètement la route. Après avoir traversé le pont, il a longé l'étang, a contourné un saule pleureur et s'est dirigé vers le sud. Le chœur des chiens qui aboyaient, telle une garde d'honneur, le remplissait de joie. Son œil de photographe appréciait grandement l'atmosphère des lieux. Les fermes rustiques, les aires de battage remplies d'objets divers, les visages expressifs des passants qu'il croisait sur le chemin : un trop-plein d'images qu'il ne pouvait s'empêcher de saisir avec son appareil photo – ce même Leica que sa grand-mère lui avait offert.

Pour la famille Qian, cette journée de retrouvailles était loin d'être facile. Devant l'objectif, ils paraissaient fermés. En ce jour lumineux du début de l'hiver, cela faisait quatre-vingt-dix ans que la grand-mère de Jérôme était partie d'ici pour aller étudier en Belgique.

Puis le photographe s'est rendu dans un cimetière sur la colline, où il a admiré le cénotaphe que sa grand-mère avait fait ériger en l'honneur des ancêtres de la famille Qian – le monument avait été reconstruit à l'identique par ses lointains parents pour adoucir sa peine. Lorsqu'il s'est prosterné devant la tombe, tous les membres de la famille présents ont versé une larme.

L'homme qui entretenait le cimetière, un homme simple du pays, a émis timidement le souhait que Jérôme choisisse le meilleur emplacement pour y ériger une stèle en l'honneur de Qian Xiuling, afin que tous ceux qui pensaient à elle puissent venir lui rendre hommage, et qu'elle-même puisse regagner ses terres ancestrales.

Jérôme est allé inspecter la fameuse parcelle. Celle-ci était coincée entre des collines verdoyantes et une paisible rivière. Un paradis de verdure, de calme et de volupté. Sous le ciel bleu, la terre respirait tranquillement.

Il a déclaré solennellement qu'il retournerait discuter de la question avec ses aînés ainsi qu'avec ses frères et sœurs. Puis, au bout de deux semaines, son courriel est arrivé :

Au nom de la famille de Perlinghi, je donne mon accord à ce que soit bâti un cénotaphe en l'honneur de ma grand-mère Qian Xiuling dans sa si merveilleuse région natale. En mon nom propre, je tiens à vous remercier chaleureusement.

Jérôme Perlinghi

Il ajoutait qu'il espérait retourner en Chine dans un avenir proche pour y rester quelque temps, afin d'y prendre au moins trois cents photos de la population locale, qu'il présenterait lors d'une grande exposition dans la ville natale de sa grand-mère.

Oui, il reviendrait.

Postface
Est-il facile d'oublier ?

Ce livre, rédigé en neuf mois, a néanmoins nécessité seize ans de maturation.

Au départ, je ne pouvais pas croire qu'un tel ouvrage pût être écrit sur ce sujet.

Je n'ai jamais douté que l'histoire de Qian Xiuling pût donner matière à des chefs-d'œuvre. Mais ces événements dont elle fut l'actrice, qui nous paraissent si familiers, pouvaient tout aussi bien être résumés en quelques mots. Trop d'histoires disparaissent avec ceux qui nous quittent pour un autre monde. Qian Xiuling n'aimait pas l'attention et fuyait les médias. En Belgique, aucun livre n'a été publié sur son histoire, et rien ne permet même d'en retracer tous les linéaments. Pendant longtemps, personne n'a su qui elle était, jusqu'à ce que son nom soit popularisé en Chine grâce à la série télévisée diffusée sur CCTV en 2002. La famille de Qian Xiuling n'a pourtant pas été très satisfaite du résultat, notamment parce que le nom de son cousin Qian Zhuolun n'était jamais mentionné. Sans lui, estimaient-ils, l'intrigue perdait tout fondement. Bien sûr, la famille a choisi de garder le silence. Mais l'Histoire, qui a le pouvoir d'éclairer les consciences, tend toujours vers la justice. Si je n'étais pas intervenu, d'autres l'auraient fait à ma place. Au moins je me suis interdit tout compromis sur l'authenticité des faits : avant d'écrire ce livre, j'ai eu la chance de lire le chapitre consacré à Qian Xiuling dans le livre de Zhang Yawen intitulé *Jouer avec le diable*, dans lequel l'auteure mentionne clairement le rôle positif joué par Qian Zhuolun, et je lui en suis grandement redevable. Lors des multiples appels téléphoniques que j'ai pu avoir avec Zhang Yawen, celle-ci m'a toujours soutenu et encouragé et a généreusement accepté que je cite certains passages de son ouvrage. En parallèle, mes entretiens sur le terrain m'ont permis de découvrir de manière inattendue des indices sur la vie de Qian Xiuling après la Seconde Guerre mondiale, notamment cette anecdote inédite sur les enfants de Qian Zhuolun, qui constitue en soi un chapitre bouleversant. Après les entretiens que j'ai réalisés en Belgique et à Taïwan, j'ai senti que les conditions étaient réunies pour que je prenne enfin la plume. Cependant, maintenant que ce livre est publié, je garde un sentiment d'inaccomplissement, même si j'ai mis toute mon énergie dans cette entreprise.

Pendant ces seize années, j'ai souvent pensé à ce rendez-vous manqué avec Qian Xiuling. J'avais toujours voulu me rendre en Belgique pour y rencontrer cette héroïne ainsi que les otages qu'elle avait sauvés. Mais à l'époque, les circonstances m'en ont empêché et j'ai préféré entreprendre le tournage d'un documentaire à son sujet. En 2002, lorsque Zhang Yawen est venue à Yixing pour visiter la maison natale de Qian Xiuling, j'ai donc enregistré les trois minutes de conversation que j'ai eues avec cette dernière au téléphone. À l'époque, ce pis-aller avait suffi à apaiser mes états d'âme, mais depuis lors je regrette toujours de ne pas avoir eu l'occasion de me rendre en Belgique pour rencontrer Qian Xiuling en personne et filmer des images de première main.

Un deuxième documentaire a été tourné avec deux caméras que j'ai emportées lorsque mon épouse et moi nous sommes rendus en Belgique en 2018. Jusqu'alors, je ne pouvais imaginer qu'un livre puisse être écrit sur l'histoire de Qian Xiuling. Mon souhait était, entre autres choses, de visiter son ancienne maison, la ville où elle avait sauvé les otages et la rue qui porte son nom, et de me recueillir sur sa tombe. Les photos que j'y prendrais serviraient de souvenirs pour la postérité.

Je me souviens des mauvais tours que m'ont joués mes lacunes linguistiques. Lors de mon arrivée à l'aéroport de Bruxelles, j'ai été emmené par les agents des douanes dans un local minuscule parce que je n'avais pas compris une simple question en néerlandais – j'avais l'impression d'être en garde en vue. Pendant plus d'une heure, personne n'est venu m'interroger ou me laisser passer un seul coup de fil. Le destin semblait nous accabler ; j'ai alors dit à ma femme que toute nouvelle aventure implique des obstacles, mais que tout irait mieux après cette expérience éprouvante.

Tandis que les sources historiques émergeaient peu à peu des ténèbres du passé pour venir éclairer mes recherches, souvent j'ai eu l'impression d'être aidé par quelque hasard providentiel. La collaboration de Jérôme, l'apparition de Maurice Doclot alors âgé de cent trois ans, la révélation par Qian Yuxuan du secret enfoui de son grand-père Qian Zhuolun, l'accès à certains documents égarés depuis longtemps : aucun de ces événements n'avait été prévu. La bonne fortune survient souvent aux moments où l'on s'y attend le moins, et on ne peut l'arrêter.

Cet ouvrage n'aurait pu voir le jour sans le soutien de la famille Qian : Qian Tangna, la nièce de Qian Xiuling ; Qian Xianhe et Qian Xianxing, ses neveux ; Jérôme Perlinghi, son petit-fils ; Qian Weiqun, Qian Weiqiang et Lu Jie (Jiaji), ses petits-neveux ; Qian Yuxuan et Shen Yijiang, les petits-fils de Qian Zhuolun. Tous m'ont fourni de précieuses informations et m'ont soutenu avec enthousiasme dans la rédaction de ce livre. Bien que je n'aie pas pu la rencontrer, je suis reconnaissant à Tatiana pour la version française de son documentaire *Ma grand-mère, une héroïne ?* La famille Qian m'a touché par sa générosité et son ouverture, mais surtout par sa chaleur humaine, digne de celle de leurs parents, Qian Xiuling et Qian Zhuolun. Lors de mes entretiens en Belgique, j'ai reçu le concours des personnes suivantes : Maurice Doclot ; son infirmière Mme Basta ; Raymond Maucq, le responsable du Musée local de la Seconde Guerre mondiale à Écaussinnes ; l'ancien directeur du Musée d'Histoire locale d'Écaussinnes ; Xavier Dupont, bourgmestre de la ville d'Écaussinnes ; Xue Jiaren et Pengfei, qui nous ont servi d'interprètes, à mon épouse et à moi-même. Et à Yixing, je tiens à remercier : Shen Xiaohong, Chu Hongbao, Huang Bo, Qian Zhiming, Xu Xiangfen, Xia Tao, Dai Jun, Jiang Yiqi, Tan Wei, Wu Daru, Sun Tong et Fu Jianlong. Chacun d'entre eux, à sa manière, m'a apporté son soutien, que ce soit dans la rédaction de ce livre, lors du tournage de mon documentaire et pendant la collecte de documents. Je leur en suis infiniment reconnaissant.

La publication de ce manuscrit ne s'est pas non plus déroulée sans difficulté. Je remercie les éditions Yilin d'avoir pris les devants et d'avoir signé si rapidement.

Enfin, je tiens à remercier mon épouse, Xu Meiying, qui a effectué une grande partie du tournage, de l'enregistrement et de la sténographie lors de nos entretiens en Belgique et à Taïwan. Sans plainte ni regret, et sans la moindre exigence, elle a été mon pilier. La réussite de notre entreprise lui importait peu : je devais seulement ne pas trop m'épuiser au travail. À la fin de notre séjour en Belgique, après de nombreuses journées de dur labeur, elle a soudain été prise de vomissements et de diarrhée. Pendant ce long voyage, elle avait été témoin des sacrifices que réclame la vie d'écrivain. Sa seule revendication, désormais, est que plus jamais je ne trime aussi dur !

Pour moi, l'épuisement dont souffrent le plus les écrivains n'est pas tant physique, mais mental : l'angoisse de la page blanche. Dès qu'on commence à écrire, toute souffrance disparaît.

Pendant seize années, l'auteur, Xu Feng,
en parcourant la Belgique, l'île de Taïwan et la ville de Yixing,
eur la base de témoignages oraux et de documents historiques,
a tenté de retracer la vie légendaire de Qian Xiuling à travers les
fluctuations de son époque.

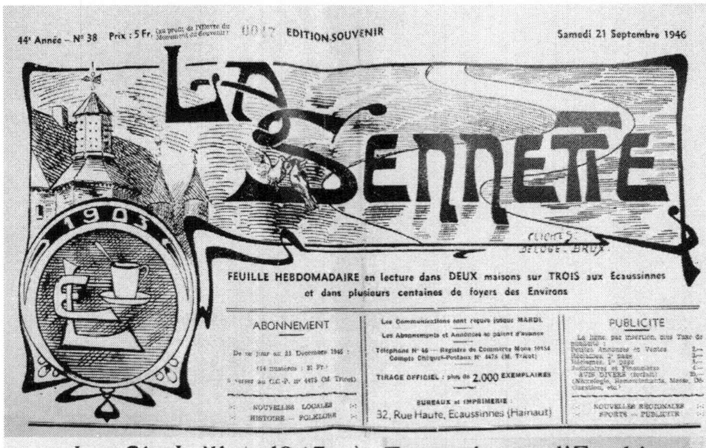

44e Année – N° 38 Prix : 5 Fr. EDITION SOUVENIR Samedi 21 Septembre 1946

LA SENNETTE

1903

FEUILLE HEBDOMADAIRE en lecture dans DEUX maisons sur TROIS aux Ecaussinnes et dans plusieurs centaines de foyers des Environs

ABONNEMENT

TIRAGE OFFICIEL : plus de 2.000 EXEMPLAIRES

BUREAUX et IMPRIMERIE :
32, Rue Haute, Ecaussinnes (Hainaut)

PUBLICITE

Le 21 Juillet 1945, à Ecaussinnes-d'Enghien

Journée d'Hommage à nos Morts Glorieux et de Reconnaissance à nos Combattants, Ex-Prisonniers de Guerre, Prisonniers Politiques, Otages et Résistants. — Réception officielle de Madame PERLINGHI.

La Réception officielle de Madame Perlinghi

Article publié dans «La Sennette», journal d'Écaussines,
à l'occasion de l'hommage rendu à Mme Qian Xiuling de Perlinghi
Musée du Souvenir d'Écaussines

Table

Achevé d'imprimer en juin 2023
en Union Européenne
pour le compte des Éditions M.E.O.